もう1つの
アメリカ史

キング牧師と、公民権運動の志士たち

國生一彦
Kazuhiko Kokusho

知道出版

「旧制鶴中」の級友・荻原勝君、
新宿高校での友人・鞠子幸正君、
前田祝君の霊に捧げる

首都ワシントンの中心にモール（The Mall）が、その西に「憲法の庭」（Constitution Gardens）がある。その庭のあちらこちらには、建国からやがて2世紀半になろうとする、この国を代表する5人の偉人の碑（MonumentないしMemorial）が建つ。

年代順に、ワシントン、ジェファーソン、リンカーン、グラントの4人の大統領だ。そしてもう1人が、キング（M.L. King, Jr.）牧師だ。

これらの碑が、この国の生い立ちや目指してきたものを1人が表わしている。単に旧宗主国だったイギリス王に向かってだけではない。全世界に向かってだ。大統領らはいずれも、共和国建国の大義のため、その大義を深耕し、敷衍し、かつ強大にするために働いてきた。

キング牧師が、それに加えようとしたもの。それが黒人の公民権（African-American Civil Rights）の実現だ。建国の大義や人権憲章にもかかわらず、いや、それらに背いて、彼らの人権は蔑にされてきた。それを回復しようという運動である。

公民権運動というが、開闢以来、つまり、この国の成立から20世紀の半ばまで虐げられ続けてきた黒人の人権回復、擁護のための運動である。キング牧師が、その運動の中心人物の1人となった（彼1人が、ノーベル平和賞も与えられている）。

アメリカ人の約8人に1人が黒人である。彼らは、涸沢と原野だったこの首都ワシントンを今の姿にすること、南部での綿の生産を世界市場に君臨させることを含め、この国を支えてきた。殆んど報われることなく、それこそ「縁の下の力」を提供してきた。

その間、奴隷史の時期は別にしても、白人らによるリンチによって4000人以上が命を奪われているほか、無数の傷害やら、そのほかの抑圧を加えられてきた。映画「ミシシッピ燃ゆ」は、そのほんの一事例に過ぎない。

さらに人間として、社会的、心理的、文化的に隔離され、分離されるという、屈辱の中に生きてきた。これは、途方もない社会的不当、不正義、歪みの極みである。それを糾すべく、命懸けの公民権運動が繰り広げられてきたのだ。

その事実、その歴史を記しておかねばならない。今日、アメリカのことがテレビや新聞などのメディアで報じられない日はない。誰もが知っているアメリカ。それとはちょっと違うアメリカが、特にその南部州に、20世紀半ば過ぎまで広がっていた。

　それはアメリカ合衆国の主要部である北部の表面とは大きく違う。歴史、地理、人種、文化なども異質である。それらを抱えたまま、より複雑な複合体として今日のアメリカが存在する。

　「勝者が語る物語、それが歴史である」といわれるが、ここに記したのは、もう1つのアメリカ史とでも呼びうる、南部黒人の歴史、その後半の「権利奪還の歴史」である。

　ニューヨークの法律事務所に居候をしていた時、昼食時に向うの弁護士からいわれた。「このニューヨークがアメリカだなんて思っちゃ駄目だよ……」

　その時は、何をいわれているのか、わからなかった。その後、日本から仕事でアメリカ南部各州などに出張を繰り返すうちに、なんとなく、その意味がわかるような気がしてきた（ある時、ゴルフに誘われた。終わってロッカールームに戻ると、2メートル近い黒人の巨漢が立っていて、著者の短靴をピカピカに磨いてくれていた）。

　南部黒人らの学校では、アメリカの憲法や独立宣言などの歴史について「教えないこと」、とされていた例もあるが、仮にお膝元のアメリカで、色々な事情によりその歴史が、十二分に彼らに伝えられていないとしたら、外国からでも、外国語によってでも、その史実を伝承していくことが望まれる。

　　　　　　　　　　　　　2019年11月　麻布の事務所にて　　　著者

目次

Ⅰ.20世紀前半の初期公民権運動から1950年代にかけて

1. 20世紀前半の初期公民権運動
8　（イ）もう1つのアメリカ、南部州
19　（ロ）レッド・サマー、シカゴなどの北の都市でも
29　（ハ）再建期からニューディール時代へ

2. 1950年代のアメリカ―国を二分し始めた人種問題
35　（ニ）デトロイトなど、北部都市貧民窟での暴動と、労働者らの人種問題
50　（ホ）ミルダールがいうアメリカのジレンマ
57　（ヘ）白人市民参議会
60　（ト）もう1人の先駆者ハワードと、エメット・ティル事件

3. キング牧師の登場と、非暴力の運動
70　（チ）ブツブツ! と起こってきた抵抗運動
85　（リ）ブラウン対教育委員会事件判決と、南部社会の反応
99　（ヌ）モンゴメリ・バスボイコットと、SCLCの誕生
110　（ル）時代の波、アファーマティヴ・アクション

Ⅱ. 花開いた黒人（アフリカ系アメリカ人）らによる公民権運動

1. フリーダム・ライダーズら（SCLC、CORE、SNCC）の熱き戦い
118　（イ）白人らに焼かれたフリーダム・ライダーズらのバス
130　（ロ）日和主義に反対したキング牧師

2.「私には夢がある」スピーチと、それから
154　（ホ）ワシントン大行進

161 (ヘ) フリーダム・サマー
169 (ト) ミシシッピ燃ゆと、公民権法の成立、ノーベル平和賞
177 (チ) セルマからモンゴメリへのマーチ (セルマの血の日曜日)

3. 公民権運動の成し遂げたもの

183 (リ) 投票権 (選挙) 法を成立させたフリーダム・デイ (Freedom Day)
　　からセルマ・キャンペーンまで
192 (ヌ) キング牧師の信仰、奮闘と死
205 (ル) 公民権運動の変質と広がり (ワッツ暴動とシカゴでのSCLC)
215 (ヲ) 20世紀が終って (黒人らの生活は、総体的に上がったか)

Ⅰ.20世紀前半の初期公民権運動から1950年代にかけて

1. 20世紀前半の初期公民権運動

(イ) もう1つのアメリカ、南部州

　(a) 複数の民族がやってきた北米大陸には、当初から異なる民族、人種の間に緊張した対立が存在した。スペイン人やフランス人対イギリス人など。中でも大きく分けて、黒人と白人間の対立抗争が際立っている（これには同じ土地上での「主人対奴隷」という、「一方が、他方の生殺与奪の権利を握っていた」かつての絶対的な関係の存在が加わる）。

　しかも南部州では政治も、すべて白人が抑えていた。彼らは、いわゆるジム・クロウ法（黒人が、自由に歩き回ったり、銃を所持したりすることを禁止する）のような一方的な立法も行っていた。

これは、あのリンカーン大統領による歴史的な奴隷解放宣言（1863年1月1日）から後のことで、前のことではない。20世紀に入ってからの現実の世界の出来事、南部州の実話である。リンカーンの歴史的な宣言にもかかわらず、約1世紀もの間続いていた南部州での現実である。つまり、アメリカには独立宣言に謳われたような自由な世界だけではない、もう1つの、それと正反対の世界が存在してきたということである。

　この抑圧され屈従させられた状態から、黒人らが立ち上がった。それが、2.以下で見る20世紀半ば過ぎ（1950年代）からの、南部州での黒人による公民権運動（African-American Civil Rights Movement）である。だが、その前の数十年間に何の運動もなかったわけではない。

　2つの初期運動を指摘出来る。まず、19世紀末から20世紀初めにかけて、いよいよ猛威を振るった黒人へのリンチに対する反リンチ運動がある（リンチングは、法律上で奴隷が廃止された後の、それに代る白人らによる黒人抑圧方法となっていた）。公民権運動の、ことに初期のそれは、反リンチ運動といってよかった。次が、教育の場（学校）での共学の要求である（以下の3.(リ)）。

　公民権運動が本格化する1950年代以降のことは後に見るとして、19世紀末から20世紀初めにかけての初期の公民権運動について、その略歴を記さねばならない。まず19世紀末から20世紀の20年、つまり、W.W.Ⅰの終わり頃までのアメリカを見てみよう。

　その前（1898年）の米西戦争（Spanish-American War）により、この国は新興国家として、いやヨーロッパと並ぶ列強としての認識を得た。国際政治（World Affairs）のプレイヤーとしての登場である。

　米西戦争では、合衆国海軍が史上初めて米州から遙か遠いフィリピンにまで遠征した（マニラ湾上のスペイン艦隊を一方的に打ち破っていた）。しかしその動機は、イギリスがインドや南アフリカに対して行ったような、または、フランスがエジプトや西アフリカに対して行ったような、帝国主義的ないし植民地主義的動機ではなかった[1]。キューバが、スペイン支配から独立するのを助

1　　なお、18世紀半ば頃までのイギリスは、北米の各植民州に対しては特別扱いで、「賢明かつ穏和な態度」

けることがきっかけであったという。

　同じように、1902年、セオドア・ルーズベルトは、イギリス、ドイツ、イタリアが連合してベネズエラに対して実力行使をちらつかせるや介入した。代わりに、ハーグの仲裁裁判所による仲裁を斡旋した[2]。大統領はこれを、モンロー主義（Monroe Doctrine、1823年）の同義語としての国際警察権の行使であるとしていた。

　確かに、18世紀半ばから19世紀半ばにかけての1世紀の間にアメリカは、経済そのものが育っていた。初め、日用品の何から何までロンドンなどから輸入していたのが、今や自給出来るように、物によっては、逆にイギリスに輸出出来るようになっていた（それも、綿だけとは限らない。ほかにもタバコや穀物などがあった。氷の輸出なども大きかったが、19世紀初めがピークであった）。

　その後のアメリカの成功はさらに目覚ましかった。19世紀の最後の4分の1世紀に第2産業革命を、そして金ピカ時代（Gilded Age）を経ていたからだ。人々が、時代の変化を、アメリカ国家の力を、感じ始めていた。この世を、進歩主義（Progressivism）の時代と捉えた人々である。その語が、世の中を風靡するまでになっていた。

　いや、もっと早く19世紀の到来と同時位に、人々はもうこの国の偉大さ、将来のさらなる偉大さを予感し始めていた。そこで流行ったスローガンが、"Manifest Destiny"である（「アメリカには神の特別な加護がある」式の考え）。アメリカ大陸主義、拡大アメリカ主義、アメリカ式例外主義（American exceptionalism）なども、それに連なる。人々が、口々にそれをいい始めていた[3]。

　拡張主義は、それによって奴隷制が西部に広がるという問題を孕んではいた

　（wise and salutory）で臨んでいた。しかし、製造出来る品物は、僅かしか認めず、また慢性的に自国が貿易黒字になるように、イギリス以外の国と交易することも原則として禁止していた。

2　ハーグで1899年設立のPermanent Court of Arbitration。2016年にはこの仲裁法廷が、南シナ海での中国により占領された南沙諸島についての仲裁判断を示している。

3　折しも、国土開発のチャンピオンのような政治家ヘンリー・クレイ（Henry Clay）なども出現してきた。彼は、アメリカの拡張主義には反対していたが、科学重視など、アメリカン・システムに沿った開発を唱えていた。

が、「実際の国土の物理的な拡張」によって、Manifest Destinyが、文字どおり具現化されたかのように見えた（1803年のルイジアナ買収(Louisiana Purchase)は、まさにそのための号砲、吹笛であった）。

国土の拡張に伴う道路や運河などの国土の開発は、それまで各州ごとに行われていた。建国史からして、州権が強い「お国柄」であるが、この19世紀初め、州権が開発や通商の問題で万能化することは、最高裁の判決などによって、ある程度抑え込まれた[4]。同判決により道路や運河の、州境を超えた、より大規模な延伸が促された面もある。13州を一体化し、西部への拡張に、さらなる弾みがつけられた。

その中で19世紀半ば以降、アメリカに、特に北東部に、産業化（工業化）の波が押し寄せた（当初は、南部産の綿に関わる繊維産業と靴製造が中心であったものが、鉄などの基幹産業も次第に興ってきた）。さらに西部の開発とともに、そこにも機械を含む基幹産業が育つようになった（オハイオ州シンシナティなど）。

（b）70万人が犠牲になったアメリカ史最大の凶事とされる南北戦争（1861〜1865年）。北東部と西部を主体とする合衆国軍が勝利したことを祝って、今では5月の最終月曜が記念日となっている（一方、南部は南部で、4月に似たような記念日「Confederate Memorial Day」を設け祝っている）。

南部は、要するに戦争の敗者である。戦場となっただけに、破壊と荒廃を一手に引き受けていた。その被害以上に大きい、南部で失われた奴隷の資産価値（農地の価値を上回っていた）を勘定に入れなければならない。単に黒人らが、奴隷から小作人に名称が変わったというだけではなかった（土地に対する結びつきが薄れていた[5]）。

まず、200年もの間、奴隷の軛につながれていた黒人らの側から見てみよう。

4　Gibbons v. Ogden, 22 U.S. 1 (1824)運河などの水運の管理権は、州ではなく、憲法の通商権規定（Ｉ.8(3)）の下で、連邦にあるとした。

5　黒人奴隷が、いかにに非人化され、不動産と一体化されていたか。Virginia法（1794年）は遂に奴隷所有者が債務の弁済のために奴隷だけを売却することを禁じ、そのほか一切の財産（all other personal property）とともにでなければ、処分出来ないとしていた。

彼らが奴隷から小作人になったこと以外での一番の違いは、家族との結合の回復であった。妻、子供（赤坊）らと引き裂かれて、遠い農場につながれていた黒人らが、例えば「ジョージア州から600マイル（約1000キロ）を歩いて再会出来た」などの実話が挙げられている。

　この「白人の支配からの解放」と「家族の結合回復」により生じた南部州での、重要な社会的変化。その代表的な動きが、黒人教会、黒人教団の分離独立である（例えば、元奴隷のRichard Allenが1794年に創ったフィラデルフィアのSt. Thomas教会など）。

　こうして同じメソジストでも、バプティストでも、彼らは黒人だけで集って教会や教団を作った。これは、教会が単に礼拝の場としてだけでなく、黒人らの教育（学校）、社交、互助組合、政治的集会の場でもあったことから、将来の公民権運動にとって極めて大きな意味を持っていた。

　次に、南部の白人（農場主）らの目から見ると、昨日まで自分達の所有物であった黒人が、北軍によって解放されるのを横目で見ていた。その心は、「だからといって、我々白人と同じになれるわけじゃない……」「彼らには、どうせ以前の"有色自由人(free persons of color)"としての狭い自由（小さな権利）だけしかないさ！」であった。その底には、抜きがたい信念「奴らは生来、白人より何等か下の人間だから……」があった。

　それでも敗者である南部（白人エリートら）は、連邦（北）のいうことを聞くしかなかった。

　北が事実上支配していた連邦議会が、戦後いち早く立法した復興法には、2通りあった。1つは、黒人が再び南部の農場主の奴隷、所有物にならないようにするための、1866年の黒人自由権法である。その法律は、すべての黒人に、「誰もが奪うことの出来ない合衆国市民権」を保障した[6]。

　もう1つは、武力法である。武力法の最初は、「第一再建法（Reconstruction

6　そのCivil Rights Act of 1866の言葉は、「どの州も、黒人(such citizens of every race and color…)が財産（農地）を保有する権利、労働契約を自ら締結する権利、法廷での証言権、を制約出来ない」ことを中心としていた（これは、同法の3ヶ月後に用意された憲法ｖＶの修正ⅩⅣの文言と、実質的に同一である）。

Acts)」の名でも呼ばれる。成立したのは、1867年3月であった。この法律により、北軍による南部州への進駐が具体的に決まった[7]。それまでの南部州では相変わらず北軍に対する敵意と反発が政界を覆っていた（1866年選挙でも、深南部などでは民主党の古顔が当選してきていた）。

　先行した上記の1866年自由権法も、この1867年法を含む「武力法」によって支えられていた[8]。合衆国軍（北軍）による違反州に対する力の行使を定め、その実効性を担保する立法である（つまり、力を行使出来る北軍が、南部州に駐屯していた間だけ、実効性があった）。

　こうした武力法の存在が、武力抗争を宗とするKKKや、自由の身になった黒人を憎む南部白人中の不満分子を、そして彼らと結びついていた南部の地方政府当局者を、その間（場合によっては、事実上の武力行使により）抑えつけていた（それだからこそ、この再建期は、南部州によって「悲劇的時代」と呼ばれた）。その期間は、「1877年妥協」までの10年ほどであった。

　（ｃ）1864年に第2期目の大統領選挙を迎えたリンカーンは、南部との融和を第一に考え、第1期中に組んでいたやや急進派の共和党の副大統領ハムリン(Hannibal Hamlin)とは別れて、それまで前例のない、反対党の民主党から副大統領を選んでいた。皮肉にもそのことが、そしてリンカーンが1865年4月に暗殺されたことが、歴史の思わぬページめくりをした。

　南部民主党出身のアンドリュー・ジョンソン大統領は、これとは違っていた。1864年選挙では北部中心に、共和党が圧倒的多数を握っていたが、連邦議会が休会となっていた1866年7月〜11月に、ジョンソン大統領は、自らの（南部寄りの）方針を推し進めようとしていた。

　一方、南部州も、12月に議会が召集されるまでの間、自らの州の黒人法典の

7　同法は、黒人らにも投票権を与えるべく、南部各州が新憲法を制定することを求め、その起草委員会（これには黒人と共和党員を含んでいた）の設置を求めていた。さらに、南部10州を、次の5つの軍管区に分けた。
　①ヴァージニア　②ノースカロライナとサウスカロライナ　③ジョージア、アラバマ。そしてフロリダ
　④ミシシッピとアーカンサス　⑤ルイジアナとテキサス

8　1867年7月19日成立のこの法律は、ジョンソン大統領(Andrew Johnson)により拒否権を行使されたが、同じ日に、上、下両院が3分の2超の多数で再議決して成立した。

作成を急いでいた。いわば、北部の支配体制が整う前の間隙を縫った動きである。この動きの中でも、1865年のミシシッピ州が早かった。

一方、ジョンソン大統領は、議会共和党有力者らとの衝突を繰り返していた。例えば、連邦議会による（自由人局）の期限を延長する法律に対して、拒否権を行使した。自由人局設置法自体は、まだリンカーン時代の1865年3月に成立していて、その力量を買われていた将軍・Oliver Otis Howardが長官に任ぜられていた[9]。

上記の拒否権行使は大方、議会により凌駕されていた。中でも公民権法(Civil Rights Act of 1866)に対する拒否権行使は、歴史学者らにより、彼の大失策と批判されている。

ジョンソン大統領はその後も、自らの南部寄りの政策を実施しようとしたが、それは続けられなかった。というのも、1866年選挙で、改革に乗り気で急進的な共和党が、全国的に圧倒的な勝利を収める結果になっていたからである[10]（今や共和党の一党支配に近い状態になっていた再建期の連邦議会の議員60人中52人が、元の合衆国兵士であった）[11]。

この選挙結果の基礎には、南部州の白人らが前年に急拵えで制定した各州の黒人法典（Black Code）などに対して、合衆国全体がNo! の、（否定的）評価を下したことがある。

彼ら共和党は、南部州の黒人らを、白人らによる抑圧と、困窮した生活の中から、急ぎ救い出す必要がある、と感じていた。連邦議会がすぐに立法措置を行う必要がある、と感じていた。

この時期に、分裂していた合衆国の再建策を決定出来るのは、大統領か連邦議会かという、憲法には書いていない憲法上の大問題が浮上してきていた。

9　戦争省の下で、正式名称、Bureau of Refugees, Freedmen and Abandoned Landsという機関であった。

10　共和党が175人、民主党が47人という大勝利で、共和党は、その後今日まで、この圧倒的勝利の記録を破ることが出来ていない（民主党は、大恐慌の1930年に、その逆を実現している）。

11　その連邦議会が、1866年公民権法を立法して、南部州による黒人法典立法を禁じたが、黒人らを「第2級市民」と位置付ける南部州の法律は消去されず残っていた。これを見て議会は、さらに1867年に市民権を憲法上のものとする修正ⅩⅣを承認する。

14

いや、新生国家アメリカの辞典には「再建」などという単語はなかった。

こうした大きな挑戦にもめげず、連邦議会が、ジョンソン大統領のvetoを乗り越えて（overrideして）[12]、南部社会（奴隷制）改革のための立法を、勢いよく進めたのも、中間選挙での圧倒的な大勝があったからである。

そんな中、多くの白人の南部州民らは、急に自由にされた元奴隷の黒人が、目の前を往来する事実になじめず、違和感を抱いていた。

一方、前記のように1866年の中間選挙で大勝した共和党は、南部の再建のため、道路の建設、黒人らを対象とする初めての公立学校の建設、土地税の正常化を中心として、より公平な税制の導入などに手を着けた[13]。

さらに1868年の総選挙で大統領に当選した共和党のグラント将軍（Ulysses S. Grant）は、実情を確認する必要を感じた。彼は、まず南部6州での調査を行った。彼が受けた結果報告では、戦後の南部で復権した白人らは、民主党の準軍機関のKKKを通して、黒人らに対し、またぞろ、「生殺与奪」に近い権力を握ろうとしていた。昨日までの奴隷に対し、再び不法な干渉や抑制を加え、黒人法典による各州法制を、黒人らに強制しようとしていた。

調査の結果、KKKによる多くのリンチ事件や、反再建の陰謀などの存在を認めた（KKKのメンバーには、元南軍の兵士などもかなりいた）グラント大統領は、それらに対処することが緊急であると判断した。このため、合衆国軍を南部に派遣することを決定。3つの法律、第2武力法（Forces Acts、別名「Enforcement Acts」、1870〜71）が、立法されることになった。

この第2武力法は、一言でいうと、そうした動きを、刑事罰で禁圧する連邦の法律である。元の主人（マスター）らの力を、抑え込むためのものである。連邦保安官のほかに、合衆国軍の武力も動員することによって実効性を高めた。

そこには、「連邦法制上で、奴隷という制度をなくしただけでは」、白人農場主らの支配する南部州の政府の下では、「十分ではない」、との認識があった。

12　ジョンソン氏が主張していたように、それが大統領ではなく、「連邦議会である」ということが、政治の実際の中で決まり、明らかにされていった。

13　それまでの農地の評価は安く、大農場主らに、うんと有利になっていた。

再び黒人らが、実質的には奴隷と変わらない状態にされてしまう危険がある
との認識があった。そうならないように、それを防ぐための法律が、武力法で
ある。

　この連邦法の下で、法律の定めどおり、KKK（掃討）作戦を精力的に実行し
たのが、グラント大統領の司法長官・Amos Ackermanであった（これは、彼が
戦争中、彼の第2の故郷であるジョージア州に忠実に南軍に参加したことから
すると、異例であった）。彼は、ニューハンプシャー州出身だが、肺病のため
ジョージア州に移住し、そこで農民兼弁護士をしていたことから、南部の実情、
KKKによる黒人に対するリンチなどにつき、よく把握していた。

　彼がとった措置により、実のある形の奴隷解放がある程度進められ、再建（改
造）の形が整えられた[14]（こうした中でKKKは、1870年代初めに、一旦は壊滅
状態に近くなるが、完全に消失したわけではなかった）。

　（d）フロリダ、アラバマ、ジョージア 3州のうち、上記のようにして第3軍
団の駐留下に置かれることが法定された、ジョージア州の様子を覗いてみよう。

　同州では、軍団長のポープ将軍（John Pope）が、連邦議会の定めに従い、選
挙人の登録を実施させた[15]（将軍の父は、連邦の裁判官で、弁護士だったリン
カーンの友人でもあった）。10月末から11月初めにかけて、州憲法制定のため
の制憲会議のための代表選挙も、行なわせた。さらに、翌年3月までの期間、ポー
プ将軍の指示によりアトランタで制憲会議が開かれている（この間、州内の守
旧勢力は、反共和党勢力の地元Milledgevilleで、別の会議を開くよう働きかけ
ていた[16]）。

　南部州の様子が、（少なくとも表向き）様変わりするのが、1867年夏前から

14　多くの南部州知事らは、中央による強い軍事力の行使、軍事介入に反対していたばかりか、クラン（Klans）
　　に対し、自州の兵を向かわせることにも乗り気でなかった（彼ら自身が、KKKのメンバーであるか、同情者
　　であったり、またはクランによる反撃を恐れていた）。しかし、グラント大統領は、サウス・カロライナ州内
　　の9郡で戒厳令を発し、クランを捕えて法律どおりに（黒人が多数の陪審により）裁いた。このために、数百
　　人のクランが有罪となり、1872年には、団体としてのKKKは、一旦ほとんど殆ど消滅した。

15　白人95,214人、黒人93,457人が登録したという。

16　実際には守旧勢力は、その間にMaconに集り、共和党による改革方針を攻撃していた。中でも、黒人に選挙
　　権を与えることに対しては、激しい反対演説を続けていた。

である。復興法の1つ、黒人に投票権を与えた1867年法の下で、黒人が初めて投票した1868年選挙。黒人の投票率は90%にも上った。同時に、再建期間中として初めての大統領選挙も行われ、グラントが、民主党の代表Horatio Seymourを破って当選した[17]。

この選挙の結果、南部の各州議会を通して600人以上の黒人が、選出されている。また一時は、100人以上が連邦政府の役職に就いていた（この後、南部の各地で白人による黒人に対するリンチが猛威を振るい始める）。

翌1867年3月までに、中央ではさらに大きな変革が起きていた。即ち、共和党が圧倒的多数を占める連邦議会が、アメリカの歴史始まって以来初めての、ジョンソン大統領（Andrew Johnson）に対する弾劾裁判を1868年に行ったのだ[18]。

理由として、民主党で守旧派のジョンソン大統領が、それまでにも重要法案でしばしば連邦議会と対立し、拒否を繰り返していたことがある。結果は、たった1票の差であったが、大統領が弾劾の判決を免れた[19]。

それにしても、戦争により南部州は、大きな被害を被った。例えばサウスカロライナ州の豚を例にとると、戦前96万頭以上いたのが、15万頭にまで減っている。

南部に進駐した北（連邦）軍による犯罪も起きていた。リンカーン大統領は、リーバー将軍（Franz Liber）が考えた（戦陣訓というより）軍規集に似たものを、1863年4月24日に発布している[20]。その1つの柱が軍法であり、南部を占

17　2期目を目指したジョンソン大統領は、民主党の代表候補の座すら得られなかった。一方、Seymourは、一般投票ではグラントと接戦をしたが、選挙人団の票で、大差を付けられた（なお、テキサス、ミシシッピー、ヴァージニアの3州は、まだ合衆国への復帰が認められていなかった）。

18　下院による起訴が、2月24日、上院による裁判が、3月14日〜5月26日の間行われた。

19　有罪が35票、無罪が19票で、憲法（Ⅰ,3(6)）の定める「3分の2の多数」に至らなかった。

20　こうした軍規は、アメリカ合衆国軍の場合、合衆国成立前の連合の時代の大陸軍（Continental Army）用として1775年に作られていた。それを、合衆国成立後に再編したものが"1806 Articles of War"である。南北戦争時、プロシアからきた軍人フランツ・リーバー（Lieber）。ナポレオン戦争で闘い、ウォータールーの戦場で負傷、1862年にアメリカへ渡り、学者でもある北軍将軍ヘンリー・ハレック（Halleck）の委嘱を受けて、1806年の軍規を改正したものが、上記のリンカーン大統領が発布した新軍規集である(2013年4月24日、opinionator.blogs.nytimes.com)。

領した北軍兵士による違法行為（財産の収奪や婦女の強姦など）を取締るものである[21]。

　強姦などの違法な性行為も少なからずあった中で、特に黒人女性に対する性行為が記録されている。奴隷だった黒人の女性に、それまでなじみのなかったヤンキーの兵士や将校などは、好奇心をそそられる。将校らによるこうした性犯罪に対しては、軍籍の剥奪に加え、大体10年の禁錮刑が課せられていた（白人の主人らによる奴隷女性に対する性行為が、元からかなり横行していた戦前の南部では、その同じ行為が犯罪化されたことを、新異な感情を持って迎えた）。

　戦争中の南部で北軍将兵らによるこうした性犯罪、乱交が多発する状況下では、以上のような厳罰化に意味があっただけではない。被害者の女性に対し申立権を付与していた新軍規集と併せ、特にその厳正な執行が、南部での社会正義意識を呼び覚ますために大きく働いたとされる。

　（e）奴隷の価値がいかに（土地以上に）高かったか、その解放による南部州の損失が如何に大きかったかは、前にも少し触れているが、ここから先の将来に向っては、今や有償になった労働力を、いかに確保するかが、南部州の最大の問題であった。

　白人の地主らは、焦っていた。春が来るからだ。耕運の時、種蒔きの時が来るからだ（時期を逃せば、1866年にはもう、一文の収入も得られない）。新たな労働関係（契約）形成が問題である。南部州でこの答えを出したのは、いわゆるブルボン（白人の有力富裕層）であり、「小作契約（sharecropper contract）」であった。

　約款のスタイルを取るが、白人の地主（landowner）に圧倒的に有利な内容になっている（例として1882年のものが残っている。小作人の取り分、取り分が確保されるまでの前提条件が、作付の種類から始まって、作業の細かい点に至るまで、定められている[22]）。

21　北軍の軍事法廷は、少なくとも450件の性犯罪を訴求したとされる(2013年4月24日、opinionator.blogs.nytimes.com)。

22　小作人の取り分は、すべての細々とした条件が満たされて、収穫時期の実際の売り上げから費用などを差し引いた、ネット収入の2分の1であるが、条件が満たされなければ、5分の2になるなどを定めている

これに対し、解放された奴隷のほうは、生きなければ、食べていかねば、ならなかった。働かねばならなかった。しかも「働く」といっても、彼らが出来たのは、知っていたのは、以前の田畑（土地）であり、そこを耕すことであった。もう牛馬のように鞭打たれて働くのではない。小作人（sharecropper）として働くのである。

　そのために、白人の地主と交渉に入る。楽しい交渉でも、楽な交渉でもない。その結果が、上述の約款のように定式化された契約となっていた[23]。

　歴史学者のEd Ayersは、このような白人の地主と黒人との間の1866年早々の、またその数年後の交渉の模様を描いている。そこでは、白人の地主が、まず「お前らは信用出来ないからな！　鞭打たれないでも、ちゃんと働けるのか。秋になってから、"駄目だった"じゃ、もう手遅れだからな！」。

　一方の黒人はいう。「まあ見てくれ。こっちも必死だ。妻子供も皆働かせて、十分な収穫をもたらすよ！　とにかく、あの土地を任せてくれ……。それにロバも鍬も。今までの奴を貸してくれ…」。

　散々交渉した挙句に話がまとまると、黒人がいう。「旦那、決まったことを紙にしてサインしようよ！　そうするように、北のヤンキー兵にいわれたんだ……。そこに小作人の取り分も入れてな！」。

（ロ）レッド・サマー、シカゴなどの北の都市でも

　（a）先に見たように、19世紀最後の4分の1で、第2次産業革命と金ピカ時代を経ていた20世紀初めの20年余りのアメリカは、進歩主義の時代であった。新たな問題も、浮上してはいたものの、総体としては、右肩上がりの世の中で、白人らの多くは潤っていた（1924年に、5人に1人が車を所有という、当時、世界のどの国でも考えらえれないようなことが起きていた[24]）。唯一、黒人らだけ

（chum.gmu.edu）。

23　確かにこの時期、連邦政府にできた「自由人局（Freedmen's Bureau）」の人が、そのように、「契約を作って……働くように」、黒人らを指導していた（pbs.org）。

24　彼の暗殺時、丁度、首都ワシントンでは彼などが企画していた「貧者のキャンペーン（Poor People's Campaign）」が実施段階に入っていて、3000人がテントなどで36日間暮らすことになる「復活の市

が、「取り残された存在」であった。その黒人らの主な舞台が、まさにディキシーランドであった。公民権運動の舞台となる。

　中でも、アラバマとミシシッピを中心とした2つの深南部州を舞台として繰り広げられるのが、それら2州で最悪状態だった人種差別をなくそうとする公民権運動（African-American Civil Rights Movement）である。その主役は、キング牧師や、彼がリーダーをすることになった、南部キリスト者リーダー会合（SCLC）などである（後出）。

　1950年代から後の深南部州を舞台とする公民権運動については、次のⅡでよりよく見るとして、先行する歴史として、ここに述べるのは、1930年代や1940年代に多かった都市暴動である（アメリカでの都市暴動の最大のものは、キング牧師が暗殺された直後の1968年、全国100都市で生じたそれであるが、それ以前にも、数十という規模の都市で、しばしば並行して起きていた）。20世紀初頭に南部から北部都市へと移動した黒人らの住宅（ゲットー）で起こっていた。

　進歩主義の時代の終わり1920年代には、都市の人口が、初めて農村部を上回った。都市という新しい生活空間は、それまでの農業大国、農業社会に住んでいたアメリカ人にとって、人間関係の枠組として目新しい。白人同士にとっても、まだ新しいその枠組みの中に、黒人らの大群が、突如として現れた。

　そのことへのナイーブな反応、社会現象ともいえるものの1つ。それが、レッド・サマー（Red Summer）と呼ばれた1919年の都市暴動、1つの空の下の異人種間の闘争であった[25]。

　ここで見る「レッド・サマー」は、第一次大戦の直後、1919年の夏に特に集中して、30幾つもの都市で起きていた都市暴動のことである。多くの都市で一斉に流行のようにして起こったことについては、第一次大戦終了後で、町に白と黒の復員軍人が溢れ、両者の間に、職や住を巡って激しい競争が起きていたことも、大きな原因とされている。

（Resurrection City）」が広場に作られて、色々な動きが広がっていた。

25　レッド・サマーは、NAACPのJames Weldon Johnsonが1916年に使い始めた用語だとされている。

多くの都市に共通する特徴として、事件の発端も、暴動（riots、攻撃する側）の主体も、白人であったことが指摘されている。

20世紀の初め、大移動（Great Migration）のはしりが起きていた。南部の黒人らの間に「シカゴは、南部と違うらしいぞ！　白と黒との人種分離がないらしい」「分離されているのは、湖とその水飲み場だけ」などという、噂が広がり、シカゴを、「約束の地（Promised Land）」と呼ぶほどになっていた。

事実は、18世紀の早い年代からシカゴには、もう多くの黒人が、黒人だけの居住区に住み付いていた。つまり、人種分離が行われていた（1786年には、代表を下院議員として州議会にも送っている）。

シカゴは元来が、アイルランド系住民が圧倒的に多い土地柄であった（アイルランド系は、アメリカでは、初期移民の１つの主流で、１位のドイツ系移民に比べ、人数的に２位であった（最初に来たアングロ・サクソン系は第3位）。アイルランド系は、貧しい移民が多かったことから、歴史的に、また人種的にも、ケルト（Celtic）と異なることもあり、下層白人に位置づけられている[26]。

そんなシカゴに、1910年代から後は、南部からの大移動により、黒人がドッと入ってきた[27]。さらに第一次大戦の勃発でヨーロッパからの移民、労働力（の流入）が途絶えると、シカゴ市内での黒人人口は、桁違いの大きさになった。急増した黒人住民の大半は労働者であるが、組織化が進んだ（労組のある）大手企業ではなく、3分の1は、中小企業に雇われていた（つれて、黒人が住居として占有するシカゴ市内の土地面積も、1920年までに、相当大きくなっていた）。

シカゴには、20世紀初めにChicago Defenderという有力新聞が出来ていて、その記事が、黒人らによる大移動を大きく促す働きもしていた。人種分離との戦いや、北部での黒人社会を育てる仕事も助けていた。新聞は、ジョージア州

26　ボストンなどでは、アイルランド系は、アングロ・サクソンとは別の族である、との認識が一般化していた。そのため、20世紀中頃にJ.F. Kennedy氏が、初めてのアイルランド系カトリックの大統領（第35代）になると、話題になった（1961年）。

27　生活費の高さを考えに入れても、彼らの都市部での賃金は、南部よりかなり割高であった。シカゴのmeatpackerで、1日当たり2ドル、デトロイトの自動車工場で、5ドルなどであった（1916年、pbs.org）。

生まれのRobert Abbott（黒人）が始めたものだ[28]（つまり、自身のMigrantとしての経験も、そこに働いていた）。

　さて、シカゴでの以上のような黒人人口の増大は、先ず下層白人、アイルランド系住民との間で鋭い緊張を生み出した。アメリカとしての新しい生活空間、都市部で白人と黒人が、初めて互いの生活の場を接する（一部共有する）、そんな実験が始まろうとしていた。そこで火を噴いたのが、ここで見るレッド・サマー暴動（1919年）である。

　シカゴには、こうした黒人人口の増加を吸収する、地場の大口雇用主が存在した。中でも食肉などを扱う各種市場会社である[29]。例えば、Union Stockyards会社では、15,000人の黒人従業員が働いていて、組合を作っていた（一方、自動車メーカーなどの大企業の労組では、新しくヨーロッパから来たポーランド系移民も含め、白人が労働者の多数を占めていた）。そうしたシカゴ市に、20世紀初めの大移動で、新たにまた、南部から多くの黒人らの流入があったわけである[30]。

　（b）アイルランド系、ポーランド系移民に加え、イタリアなど、南ヨーロッパからの移民も多く住んでいた市のサウスサイド（南地区）。そこに、大移動による黒人らが住み付いた。中には、第一次大戦からの帰還兵の黒人らも多くいた。

　その7月27日、1人の黒人青年が、人種分離されていたはずの湖水で、白人の浴場とされていた所に入り、周りから岩を投げつけられて死亡した。これをきっかけに、シカゴ人種暴動（Chicago Race Riot of 1919）が始まり、4〜5日

28　Abbottは、自らの新聞を通して南部の黒人らに北部への移住を呼びかけた。このほか、同紙が大きな影響力を発揮したことにつながるものとして、NPRは、（ⅰ）合衆国軍隊内での人種分離の終了、（ⅱ）Warren Harding、Harry Truman、J. F.ケネディなどの大統領の選出からオバマ氏の出世などを挙げている（2016年1月9日、npr.org）。

29　ほかに距離的にその工場に近いことから、シカゴには、前述のPullmanに属する多くの黒人Brotherhood of Sleeping-Car Porters（BSCP）が住んでいた（PullmanのGeorge Pullman社長は、社宅の建設などにも心を配っていた）。

30　1910年代に南部からの人口の大移動が生じた追加的理由として、昆虫被害（bore weevil）による凶作と、綿花価格の世界的暴落がある（pbs.org）。

間続いた。

　この暴動により、38人が死亡、537人が怪我をした。人種間の反目の大きな原因は、職場や働き口を巡る確執にあった。被害者の大半が黒人であった。この暴動は、また放火件数の多さでも、群を抜いていた。その放火の大部分も、黒人らの住居区（いわゆる市内のブラック・ベルト）、南地区に集中していた。

　暴動時のシカゴ市長・トンプソン（William Hale Thompson）は、イリノイ州知事・ローデン（Frank Lowden）と対立していた。このため暴動が起こっても、市長は、すぐには州に援軍を求める気になれなかった（ローデン知事の方は、その用意を表明していたが）。

　知事も市長も、共和党員であったが、1930年選挙で市長は、黒人らに向かって「共和党の下院議員・Ruth Hanna McCormick に票を入れないよう」、働きかけている有り様であった[31]（党派よりも、有力な地元一族 McCormick に対する反感のほうが、上回っていた）。

　一方のイリノイ州知事ローデンは、1919年のレッド・サマー暴動を捉えて、「これは、人種問題というより、労働問題だ……」と、いっている。

　このシカゴ暴動のもっと大きな意味は、それがウィルソン（Woodrow Wilson）大統領と連邦議会に、アメリカでの都市暴動の大きさと、深刻さに気付かせる働きをしたことである。その背景としての、白と黒との間の人種間対立を解消することの重大性、緊急性を気付かせたことである（ヴァージニア出身のウィルソンとしては、黒人らの（人種）問題を、それまで差して気にも留めていなかった[32]）。それが今や、都市暴動を解消するため、避けて通れない道であるとの認識になり、「どのような立法が必要かつ適切か」、を真剣に検討し始めた。

　暴動の完全終息までには1週間近くかかったが、大きな騒ぎは、4日後の7月30日夜には収まっていた。殆どの騒ぎは、「黒人らを市から追い出したい」、と

31　Ruthは、かつての上院議員Joseph Medill McCormickの未亡人で、有力新聞「シカゴ・トリビュー」の社主・Robert R. McCormickの義理の妹であった。

32　ウィルソン大統領について、フリードマンは、"……was only too eager tc promote segregation"としている（Lawrence Freedman, A History of American Law, 3rd ed. Simmon Schuster, 2005, p.525）。

企てていた白人らが、黒人らの住居地域、市の南地区で起こしていた。このため政府は、6000人の予備隊をブラック・ベルトの周囲に留まらせた（7月31日夜になっても、まだ30件の放火が、確認されていた）。

　人種問題だけではない。シカゴでは急速な都市化と、ブルーカラーの増加（その中には、移民の女性や南部からの女性の流入も混ざっていた）とともに、いわゆる「売春宿の規制」をどうするかも問題となっていた。

　市長は、1910年に30人の市民からなる悪習委員会の委員を任命した。性の問題に対する19世紀末までの方法・スケール、町の1ヶ所を売春街にする程度では、不適切となっていたためである。州境を越えて女性の人身売買が横行し、いわゆる白い奴隷（white slavery）を取り締まる必要が叫ばれていた。

　アメリカには、各州ごとに重婚禁止法があるが、連邦法としては、1910年に作られた人身売買法に当たるようなMann Actがあるのみで、重婚禁止から未成年者の売春目的での売買などまでの、広い範囲の問題に、実質的に同法により対応せざるを得ない状況となっていた。

　南部から、かつての奴隷農場の雰囲気が色濃く残る田園から、ほのかな期待を抱いて、やっとの思いで出てきたシカゴの黒人ら。だが男女ともに、現実は期待とは違っていた。シカゴ暴動でのような迫害を受ける中で、再び南部に帰って行った黒人らも少なからずいた[33]。

　（c）南部が早々と取り戻し期（Redemption Era）に入ったことにより、北による再建期での「南部の改革」は、短期間かつ不完全なまま1877年に終わった。その時期は、一般に「1877年まで」とされている。

　それはとにかく、金字塔となる憲法改正（修正ⅩⅢ〜修正ⅩⅤ）と、その下でのCivil Rights Act of 1866（（イ)(b)）を始めとする連邦法が出現したことは、大きかった。

　もう1つ、アメリカ社会に20世紀初めにまでも残る、長期かつ甚大な影響は、戦争中に南部まで来て戦った北の兵士らの間に作られたGAR（一時期、「共和

33　1900年の国勢調査でも、1870年のそれと大差ない約90％の黒人が南部に住んでいて、その中、男性の約半分、女性の35％が「畑で働いている」、と答えていた。

党の別働隊」ともいわれた）によって代表される[34] 。戦後も、彼らが作る全国的な組織を中心に、北（連邦）の政治、社会などに多大な影響力を発揮した（北の社会での不可欠な要素となった）。

GARは、当時としては異例な、初めから白、黒が1つになった団体であった。事実、GARは黒人の参政権実現にも一時、力を入れていた（北の共和党が次第に軟化、弱体化するとともに、段々と怪しくなっていったが）。

GARの主目的は、軍人年金を連邦政府から出させることにあった。それは実現しているが、黒人に対しては、まだであった。黒人らも、白人らの始めた戦争に、同じように命を投げ出してきたが、同じようには報われなかった。ここでも不平等は貫かれていた。

いずれにせよ19世紀後半の合衆国政治は、GARによって、元軍人らと、それに支えられた共和党によって、大きく牛耳られてきた。（イ）(b)~(d)での様な南部の改革も、GARにより実現していた（この戦争での元軍人らの中から、18代グラント以下、ヘイズ、ガーフィールド、ハリソン、マッキンリーと、5人が大統領になっている）。

シカゴのレッド・サマー（1919年）について上に覗見したが、その年、この北部のシカゴのような都市のみならず、南部のワシントンD.C.やアーカンサス州エレインでも、同じように人種暴動が起きていた[35]。20世紀の初頭に出現したこれらの都市。この時代、そこで起こった暴動に共通していえるのは、すべて白人グループによる黒人（社会）への攻撃の形を取っていたことである。それも、事件の発端においてだけではない。中心部分、暴力による攻撃と破壊も、

34　様々な組織からなるOrganizations of War Veterans。その中でも、Civil WarでのGARが最大最古で、最有力である。Grand Army of the Republic（GAR）は、唯一Civil Warから直接生じてきて、最後の生存メンバーが亡くなる20世紀半ばまで続いた。さらに、その武力を末代まで語り伝えるための団体Sons of Union Veterans of the Civil Warも出来ている。それらの祝日が、アメリカでのMemorial Day（5月末の月曜日）である。その後の米西戦争などでは、Veterans of Foreign Warsが、さらにW.W. I以降、朝鮮戦争、ベトナム戦争なども含めたAmerican Legionといった団体も作られて、それぞれ全国的組織になっている。

35　メンフィスから100キロほど南にあるアーカンサス州エレイン（Elaine）が、ミシシッピ河沿いの農業地帯であるのに対し、ワシントンD.C.は、中央政府の役所や、各州や全国企業の団体と、それらの出張所、そこで働く人々の住宅などからなる。2つは、全く異なる生活空間であった。

人がやっていた[36]（注のPBSの記事でも、そのように記している）。

（d）この年、9月30日に起きたアーカンサス州エレインでの人種暴動は、エレイン人種暴動とも、エレイン大虐殺とも呼ばれた。犠牲者の大半が、黒人であった（今日、人口1000人に達しないエレインは、専ら大虐殺の村として知られている）。

この事件は、どのようにして起こってきたか。

「組合Progressive Farmers and Household Union of America (PFHUA) の首謀者らが、小作人らを唆している」、と考えた白人警官ら2人が、現場に急行した。会場の周りで、組合の警備員との間で互いに発砲を交す中で、白人警官が死亡した[37]。

これを受けて、地元のエレイン市警察は復讐心に燃えた。州のフィリップス郡警察とともに、自州アーカンサス内だけではなく、お隣のミシシッピ州警察にも連絡して、緊急応援を求めた。これに応じたミシシッピ州の周辺市町村から、数百人の白人らが、てんでに列車、馬、貨物車などに飛び乗ってやってきた[38]。

彼らは、「とにかく、黒人がいたら撃て！」の合言葉とともに、アーカンサス州エレインに駆け付けた。規模が膨らんだことで、事件は急展開し、白人らによる「黒人（小作人）狩り」の様相を呈し出した。

大量殺戮は結局、合衆国軍隊が出動した10月2日になって、漸く終わった（白人も5人死んでいる）。その日には、現地に出ていた白人暴徒らと、騎馬隊警察らも帰って行った。残るは、事件関係者（黒人）に対する処分である[39]。

36　シカゴの人種暴動が、そうであった（白人らが、「白人専用」としていた29丁目ビーチに黒人のEugene Williamsがうっかり入ってしまったため、湖に沈められた）。その後、警察が、黒人を逮捕したのみで、白人らを逮捕することを拒んだことが、発端であった（Rise and Fall of Jim Crow、レッド・サマー、pbs.org）。

37　1人はdeputy sheriffで、もう1人は、鉄道員だったという。この2人と組合の警備員との間の撃ち合いで始まった事件が結局、2日間の戦い（人種暴動）に拡大した（aaregistry.org）。なおPFHUAは、Progressive Farmers & Household Union of Americaの略である。

38　そのシーンの目撃者、地元の黒人・Frank Mooreの言として、PBSは記している。"……whites……coming down here and kill every nigger they found. There were 300 or 400 ……white men with guns……"（レッド・サマー、Richard Wormser、pbs.org）。

39　これらの関係者に対する処分につき、African American Registryのサイトは、次のように報じている。65人

検挙された65人のうち、12人が死刑判決を受けた（死刑判決を受けた12人は、"Elaine Twelve"の名で呼ばれることになった）が、陪審による評決手続での瑕疵により、再度手続が行われることになり、Wareケースと、Mooreケースの6人ずつ2組に区分された。

　Ware事件の被告6人については、アーカンサス州最高裁で行われた再審で、全員無罪となった。似たようなことは、Moore事件の6人にもあった。注記のような事情を知らされた連邦最高裁が、上告受理命令を出したうえ、「法の適正手続」を受けていなかったとして、さらにやり直しを命じたからである[40]。

　これら一連の刑事事件では、誕生から10年余りと、まだ間もない「全国有色人種向上協会」NAACPの支援も得つつ（以下の3.(リ)(a)）、州都リトル・ロックの黒人弁護士・Scipio Jonesが、弁護に当たった。

　（e）レッド・サマーより1〜2ヶ月遅れで起きた小作人らに対するエレイン人種暴動を、合衆国での人種間衝突でも最大の流血の惨事、とする見方がある。そこには、ミシシッピ河と、アーカンサス河とに囲まれた、地理、気候、産業構造などで似たような、ミシシッピ州とアーカンサス州という2つの州の共通点が、浮かび上がる。

　共通点は2つ。1つは、白人至上主義であり、もう1つは、小作人対地主層という、対立の図式である。小作人の中には、第一次大戦から帰還したベテランの黒人も多くいた。一方、地主層の多くが、かつての奴隷所有者であったが、今や自由人の小作人に対し反感と警戒心を抱いていた。

　この年アメリカでは、どの市町村でも、それまで地元にいた人口に、復員軍人が一斉に加わっていた。困難さを増した雇用問題が、白人、黒人間の緊張を高める働きをしていた。また外では、第一次大戦の終了とともに、ロシア革命

　　の黒人が、起訴された。州裁判官・J.M.ジャクソンが担当し、被告らに付けた弁護人・Jacob Finkは、証人らから採る証言についても、誰とも打ち合わせすることもなく、また陪審員の選別(voir dire)でも、初めの12人全員を、そのまま認めて争わないまま、進めていた(encyclopediaofarkansas.net)。

40　Moore v. Dempsey, 261 U.S. 86 (1923)。事件では、州裁判所の裁判が、恰好をつけただけのものだったとして、被告人らが連邦地裁に対し、人身保護令状を申し立てていた。これが、原審では棄却されたが、最高裁へ上告受理申し立てをしていて、認められたもの。

によりソ連が誕生していた。

　エレインの地主らも、PFHUA組合を、黒人が共産主義に染まって始めた運動と考え、警戒心を持って捉えていたことがある。「共産主義の火の手が、この資本主義のメッカのアメリカに、それも草深いアーカンサス州の綿畑にまで、及んできたのか……」、こうした一部の人が抱いた懸念、危機感である。

　この件で、白人暴徒らに対する訴追は、行われなかった一方[41]、前述の5人の白人の死に対する刑事事件の責任追及だけがなされた。その代表が、上記"Elaine Twelve"事件である。そこでの経緯のとおり、12人に対する原因や責任の問題を含め、全体が、遂に判らずじまいのまま、今日に至っている。

　アーカンサス州の裁判自体、悪名高いアラバマ州のScottsboro Boys事件やミシシッピ州でのEmmett Till事件（(ト)(c)~(f)）などと同じことで、極めていい加減に進められた（その「いい加減さ」は、最高裁自身が、注40の判決中で述べていることからも、知りうる）。

　十分適切に対応しなかった南部州の司法の弁護のため、一言付加すれば、その種の裁判のある日には、裁判所前の広場に、多い時は1000人規模の地元白人の群衆が群がってきていた。

　「全員死刑にしろ。さもなければ、我々がやってやる！」などと騒いでいたことがある。"Elaine Twelve"事件の弁護士Scipio Jonesも、群衆から同じように「処刑してやる」などと、強迫を受けていた。そのため裁判の間は、毎晩転々と、別の黒人の家を泊まり歩いていた[42]。

　19世紀末から20世紀初めにかけての南部社会の横顔について、記してきた。こうした実情を見ると、南部社会の内部で、黒人が改革に立ち上がるまでには、時間や知恵や、何よりも連邦の加勢が、必要だったことがわかる。そのために、連邦政府が行ったのが、まず「違法な州憲法を執行している……」として、州

41　前注encyclopediaのサイトによると、黒人側に立つNAACPの現地事務長Walter Whiteのいうことと、郡当局の警官が供述したところとが、正反対であった。どちらの原因分析が正しいかは、不明であるという。

42　PBSサイトでは、こうした戦いを経て、全員が死刑を免れて自由の身になったことを、NAACPの今1つの勝利としている。一方、NAACPのWalter Whiteは、これら、一連の刑事裁判はすべて、「司法の面を被ったリンチでしかなかった」、としているという（Moore v. Dempsey、1922、pbs.org）。

の役人らを訴えることであった。

　注記のケースは、連邦政府が、2人の州の選挙管理人を刑事訴追したことに対し（2人の罪状は、連邦刑法違反であった）、彼ら2人が連邦政府を訴えたケースである[43]（NAACPは、そこで連邦政府側の参考人として文書を提出していた）。

（ハ）再建期からニューディール時代へ

　（a）アメリカ史を大きく血塗る最大の悲劇、南北戦争。勝利した北、つまりリンカーン大統領の下の合衆国軍は、南部に軍政を敷いた。その主眼は、建国の理想、民主共和政治を南部でも行うこと、白と黒の差別なく行うこと、にあった。

　この試みが、上の（イ）(b)以下で見てきたとおりの南部の「再建期（Reconstruction Era）」である。1866年〜1877年までの短期間しか続けられなかったが、また「南部人」達の多くが「悲劇の時代」（tragic era）と受け止めていたが、今日のアメリカも、間違いなくその時代（era）の上に立っている。

　この再建期をアメリカ史の流れの中で、どう位置づけ、どう評価するか。意見が分かれている。たとえ南部的立場からにせよ、「悲劇的」などという冠句が付されている以上、議論があり、評価も分かれるであろうことは、予測が付く。そのような否定的見方に対し、1930年代から後、別の見方が目立つようになった。そこでは、南部での改革（例えば、アメリカ史上初めて義務化された黒人の公教育の実施）のためのステップが、現にとられたことを評価している。

　再建期の間に、アメリカ史のそのほかの時期を越えるような、異常に高い汚職率が存在したわけではないこと、南部でのリンチの増加は、白人らが、白と黒の差別をなくすことになりふり構わず抵抗したことに起因すること、北部から施政のため南部にやってきた元北軍の将官などの人々（南部人らが"carpetbaggers"と蔑称していた）も、真面目でインテリの人が多かったこと、などを挙げている。

43　Guinn v. United States, 238 U.S. 347 (1915)で、Guinnは選挙管理人である。オクラホマ州では識字テストを進めており、それを根拠に選挙管理人が、黒人らの投票権を否定していたことに対し、連邦政府が訴え、刑事訴追したことに対する、選挙管理人の側からする連邦政府宛の反対の訴訟である。

北軍兵士として勇敢に戦って、少将になって終戦を迎えた後、再建期にはミシシッピ州とアーカンサス州をカバーする第4軍団長として民政に当たったAbelbert Amesも、その1人といってよい。

　いずれにせよ、あの70万人が亡くなった南北戦争がなければ、再建期もなかったであろうし、白と黒の差別をなくすことも、今程度さえも実現出来ていなかったであろう（「全く実現しなかったであろう」とはいわないまでも、もっと時期がずれ、また形態も異なったものでしかなかっただろう）。

　（b）19世紀末から20世紀初めにかけても、再建期以来の流れを受けて、黒人らによる自らへの教育努力は、保持されていた（南北戦争前のように、黒人のすべてが無学で文盲といったことは、もはやなくなっていた）。

　しかし、アラバマ州での例で見るように、白人の学校と比べると、人、物、金、そして教育制度の面で劣っていた。黒人1人当たり3ドルに対し、白人生徒は60ドルという教育関係の公費記録がある（教科書なども、白人の学校の「お下がり」ということも、珍しくはなかった）。また、アメリカの独立宣言や憲法については「教えない」、ことにされていた例もある。

　似たようなことは、この時期の教会制度についてもいえる。この国で初めての黒人教会の創立（1794年）につき触れたが（(イ)(b)）、19世紀に入り、南部のあちらこちらで、白人の主宰するバプティストやメソジスト教会の信者団から、黒人の信者集団が分かれ（または締め出され）、小さな家で、別に黒人主体の教会を作ることが、広く行われた。つれて、それら黒人教会の連合を作る動きも生じた。一例が、1895年のNational Baptist Conventionの形成や、別の会派African Methodist Episcopal (AME)などが勃興したことである。

　これらの活動を直接、または間接的に支えた1つが、ブーカー T. ワシントンと、彼の知人の白人資産家らが設立したいくつかの財団と学校である[44] 早くは再建

44　1856年生まれのワシントン（Booker T. Washington）は、優れた資質で頭角を現し、25歳で、自らの作った小学校・Tuskegee Instituteの長となり、やがて全国的にも知名人となる。その生家は、国の記念碑となっている。有名白人らとも交友があり、例えばAndrew Carnegie、John D. Rockfellerなどが挙げられる。その中で、ニューヨークRochesterのGeorge Eastmanは、Tuskegee Instituteなどを通して教育活動に大きく力を貸している。

期に、北の力によって少数ながらも、黒人のための小学校が初めて開かれたことが、こうした動きにとってなんといっても大きかった（早い時期の例として、1846年に設立されていたAmerican Missionary Associationが、南北戦争後すぐに、数百もの学校を作ったことがある）。これらの（黒人）学校は、初めから人種分離され、教師、校舎、設備、教科書など、すべての面で冷遇されていた（なんらの説明も、考えることすら要せず、そうなっていた）が、多くの黒人らも、これに対しなんら異議を唱えなかった。反対に、そのほうが「お互いに幸せだ」、とさえ考えていた。一方の白人ら（学校当局）は、あまり教育を付けることで、黒人らが、白人優位の社会秩序に「挑戦しやしないか」、と案じていた。

こうして黒人小学生らは、初めての公教育に喜びつつも、幼い心に、自らの二流としての、下層の位付けを、それが生涯続くことの展望を、思い知らされた。

金ピカ時代（Gilded Age）にも触れたが（（イ)(a)）、世紀が代わった後のアメリカを襲った大恐慌（1929～1933年）。それに対し、F.D.ルーズベルト大統領が採った一連の対策としてのニューディールは、広く知られている。その結果、3年後の大統領選挙で黒人の75%が、彼の民主党に雪崩を打って投票するという、異変が生じていた。

驚異的な支持率の変化で、黒人らによる共和党から民主党への支持の大変換が示された[45]。しかし、F.D.R.の"ニュー・ディール"と称されるものが、黒人らにとって果たして「好意的や友好的なものだったか」、と問われれば、決してそうとはいえなかった。

彼らに対し特に「人種差別的に」、と考えていたわけではなかろうが、人種差別を解消する効果を生じさせる実際上の政策をとっていたわけではなかった（彼自身は、人種差別者でもない一方、人種問題に煩わされずに、「先へ進もう」、としていたといえる）。（黒人らによる圧倒的な支持にもかかわらず）結果的には、彼の政策は、人種差別的（黒人らにとり不利なもの）だった。

ヒューストン（Houston）大学は、2，3の例を挙げている。

45　One of the most dramatic voter shifts in American historyと表現している。これには、共和党の無策（黒人への働きかけの無さを含む）の意味も、表現されていよう。

1つは、ニュー・ディールの下での住宅政策としての政府機関による保証制度である。黒人には申込み資格を認めなかった、差別強化があったと指摘している[46]。

もう1つの例として、大統領が一番早く行ったニュー・ディールの目玉「民間保全部隊=Civilian Conservation Corps（CCC）」がある。CCCでは、最終的に全国で25万人の黒人が雇用されたが、詳しく見ると、キャンプ地やテントなどを、白と黒とで別々にしていたことや、南部州での展開などは、後回しにされたことを挙げている。

シンク・タンクのCATOでも差別を採り上げ、農業問題に言及している（就労年齢の黒人の全人口の40%が小作人という背景の中で、農業調整庁Agricultural Adjustment Administration (AAA)による合理化の結果、1933、1934年の2年間で、10万人が、小作人の職を失うという、黒人らに手痛い打撃を与えていた点である）。

ヒューストン大学による最大の非難は、政策優先のF.D.R.（大統領）が、人種差別の問題自体に対し、完全に腰の引けた態度でいたことに向けられている。中でも、リンチ対策法の扱いが非難の的であった。

黒人らを暴力から守るためのリンチ対策法は、各州のリンチ対策立法が、軒並み南部民主党により封じ込められてしまう中で、連邦のそれが、大いに期待され、成立が待たれていた。それが結局、不成立に終わった。それも、南部民主党のご機嫌を損うことを恐れた大統領府が、専ら消極的な姿勢をキープしたことに帰されている。

何しろ、南部民主党議員の影響力は恐れられていた。地元では一党独裁のような形で、繰り返し当選して出てきたから、自ずと長老となり、年長ルールにより、議会内でも支配力を振えていた[47]。

黒人らの「人権問題を実質的に見ると、後回しにしたのに等しい」、とされる

---

46 本文でいう政府機関Federal Housing Administration (FHA)は、住宅都市開発省（HUV）内の外局としてNational Housing Act of 1934により設けられた。

47 年長ルールにより、各委員会の長などになり易い。そうなると、次にどの法案を用意し、どの法案を提出するかなど、立法の優先順位を事実上コントロールすることになる。

もう１つの点が、憲法改正（黒人らが、一番影響を受けていた人頭税の廃止）問題である。かねてから求められていたのに、大統領府は中々、踏み切れなかった（この年１～２ドルの人頭税支払を、投票権登録の要件にすることを禁じる修正ＸＸＩＶは、30年後のジョンソン大統領の1964年になって、ようやく実現した）。

（ｂ）以上のように、大統領がF.D.ルーズベルトに代わっても、1930年代を通してずっと人種差別の流れに、大きな変化は起きなかった。彼のニュー・ディールでの施策などは、南部州での人種差別縮小を促す方向でもなかったし[48]、北部州も野党の共和党も、南部州のこの問題に、嘴を差し挟むような真似はしなかった[49]。

時代というものが、その制約というものがある。大恐慌の中の1934年、連邦政府は、前記の連邦住宅庁（FHA）を設けていた。全国的に不足している住宅の供給に連邦政府が本腰を入れようというわけである。そのFHAが、今日では人の目を驚かすような決定を公表していた。

これが、先に言及した民間による住宅建設を助けるための政府（FHA）による保証で、その対象を「白人の低・中産階級用の住宅」との決定である。対象住宅をさらに明らかにするため、黒人らの住宅地域を赤線（レッドライン）で囲って区別していた。

唯一人、この流れに抗って、黒人らの人権擁護で公民権運動の火を絶やさないように守ったのは、大統領夫・人エレノア（Eleanor）その人だった（夫の大統領も、1936年当時の民主党大会で示されている程度のリベラルな考えではあったが、当時の大統領は、今日と比べると政争やキャンペーンにつき、まだお上品に構えていた）。実際、彼女の口添えなどにより、例えば公共工事庁・Works Progress Administration (WPA)は、1935年までに約35万人の黒人（WPA

---

48 ルーズベルトの研究家David Woolnerは、連邦住宅局（Federal Housing Administration）による住宅計画などを例に挙げ、かえって白と黒の差別強化、ジム・クロウにつながった、とコメントしている。A Look Back in History (rooseveltinstitute.org)。

49 gentlemen's agreementとして、19世紀後半の古証文がある。「北は、南の白人至上主義者によるジム・クロウ体制に、文句を唱えることはしない」、との約束であった。National Struggle (pbs.org)。

による景気振興事業のための雇用全体の約15%）を雇用していた[50]。民間保全部隊のCCCでも、彼女の努力のお陰で、全体の動員総数中に占める黒人の割合が、1933年の3%から、終了時の1938年には11%にまで上昇していた。

このほか、「ファースト・レディ」のエレノア・ルーズベルトは、（大統領がポリオということもあって）公の場で割合大胆かつオープンに喋る機会が多かったが、その際のテーマの1つが、人種問題、つまり公民権の問題であった[51]。

例えば、こういっている。「この国が、黒人らの扱い方を改めない限り、彼らが心底から、この国の防衛のために自らの命を投げ出そう、そう思うだろうか……」。

彼F.D.R.もまた、大統領令8802号（1941年6月25日）により、すべての国防産業での人種差別を史上初めて禁じていた。これには、上述の夫人・エレノアの意見が反映されていたほか、A.フィリップ・ランドルフが、首都ワシントンへの大規模抗議デモをもって、大統領を脅していたことも利いていた。

更に、黒人を初めて、連邦裁判官にも任命している。夫人・エレノアの前注のような働きも含め、前任者の誰よりも、多くの黒人を連邦政府職員に雇ったことなどを含めると、ルーズベルト大統領の黒人への政策には、罰点は付けられない（始まったばかりだった1938年のラジオ放送でも、党内の保守派に対する苦情を訴えていた）。

ことに、彼の根城である党内は、南部民主党議員が牛耳っていて人種問題に「ノー」を突きつけていたことを、思い切ったニュー・ディール法案を議会で通すために、彼らの協力が必須だったことを考える必要がある。そう思うと、

50　このほかにルーズベルト大統領は、前任の大統領の誰よりも、多くの黒人を重要な役職に就けている。これらを総合して、当時のルーズベルト政権を、"Black Cabinet"、"Black Brain Trust"などと呼ぶことも行われた（前注）。

51　ニュー・ディールの初期の頃から、フリーダム・ライドからフリーダム・スクール（投票権のための）の1960年代を通して20年以上もの間、デモ参加者、ロビイストらの公民権活動家らが一様に、彼らの運動のために、彼女の支持を求めていた。それくらい、彼女の人種問題での正義（racial justice）の追及姿勢は、広く知られていた（Allida M. Black, エレノア Roosevelt and the Shaping of Postwar Liberalism、thirdworldtraveler. com）。

34

にもかかわらず大統領は、「多くを成し遂げたものだ」、ともいえよう[52]。

　もう１つ、皮肉にもW.W Ⅱという大戦の到来が、黒人らに対し展望を与えていた。「俺たちにも運が向いてくる」、そんな予感である。当時の黒人らがやっている新聞は、一斉に"ダブルV"を標語に掲げ出した。対外的な敵国に勝利するとともに、国内でのジム・クロウ（人種差別）体制を打破することである。

　アメリカ独特の人権擁護団体である前出のNAACPは（なお、3.(リ)(a)）、黒人の投票権登録運動にも力を貸していたが、W.W. Ⅱのこの時期に、南部での登録を、2％から12％に増加させられた（NAACPの会員数そのものも、18000人から50万人への伸長を記録していた）。

２．1950年代のアメリカ―国を二分し始めた人種問題

（ニ）デトロイトなど、北部都市貧民窟での暴動と、労働者らの人種問題

　（ａ）ここで見るデトロイト 暴動などでの大規模都市暴動と、アメリカでの初期労働運動とを結びつけることが出来る。

　19世紀末から20世紀初めにかけてのアメリカでの労働運動は、西ヨーロッパ諸国でのそれと比べると、ずっと小さく、「大人しい」ものといわれてきた。単に「出遅れた」というのではない。穏やかで（確かに死人を出すような大きな衝突もなく）、別のいい方をすれば、「生半可」な状態であった。

　ではなぜ、アメリカでの労働運動が、そのように弱々しいものでしかなかったか。フリードマンは、その理由を挙げている[53]。

　第1に、アメリカでは、共産主義思想が「流行」らなかった（アメリカ人の体

52　もっとも、歴史学者Harvard Sitkoffは、（連邦の反リンチ法の成立を支持しなかったことを念頭に）「リンチなどが横行している南部に遠慮して、彼は、時には慎重に、おずおずとしていた」、とも話している（注48）。

53　フリードマンは、南北戦争前（antebellum）には、アメリカでの労働運動には見るべきものがなく、19世紀前半にニューヨークのハドソン渓谷の広野であった、農民らによるAnti-Rent Movementなどは、西ヨーロッパでの1848年の衝突（revolution）に比べ、at best feeble copiesに過ぎないという（注32書、p.419）。

35

質に合わなかった、というべきか）。1950年代のアメリカでは、共産主義に反対するマッカーシズムの嵐のほうが、強く吹いていた。

　第2に、1880年だけでも50万人と、絶えざる移民（その殆どは、南欧などからの農民ら）の流入があり、安い労働力の供給源に事欠かなかった。加えて、南部州からの黒人らによる大移動により、北部都市での労働力も潤沢であった。

　第3に、アメリカ建国に由来する精神、自由奔放（レッセ・フェール）の精神と、企業精神の重視がある。そのような世界（観）の下では、千差万別の1人1人を、労働力集団として1本に束ね、資本に対決させるような方程式を、受け入れることは容易ではない。

　そんなアメリカ社会の中で、唯一、19世紀半ば前に全国規模をもった産業であった鉄道事業でのストで、労働者の団結行動が生まれてきた（近代的意味での本格的な労働組合が成立するのも、この鉄道事業においてであった。たださらに後の20世紀の声を聞いてから、漸くである[54]）。

　しかし、ストライキの方は、もう少し早くから起きていた。その時、まだ労働組合はなかったが、1870年代になってボルティモアを始め、各地で争議が続発していた。それも鉄道事業でのことで、「アメリカで初めて」、といえる、全国規模の大ストライキがあった（鉄道事業以外では、ペンシルバニア州ホームステッドのカーネギー鉄工所での、次いでクール・ダレーヌ鉱山（Coeur D'Alene Mine）での、鉄と石炭でのストライキがあったくらいである。それも1890年代になってからである）。

　これらの数少ない19世紀後半の衝突はしかし、組合主導による計画的なものではない。より偶発的なものであった。そんな中で、組合作りで早かったのが（それでも、1935年になって漸くだが）、プルマン鉄道での黒人ポーターらによる団結であった[55]（実は、20世紀初めから何回も団結の試みはなされていたが、その都度、オーナーのジョージ・プルマン（George Pullman）によって、

54　それ以前のものとして、1869年にフィラデルフィアで仕立屋の団体が、（秘密結社的に）作られていた。

55　20世紀初めのアメリカでのプルマンは、黒人の雇主として数少ない大会社の1つであった。これにはプルマンが、黒人を多く含む従業員らに対し、家父長的な愛護の方針で望んでいたことも働いている（彼は、黒人教会、黒人新聞、黒人の学校などへ、多くの寄付も行なっていた）。

潰されていた）。

　それが1935年になって、漸く寝台車ポーターらの労組・Brotherhood of Sleeping Car Porters(BSCP)）が結成された。これには、BSCP内にいたトッテン（Ashley Totten）の働きが大きい。

　その年、ポーターらがニューヨーク、ハーレムで体育大会を開いていたが、それを機にトッテンは、組合を作ることと、労組運動のリーダーとして外部（南部）からランドルフ（A. Philip Randolph）を招くことを考えた[56]（外部の人なら、プルマンによってクビにされる心配はなかった）。

　アメリカの労働運動、労働組合は、ずっと黒人を排除する形で成長してきた。その中で、ランドルフが、プルマン鉄道会社の黒人ポーターを中心に、寝台車ポーター労働組合（BSCP）を結成したことは、同組合が1935年にアメリカ労働総同盟（AFL）に加盟したこととともに、黒人史（もう1つのアメリカ史）の面からも、大きいといえる。

　しかも1940年代になると、労働運動の活動家も漸く視野を広げて、より大きな「公民権問題」にも、関心を示すようになった。大会の議題に、人種差別撤廃問題が入れられるようになったことを意味する。

　とはいうものの、人種差別撤廃問題では、AFLは保守的で、同盟の内部自体で、黒人とともに働くことを拒否する白人労組グループがいて、その間の調整に苦労していた（中には、それを理由にしたヘイト・ストライキが起き、それを鎮めるための苦労もあった）。人種差別問題での対応では、AFLから分かれた産業別組合会議（CIO）のほうが進んでいたし、力も入れていた。

　（b）前1.(ロ)で、1919年レッド・サマーの1つ、シカゴ暴動などの荒れようを見たが、ここでは、1930年代や1940年代の都市暴動を紹介する（確かに、この年代に入ると、進歩主義の時代とは違い、単純な時代謳歌、楽天主義は終っていた）。

　都市暴動も、やはり北部そのほかの都市で、多く起こっている（ここで取り

56　1941年にワシントン大行進を計画したリーダーでもあるランドルフは、それ以前からEugene V. Debsとともに、アメリカ社会党の共同創設者にもなっていた（1920年）。

上げるのは、その中のニューヨークのハーレムと、デトロイトでの事件である)。しかも、まさに第二次大戦の真っ最中という、1943年に起こっている点で注目される。

確かに40年代には、50年代半ばに入って南部社会で起きてきたような、黒人団体の結成も、それによるボイコットなども、まだなかった。しかし、「何事も起きなかった」というわけではない。黒人の地位の向上に向けた、2つの注目すべき公民権活動が行われていた記録がある。

1つは、F.D.ルーズベルトによる前出の大統領令8802である[57]（1.(ハ)(b)）。1941年という早くに出された。その時、アメリカでの先進企業プルマン・ポーターの労組指導者として招かれていた前記のランドルフが、黒人10万人による首都ワシントンに向けたマーチを提唱していた。

大統領が急遽、国防産業での人種差別禁止を命じたE.O. 8802を発令したりしたのも、このランドルフらによる圧力が効いたからであった（この大統領令が発令されたことにより、第二次大戦最中の、「首都ワシントンへの大行進」は中止されたが、実行されていたならば、まさに、20年後のキング牧師らが行った首都大行進の先鞭をつけたはずであった）。

もう1つが、その7年後の1948年トルーマン大統領による大統領令の発令である。ルーズベルトによる国防産業での人種差別禁止を、合衆国軍隊内での人種差別禁止にまで広げたものとなった。

ここでもまた、その前年1947年にランドルフらが、非暴力活動（NVCD）として公民権運動を活発化させていたことが働いた[58]。

このように40年代は、50年代から後に実現していたような南部や大都市レベルでの集団活動よりは、全国レベルでの、大統領に直接働きかける形の運動、

57　この大統領令により、F.R.ルーズベルト大統領が大恐慌対策として作っていた生産管理庁=Office of Production Management (OPM)内に、公正雇用実施委員会が設けられ、黒人に対する雇用面での差別の実態調査と、その是正措置に乗り出した。

58　非暴力活動Non Violent Civil Disobedience(NVCD)は、インドのガンジーの教えに基づいた実践運動で、アメリカでは、20世紀前半でのランドルフのほか、後にはキング牧師や、ベイヤード・ラスティン（Bayard Rustin）などが実践した。

戦術が主であった。それにより、合衆国軍や、国防産業全体といった全国規模での、「人種差別禁止」を、少なくとも一部を（大統領令という法規的措置により）、実現していた。

（ｃ）さて、都市暴動としては、規模の大きさ、犠牲者数のどれをとっても、人種暴動とも呼ばれたデトロイトのほうが、ハーレムのそれを遥かに上回っていた。だが、ここではまずハーレムの暴動から見てみよう。

ハーレム人種暴動の舞台は、ブラドック・ホテル（Braddock Hotel）である（1920年代には、まあまともなホテルであったが、1940年代に入ると、売春婦の溜まり場となっていた。またハーレムの町自体も、元は白人だけの郊外の町であったが、黒人が多くなってきていた）。

事件の発端は、元合衆国軍兵士の黒人と、地元警察官（白人）との些細な争いで、警官が男の肩に向け発砲したことにある。事が起きたのは、1943年8月1日、日曜日夕方である。

きっかけは、黒人の女性が、ホテルの設備の悪さを理由に部屋をキャンセルし、カウンターで文句をいっていたことである。それを聞いたロビーにいた警官が、彼女に「出て行け！」というと、今度は彼女が、警官に向って大声で悪口をいって騒いだため、警官が「平和を乱した罪」で、彼女に手錠をかけた。それを見て、ロビーにいた元兵士とその母親とが、彼女を釈放するよう迫り、争いになった。

元兵士が警官の棒を奪い、すぐ返さなかったところで、警官がピストルで肩を撃った。兵士の傷は大したことはなかったが、一応病院に運ばれた。しかし、その間に見物人が集まって来ていた。

彼らは、一団の群衆となってホテルのロビーから、病院へと、そこからさらに警察本部へと、向かった。夜の9時頃には噂が噂を呼び、「元兵士が警官に撃たれた……」から、「警官に撃ち殺された……」と誇大化されていた。

10時半頃、誰かが屋上から下の群衆に物を投げたことをきっかけに、群衆は、50〜100人くらいずつの、いくつかのグループに分かれてハーレムの街に繰り出した。

あちらこちらで、白人がやっている商店のガラスを割り、商品を奪い、店を破壊した。多くの街灯が壊され、マネキン人形は道路に放り出された。店頭の商品の中でも、戦時下で配給制になっていた、コーヒー、砂糖、衣類、アルコール類などが特に多く略奪された[59]。

　ニューヨーク市長のラ・ガーディア（La Guardia）の下には、午後9時に状況の第1報が知らされていた。彼は、警察官や黒人の有力者2人とともに、自らも直ちに現場に急行するとともに、非番の警察官すべてと、予備役、ガードマンなどを現地に向かわせ、近くで待機させた。

　その後、役所に戻って、ラジオ放送で何回か市民に、「自宅へ戻るよう」呼びかけた。また、NAACPのホワイト（Walter Francis White）とも会い、助言を求めた（ホワイトは、黒人の有力者を再び現地に向かわせ、説得させるよう勧めた）。

　騒ぎは、翌8月2日の夜には収まった。8月4日までには地区の交通も開通し、飲み屋も8月3日にはオープンしていた。その間、6人が死亡、700人近くが負傷し、男女600人が逮捕された。

　今回の1943年暴動時には、黒人に対する雇用などの経済的環境は、大恐慌時の1935年（やはり、ハーレムとデトロイトで暴動があった年）よりも、かなりよくなっていた。しかし、第二次大戦の最中ということで、生活の利便性、「楽しさ」などの点では、より大変であった。

　（d）実は、ハーレムでは大恐慌時の1935年に起きた暴動の原因調査のため、市長のラ・ガーディアが設けた委員会が、報告を出していた。そこでの結論には、「雇用上の差別と、市のサービスなどの面での差別を含む、経済・社会的圧力が、黒人に対しきつく働いていた。些細なトラブルでも、感情的に大きな反撥を招き易くなっていた……」、と書いていた。特に、ニューヨーク市警察長（Commissioner）と、ニューヨーク市病院長とを、責めに帰していた。

　今回の争いも、表面的な発端は別にして、人間の心の奥底の問題としてみれば、元兵士が軍隊で受けた差別を遠因として、白人警察官に対する反発が働い

59　1485の店が略奪され、4500枚のショーウィンドーなどが壊された。

たともされる。

　ハーレムでは、約20年後、1964年夏にも暴動が起きている。南部で公民権運動が盛んだった時である。その発端も、白人（警官）ギリガン（Thomas Gilligan）が、マンハッタンのアッパーイーストのアパートの外で、黒人学生パウェル（James Powell）を射殺したことにあった。

　前年1963年のワシントン大行進を組織した、公民権運動のリーダーの1人、ラスティン（Bayard Rustin）らが、平静を呼びかけたが、群衆は聞く耳を持たなかった[60]。彼らが叫んだ名前は、過激派ブラック・パンサーのマルコムXなどで、非暴力を唱える公民権運動のリーダーとは対立していた連中の名であった（この1964年のハーレム暴動の時も、キング牧師は、話をつけるための仲介努力はしている[61]）。

　1964年夏のハーレムでの暴動は、6夜続き、1人が死亡、数百人が怪我をしていた。また数百の商店が破壊され、略奪されていた。この惨状を見た（（Ⅱ,1(イ)(b)の）COREで公民権運動のリーダーだった）ファーマー（James Farmer）は、「まるでバーミンガムになったかのようだ！」と呟いていた。

　この時は、ニューヨーク市内のハーレムのほか、ブルックリン、さらにフィラデルフィアやロチェスタ（ニューヨーク州北のオンタリオ湖に近い都市）でも、同時多発していた。

　（ｅ）1943年に戻ると、同年のデトロイト暴動の背景事情はこうである。今まで白人だけで住んでいたところに、急に黒人が入ってくる。前出の大移動によってである（1940年代の大移動を促したもう1つの理由が、1944年のホプソン・プランティング社による綿生産用の一貫機械の発明であった[62]）。

　大移動は、大量の兵器が急遽必要とされた第二次大戦の最中の時期と重なっ

60　その時のラスティンは、群衆から"Uncle Tom"（白人に従属する黒人）と叫び返されている（Michael W. Flamm、2014年7月14日、nytimess.com）。

61　彼が市長・Robert F. Wagnerと、黒人中の主だった者との対話を仲介した（Murray Schumach、1968年4月5日、nytimes.com）。

62　Hopson Planting Companyの機械化により、綿畑での仕事を失った黒人の1人"Pinetop"Perkinsは、ブルース（blues）歌手となったが、そのことを表示するCotton Pickin' ブルースの看板が、ミシシッピ州のブルース委員会により建てられている。

た[63]。軍需産業の（政府の）求めに応えて、深南部からさらに大勢の黒人がやってきていた[64]。

　大都市にやってきて、仕事に就けたまではよかった。この戦時下で、問題は雇用や給料ではない（黒人も、ある程度の給料は得られていた）。住宅である。デトロイト市には、黒人のための住宅プロジェクトもあり、建物は、一応出来ていたが、これが、かえって不満の素となった[65]。

　さらに問題は、住まいだけに留まらなかった。通勤手段、子供の学校、日常の飲食と娯楽のための施設。戦時中のことで、どれ1つとっても、不満が大きかった。新参者の黒人どころか、元からいる住民（白人）でさえも、すべての面で我慢の生活を強いられていた。

　黒人らにとって、さらに我慢ならなかったのは、デトロイト警察である。街で彼ら黒人に接するのに、深南部の警察と変わらない態度でいたことである（北部に行ったら、「こんなではないだろう……」などと、黒人らが想像していたのとはまるで違い、差別や偏見の点で、深南部の警察と大差なかった）。

　こうして、1941年の夏には、街中のあちらこちらで、互いに不満の塊りの、白人らと黒人らとの間で、乱闘が生ずるようになった（こうした場合、ポーランド系などの移民の若者らが、先頭に立って攻撃したケースも少なくなく、黒人は大体において、攻撃される側、被害者側であった）。

　それから2年後の1943年6月初め、爆撃機製造のパッカード会社は、初めて3人の黒人を下級管理職に引き上げ、ラインの監視をさせることにした。たちまち、25000人の白人労働者がストライキに入った（そんな中でも、労組は、生

63　この時期のデトロイトは、「民主主義の武器庫」と呼ばれた。これは、F.ルーズベルトがいっていた、「アメリカは参戦はしないが、Naziドイツと闘うイギリス、フランスのため、自らが武器庫となって、世界のデモクラシーの国々を助けねばならない」に連るものである。それだけに、合衆国としても、労働者の待遇を考える必要があった。

64　1999年2月10日のデトロイト・ニュースが、当時の回想記事を載せている。リクルートの社員が深南部に回ってきて、白人・黒人を問わず勧誘した。「北部に行かないか、新しい軍需工場だよ。給料はいいよ……」。

65　前注のDetroit Newsは、デトロイト市の住宅局は、黒人用と白人用の2つのProjectの実現を考えていたが（黒人には室内に配管がない家が割り当てられる一方、家賃は、白人の2,3倍であった、と記している）、連邦政府は、黒人用として市が考えていた場所ではなく、白人地区に近い所を指定してきた。

産高が落ちないよう、会社に協力していたほか、会社内部で衝突が起きないよう、衝突が社外にまで持ち出され、広がらないよう気を配っていた）。

このようにデトロイトの街の生活の場で、工場で、白と黒の間の緊張が高まりいくのを見て、地元のKKKや、その分派の「黒の軍団」は、武装強化に乗り出していた[66]。

（ｆ）住宅問題に戻ると、その間の1942年2月27日、連邦政府が住宅事情に大きく響く決定をしたことで、デトロイトでも、急に行方に暗雲が立ち込めることになる。

デトロイトには、元々、白人用のソージョーン（Sojourner Truth）と、黒人用のブルースター（Brewster）という2つプロジェクトがあった。

ところが、白人用に当てていたプロジェクト、ソージョーン団地に、連邦政府が、「黒人も入居させる……」ことを決めたのである。これは、前述の連邦住宅庁（FHA）による赤線引き（red-lining）政策と比べても、アッと驚くほど時代を飛び越えたものであった（この決定の裏には、「防衛（軍需）産業で働く黒人労働者の住宅問題には、連邦政府も手を差し伸べるべきだ……」、とする大統領夫人・エレノアの強い意向が働いていた[67]）。

発表を知って、怒った白人ら150人が、団地の周りをとり囲んだ。その日は、十字架を燃やしただけで終わったが、翌朝（入居開始日）には、（多くが武器を所持した）1200人が、「1人も入居させるな！」と周りを取り囲んだ。朝9時に（契約にサイン済みで、頭金など支払済みの）最初の入居黒人がやってきたが、恐れをなして帰って行った。

間もなく、2人の黒人が車で来て、ピケを突破しようとして揉み合いになった。やがて、16人の騎馬警察が来て、両者を分けたものの、入居は無期限に延期された。

---

66 黒の軍団（Black Legion）も、KKKから枝分かれした団体で、デトロイトに主力があった。

67 彼女の主張は、スラム街の取り壊し工事で黒人らを雇い、跡地にソージョーンのような、「ましな住宅」を建てさせ、「黒人にも住まわせる……」、というもので、デトロイト市長ジェフェリーも賛成していた。しかし、一般の常識とは少しかけ離れていた。防衛と住宅の調整官・Charles F. Palmerも反対していた。議会も、予算を認めていなかった

最後に4月末になって、デトロイト市長ジェフェリー（Edward Jefferies）が、警察と州兵を出動させて、黒人らをソージョーン・プロジェクトに入居させられた。

　このソージョーンでのゴタゴタは、流血の惨事にまで至らないで終わったが、来たるべきデトロイト暴動の予兆というべきものであった。翌1943年には、デトロイト市の黒人住人の数は、1933年比2倍の20万人になっていた。

　彼らは、この事実を背景にして、街中や建物内で白人に出会っても、（南部ではエチケットであった）白人に道を譲るような真似はしなかった。

　ライフ誌が「ダイナマイトの状態」と記す雰囲気の中で、6月20日、この2つが、集団でぶつかり合った。場所は、白人労働者らと、黒人ら、互いの集団住居の境界線に当たる、市のウッドウォード地区になった[68]。

　見物人も入れて、そこには10万人が集っていた。白人ギャングらは、黒人らの車20台を引っくり返し、黒人店主の店を壊して掠奪した[69]。

　白と黒の集団が乱闘する中では、2000人の警察官と150人の州兵では力不足である。押され気味になり、混乱を鎮めることは出来なかった。

　これを受けて、ジェフェリー市長とケリー州知事（Harry Kelly）は、F.D.ルーズベルト大統領に連邦軍の出動要請を行った。翌日夕方には、連邦軍機動部隊がウッドウォード地区に入って制圧したので、36時間に及んだ暴動も、収まってきた。

　死者34人（うち黒人25人）、逮捕者1800人超、その大半は黒人、ということが確認された。唯一の救いは、ガソリンが配給制だったことから、まだ放火が少なかったことであろう。

　それでも、（白人が多数の）アメリカ社会の与論は、地区警察長を非難していた。警察が黒人に対して、「もっと武力を行使すべきであった」というのだ（事

68　Woodwardでの暴動の発端の前には、折から暑気払いの人出が多いデトロイト川にあるBelle Islandで、2つの勢力が、ぶつかったこととされている。

69　事件後、NAACPのマーシャル（Thurgood Marshall）は、市警察を強く非難している。「白人の暴行には背を向ける一方、不公正に黒人にだけ的を絞った——白人が車20台を引っくり返していたのに、逮捕者の85％が黒人になった」。

実は、警察に殺された17人は、すべて黒人であった[70]。

（g）デトロイト人種暴動1943は、上記のように、死者数などの点で同年のハーレム暴動の5倍以上の大きさとなった[71]。そのデトロイトでは、1950年代以降も、騒動が起きている。それも、さらにもっと激しく、規模の大きい（それだけに、より深刻な）デトロイト暴動1967も起こっている。

デトロイト暴動1967では、1943年の34人を上回る43人の死者（うち黒人33人）、負傷者473人（うちデトロイト警察167人、消防士83人、合衆国兵3、予備役17、州警察5、郡警察局5）、逮捕者7231人、放火ないし破壊商店2509……などの損害が記録されている。それに対する世論は、警察権のあり方は勿論、住宅、社会政策、雇用政策など、当局の対応を厳しく広く糾弾するものであった。

1967年暴動の影響は、地理的に市内のより広い範囲に及んだものの、その中心は、1943年の時と全く同じく、ウッドウォード通りの南北に集中していた。

始まったのも、同じ日曜日（1967年7月23日）であった。その朝、4時近くに白人ばかりのデトロイト警察が手入れを行った。場所はウッドウォード通り12丁目の公民行動市民連合ビル内にある、週末にも営業している無許可のクラブである。

そこに居合わせたのは、しかし警察が想定したような「週末の飲んだくれ」数人ではなく、82人の黒人らであった。彼らが、ベトナム戦争帰りの12人のGIを歓迎して開いていた会合であった。

引っ込みのつかない警察は、82人全員を同罪として、全員を警察署へ連行す

70　この「もっと、"shoot-to-kill"命令を出すべきだった」、ということの非難に答えて、警察長はいっている。「命令を出していたら、数百人の犠牲者を出していたろう。しかし彼らは、いわゆる殺し屋とか犯罪者とかではない。大抵は、その場の雰囲気に踊らされた見物人にすぎない……」。市長は反対に、この警察長を誉めた「私が我慢出来なかった程なのに、彼は黒人のリーダーが「警察なんか信用するものか」というのを聞いても、カッとならなかった」といっている。

71　このデトロイト人種暴動1943のことを知って、エレノア・ルーズベルトは驚き悲しんだ。彼女の親友Trude Pratt Lash（International Student Serviceの事務局長）に「議会がちゃんとしてくれないのに、デトロイトにだけ要求しても無理ヨ！」式のことをいっている。一方、デトロイトの人で、エレノアのことを、大統領やFBIに訴える人も出た。「彼女とジェフェリー市長とで、黒人を甘やかし過ぎだ……。このトラブルは、起こるべくして起きた……」と苦情を述べている。

ることにし、警察車両が来た。その間に、そのパブをやっていた男の息子のド
アマンが群衆に知らせるなどの手配をしたため、警察車両が全部出発した頃ま
でに、騒ぎは街中に拡がり、あちらこちらで掠奪事件が発生し出した。

　1943年の時と違って、ウッドウォード通り12丁目の角からは、放火による
火の手が上がった。群衆が消防隊の行方を遮ったため、火はどんどん広がって
いった。

　メディアはニュースを流すことで、かえって騒ぎが飛び火することを懸念し
て、初めは抑えていたが、午後には、ほぼすべての市民が、事件のことを知った。
デトロイト市警察の力では、手の打ちようがない規模にまで膨れ上がってし
まったことから、ウェイン（Wayne）郡の警察とミシガン州警察の応援も呼び
込まれた。

　月曜日になると、すべてが通常の手続では間に合わなくなっていた。

　逮捕者の80％以上は黒人であった（うち12％は女性）。逮捕は、正規の拘留、
裁判官の面前での手続なしに行われ、逮捕者らは、臨時の監獄に入れられる。

　書類を作る代わりに、すべて（逮捕者、その警察官、掌紋、盗品など）を写真
に撮って保存した。デトロイト市には、その近辺で黒人に対し最も開かれた会
社、プルマン社の従業員が、多く住んでいたが、この1967年の時も、1943年の
時と同じで、彼らが暴動に加わったということはなかった。

　（ｈ）応援のための合衆国兵士らを現地に送り込むのにも、政治が絡んでい
た。片や民主党の大統領であるリンドン・ジョンソンに対し、ミシガン州のロ
ムニ（George Romney）知事は共和党である[72]。しかも、翌1968年の大統領選
挙に出馬を予定していた。

　こうした中、知事による大統領への出動要請も、大幅に遅れた。そのロムニ
に向かってジョンソンは、「法律の要件どおり、"反乱状態"の宣言をしない限り、
合衆国軍は出せない」と表明していた。

　こうした関係調整の不味さは、州と中央との間だけではなかった。デトロイ

72　2012年の大統領選で、やはり共和党の代表候補として選挙に出て、オバマ氏と争って、敗れたMit Romney
　　の父である。

ト市長とミシガン州知事との間の不仲も、遅れに一役買っていた。若いアイル
ランド系カトリックのカバナ（Jerome Cavanagh）市長は、デトロイト市内だけ
でなく、市の周辺部でも広く、黒人らとの「よい関係」を築いていた。そん
なわけで、今回の騒ぎに市警察を出すことにさえも、100％賛成していたわけ
ではなかった。

　こうした連邦と州、州と市との間の意思疎通の遅れを理由とする対応から、
7月24日中を通して、騒ぎは拡大の一途で、午前中だけで483件の火災が生じ
ていた。

　商店などに対する攻撃では、黒人オーナーの商店も、被害を免れなかった（群
衆の中には、かなりの白人も混じっていた）。また、被害を受けた商店の中に
銃砲店があり、2498丁の鉄砲と、38丁のピストルが盗まれていた。

　この段階でも、騒ぎを極力小さく抑えようとしている人もいた。地元ミシガ
ン州の民主党から出ている黒人のコニヤーズ連邦下院議員（John Conyers）で
ある（連邦軍の投入には反対していた）。月曜日にはウッドウォード12丁目の
辺りを回り、車の屋根の上からマイクで市民に、「どうぞ平静を！」と呼びか
けていた[73]。

　しかし群衆は、地元代表のこの声に対しても、「聞く耳」を持たなかった。
車に向って石やビンを投げつけていた。

　群衆の中に多くの鉄砲が行き渡っているということで、警察も神経質になっ
ていた。逮捕者に対する対応も、逮捕前の時点から、かなり手荒い扱いになっ
ていた。ジョンソン大統領が、法律に基づく連邦軍の投入を発令したのは、月
曜日も真夜中寸前であった[74]。

　連邦軍の投入は、このデトロイト市に対しては、これで3回目となり、アメ
リカの都市では最多となる、例のないものとなった。

　この種の暴動に一度でも襲われた街は、物理的には、（表面的には）復興は

---

[73]　彼は、1963年10月7日のセルマでの公民権運動のフリーダム・デイ（Ⅱ（チ）（h））に参加している。

[74]　反乱法（Insurrection Act of 1807）は、その後の改正を経ているが、中でも、南北戦争後の改正法である
　　　Posse Comitatus Act of 1878により、内乱平定に係る州と連邦との調整が、中心的テーマとなっている。

しようが、もう元には（心理的に）戻れない、という住民の声がある（ましてや3度目とあっては）。

　このことをNPRは要約して、「50年の錐揉み」と評している。そこではまず、（ⅰ）人口減（黒人人口の比率アップ）が、次いで（ⅱ）小売の大手チェーン店の脱出閉鎖、そして（ⅲ）収税ベースの喪失が生じたとし、そのための抗い難い力が働き続けたとしている（2017年7月16日）。

　（ⅰ）そのデトロイト生まれで、自らの名を高めた黒人に、ラルフ・バンチ（Ralph J. Bunche、1904 〜 1971）がいる。父は、白人専用の散髪屋、祖母は、まだ奴隷時代の生まれであった。バンチが10歳の時に一家は、ニュー・メキシコ州へ移住したが、間もなく両親が亡くなり、バンチは、母方の祖母と妹らとともに、ロサンゼルスに移り住んだ。

　苦学生の道を歩まざるをえなかったバンチではあったが、小、中学校と、優秀な学業を修めた[75]。彼は、またスポーツでも、万能選手といわれるほど、才能があった。

　そんなバンチは、苦学しつつも、大学UCLAに進み、1927年に主席で卒業した。さらに、ハーバードの大学院で学ぶ傍ら、首都ワシントンD.C.にあるハワード大学の講師として政治学を専攻した（ワシントンD.C.にあるハワード大学は、再建期の1867年に真先に建てられた。HBCUとしては、2位にある[76]）。

　1929年ドクター論文にとりかかった後、1930年にはハワード大学で知り合った（モンゴメリ郵便局員の娘）ルース・ハリス（Ruth Harris）と結婚している。

　その後の彼は、専攻するメイン・テーマの研究のため、アフリカへ渡った（フランスの植民地だったトーゴーランド(Togoland)と、国際聯盟の統治下にあったDahomeyとの、比較政治学的分析のためである[77]）。

75　ニューヨーク・タイムズは、1971年12月10日の訃報の中で、彼の若い頃の無賃乗車のこと、船員そのほかとして肉体労働をして苦学したこと、などに触れている。

76　同大学は、第2のMorrill Act、別名Agricultural College Act of 1890によって作られたHBCU、historically black colleges and universitiesの1つとして成長してきている。

77　この研究は、裏を返せば、列強の帝国主義が、植民地経営で歩んだ道、その末路から、その後の植民地政治の

この研究は、彼が後に脱植民地化と、その信託統治政策についての、彼なりの造詣を深め、その道で出世するためのスタート台となった。

　アフリカから帰国後の彼は、仕事を通して、スウェーデンの学者・政治家ミルダール（Gunnar Myrdal）と知り合う。ミルダールが、カーネギー財団（Carnegie Corp.）による委嘱調査・研究（人種問題の分析）「アメリカのジレンマ」（以下の注82と（ホ）(a)）を発表するのを手伝うことになり、それが、彼とミルダールとが親密になるきっかけを作った[78]。

　1941年、F. D.ルーズベルト大統領は、大戦後を見通して、アフリカ問題を処理する役所（CIAの前身に当る）を設けることになった。そのため、アフリカ問題の専門家を必要とした。

　大統領はそこで、ハーバード大学が推薦してきたバンチを、その役に指名した。こうしてバンチは、国務省入りし、信託統治政策についての研究を通して、第二次大戦後のアメリカの世界戦略、中でも、かつての植民地だった国などの脱植民地化と信託統治に向けた政策策定、に関わることになった。

　4年後、第二次大戦も終わり、国連（U.N.）が誕生すると、彼は、国連事務局長の下で新設された信託統治部門の長として、1946年から国連に出向することになる（その後、彼は信託統治部門担当理事として、国連の仕事に専念するようになった[79]）。

　こうしてバンチは、1950年にアメリカの黒人として初のノーベル平和賞を授けられることになった。これは、彼が国連のパレスチナ問題特別委員として1947 ～ 1949年の間、アラブ・イスラエル（Arab-Israeli）問題を調停したことに対するものであった。

分析、その危機など、についてのものである。

78　バンチが、物質的な要素、貧困からの脱却を、第1に考えていたのに対し、ミルダールの立場は、マルクス的な「物質第1」のドグマではなく、「労働者階級の団結」を、人種問題の解決の糸口と考えていた。注83のnytimes.comは、彼がまた、このミルダールに同行してアラバマ州で資料を集めていた1938年に、白人群衆により、リンチされかかったことも"……close escape from a lynch mob"と、伝えている。

79　アメリカ国内向けの仕事よりも、国際的仕事を選んだことの理由の1つとして、彼がワシントンD.C.での人種差別に対し、とても不快に感じていたからだとする。1つのきっかけには、飼い犬が死んで、埋葬しようとして行ったら、D.C.では、ペットの墓地でさえも、白と黒とに2分されていたことがある。

彼が、優秀な黒人であっただけに、国際機関の行政部門にいた彼の前にも、年とともに（アメリカ国内に存在する）人種問題が、立ちはだかり、その回答を求めるようになる一方、バンチ自身も、この頃からアメリカ国内にも眼を振り向けるようになり、黒人の地位向上のための公民権運動にも身を入れ出した。

　こうして、彼がノーベル平和賞を受賞した1950年頃までに、人種問題の解決が、彼の中で確固とした懸案となっていた。彼の人種問題に対する処方箋は、経済に、貧困からの脱却に、重心を置いていた。それを、人種問題解決のための第1要件と考えていた。従って、彼のこの問題に対する回答は、あちらこちらの都市での「ゲットーをなくすこと」、が第一であった。

　しかし、バンチは、研究者としての資質に優れてはいても、ベヴェル（James Bevel）（3.(4)(b)）やキング牧師などのような（大衆を動員して実現に導く）運動家ではなかった。彼の「ゲットーをなくせ」の主張も、政治的スローガンとして、大きな世論を盛り上げるまでにはならなかった[80]。

　そんなバンチであったから、NAACPのDu Boisらの唱えていた「黒人だけの国造り」など、過激な運動には反対していた。彼が賛成していたのは、キング牧師による公民権運動のような行動、中でも、非暴力の市民的抗議であった。実際、彼は1965年には、セルマからモンゴメリへのマーチにも参加している[81]。

(ホ) ミルダールがいうアメリカのジレンマ[82]

（a）前段で出てきたスウェーデンの経済学者・社会学者で、1974年にノーベル経済学賞を授けられたミルダール。ニューヨークのカーネギー財団からの

80　彼は同じく、ベトナム戦争にも反対していたが（彼の息子の1人は、そこで闘っていた）。それも、1700万人の南ベトナム人の自由と平等のために戦ったアメリカの黒人らが、帰国して自らの自由と平等を有しない矛盾に対する、彼の答えとしての角度から、反対していたのであった（前注）。

81　このセルマでのマーチ（1965年）は、学生時代のバスケットボールとフットボールのやり過ぎで、膝を痛めていた彼にとっては、特にきついものだった。

82　この「アメリカのジレンマ」の言葉は、スウェーデンの通産相もしていた経済学者・ミルダールの報告書（1944年）の題となった。大統領夫人としてアメリカの著名人で、公民権活動家でもあったエレノア・ルーズベルトは、この報告書をテーマとしたバンチとの対談の中で、アメリカ人が、「この問題と正面から向き合うことを避けることで、人種差別を助長している」と非難している。

依頼を受けて1944年に出した、アメリカ社会についての診断書。それが、上記の「アメリカのジレンマ、その民主主義と黒人問題」というレポートである。

その中で、彼は、人種間の偏見だけを問題だと、ジレンマだと、見なかった。それ以上に、黒人らの不幸・不平等の原因として、アメリカのジレンマとして、南部州の体質、その司法を含む公的機関の体質を、挙げている[83]。その最たるものが、南部州の司法による黒人と奴隷制度の扱いであった。

彼による調査・研究の数十年も前から、制度の終了が宣言され、法的にも否定されていたにもかかわらず、南部州での黒人らの生活状態は、彼の調査・研究では、「いまだに実質的にあまり奴隷と変らない、不幸・不平等なものである」、とされていた（ミルダールの研究は、協力者のバンチが書いた3000ページに及ぶメモに大きく依存し、それに影響されているとする意見がある[84]）。

南北戦争の結果、この（奴隷）問題の根本的解決のために、漸く手が付けられた。というより、戦争開始の翌1862年春頃からリンカーン大統領は、「解放宣言を出したい」と、閣僚らに意見打診を始めていた。夏には、仮宣言を出している。それが、1863年1月1日の正式宣言となった（このような史実の上に立って、アメリカでは、「黒人史の月」が設けられ、2月をそれに当てている）。

南北戦争後の1865年12月6日、つまり終戦から丁度7ヶ月で、合衆国憲法修正ＸⅢが成立している。このスピードから、当時のアメリカに起こった風が、いかに凄かったかがわかる。この修正ＸⅢ,1の言葉が、アメリカから一切の奴隷の存在を排除し、奴隷制否定宣言を出していた[85]（南部州が、この修正ＸⅢを「(南北戦争のような)抵抗なしに受け入れただろう……」などというのは、まるで誤想である）。

83　ブラウン第一判決も、その脚注11で、「平等だが、別れて居よ」、のルールが自己矛盾であることを示す中で、このミルダールのレポートを参照している（キングJr.の死亡記事のニューヨークタイムズ、1987年5月18日nytimes.com）。

84　Clare L. Spark, (historynewsnetwork.org)

85　その言葉は、"Neither slavery nor involuntary servitude………shall…exist……"である。日付は、すべての手続が終了した批准の日、国務長官・William Sewardが、その証明文を発した日である。まだ戦争中の1864年8月8日、合衆国議会上院が、この修正ＸⅢの改正法案を議決し、1865年1月31日、上、下両院の議決を経て改正提案となっていた。

51

さらに修正ⅩⅢ,2が、この宣言を実効あらしめるため、必要なすべての立法権を、合衆国議会に与えていた[86]。だが、この「奴隷がなくなった……」との修正ⅩⅢによる解放宣言だけでは、また議会に立法を命じただけでは、何百年もの間、黒人らが置かれていた状況に、奴隷という制度的鉄格子の内に閉じ込められていた現実に、変化は起きなかった。

　グラント大統領が、さらなる立法（第2武力法）により、合衆国軍を南部に駐屯させることによって、KKK掃討作戦などを遂行することによって、辛うじて新しい社会秩序を実現出来ていたことは、前述したとおりである（（イ）(c)）。

　今まで奴隷だった彼らの1人1人が、実際に白人と同じく「人」、つまり「市民」として扱われなければ、各州や自治体の一員に組み入れられなければ、真の意味での解放とはいえない（引退したニュー・メキシコ州知事がいっていたように、アメリカで偉い（政治を動かしている）人とは、大統領や議員らだけではない。各州知事、いやそれ以下の、地方自治体の役人も動かしている[87]）。

　ドナルド・トランプが、一般票（popular vote）では、ヒラリー・クリントンに遅れたものの、選挙人（electoral college）投票で勝利して大統領当選者（President-elect）となったことで、メディアの予想の間違いに対する批判、反省が流されている。その中で、「民主党の覚醒」を求める声も上がっている[88]。

　奴隷制度のような、南部州の不動産法制に深く結びついていた法分野で、たとえ、合衆国議会がちょっとした立法を行ったとしても、永らく定着してきた支配秩序は、簡単には変えられないし、時間がかかる。社会の根底を成す各州や自治体の統治ルールが変わる必要があった。

86　この奴隷制禁止の法制（修正ⅩⅢ）に対し、20世紀に入るまで批准を遅らせて抵抗を貫いた州もある（デラウェア1901年、ケンタッキー1976年、ミシシッピ1995年。しかもミシシッピの場合、その後の文書上の処理を、18年間していなかったため、書類上の批准年は、2013年になっている）。

87　元知事は、こうもいっている。(ⅰ) 民主党が総じて支持を失っている、(ⅱ) 南部と中西部で特にそうである、(ⅲ) 上、下両院のみならず、各州知事の座や、それ以下の地方の役職も失っている、(ⅳ) 失っているものの中心は、白人男性の選挙民である（2015年11月21日、npr.org）。

88　オバマが大統領に当選した2008年選挙では、民主党が議会の上、下両院の多数を獲得したが、2016年選挙では、共和党が両院の多数を握ったまま、50州の内の31州の知事も、州以下の議会の議員の3分の2も、共和党が取っている（2016年11月12日、npr.org）。

52

この絡みでは、「誰が、州や自治体の財政を賄っていたか」、も大きな問題となる。アメリカでは建国以来、連邦政府の影が薄かったことから、連邦税としては、関税、酒税などの物品税が主で、広く一般に課される所得税に当たるものが、南北戦争時の1862年まではなかった（その年に、いわゆるIRSも設けられた）。

　「誰が州の財政を賄っていたか」に対する答えに絡んで、南北戦争の戦前、戦後の大きな違いとして、南部州での白人の大地主の数が大幅に減少し、より少数の、しかも大きな財産（奴隷）を没収された地主に、財政上の負担がより大きくかかったことがある。

　一方、州以下の財政を賄っていたのは、不動産（固定資産）税が中心であった。つまり南部州にとっては、多くの奴隷を抱える大農場主が、大口の納税者でもあった（彼らの政治力で、単位当たりの地租を低く抑えていたとはいえ、州財政の殆どを負担していたことに違いはない）。

　そこで、奴隷解放が行われたということは、財政の負担者からさらに数多くの財産を没収した一方で、「黒人の生活費の分だけ、自治体の負担を増やした」というのに等しい。

　（b）修正ⅩⅢにより、黒人らは奴隷ではなくなったものの、次の憲法上の措置、「すべての人に、合衆国市民権を保障する」という修正ⅩⅣの批准が終わる1868年7月9日まで間があった。つまり、単なる人間宣言ではなく、市民としての法的恩恵を黒人に与えるのに必要な具体的な措置がとられるまで、3年弱の時間がかかった[89]（修正ⅩⅣの批准は、南部州が到底飲み下せる薬ではなかったが、南北戦争後の南部州が、再び合衆国の一員として復帰が認められるための、主な条件の1つとなっていた）。

89　修正ⅩⅢのように、抽象的に奴隷解放宣言を出すのとは違って、修正ⅩⅣは、合衆国市民権という特権と免責（Privileges or Immunities）を与え、それを各州が「奪ってはならない」とする内容だけに、各州の批准に、それなりの年月がかかったのは理解出来る。その証拠として、合衆国議会による議決日が1866年6月13日だったのに対し、深南部による批准は、多くが、連邦としての批准日の前日に集中している（中には、ジョージアやヴァージニア、ミシシッピのように、その後というのもある）。もう1つは、そうしたギリギリの日に批准した州の多くでは、一度は、批准否決が決定されていたことである（ノース・カロライナ、ルイジアナ、サウス・カロライナ、ジョージアなどが、それに入る）。

この修正 X IV,1 は、黒人らにも、合衆国市民権を与える一方で、（深南部州を含め）どの州も、彼ら黒人から「（合衆国市民としての）特権を奪ってはならない」としている。それとともに、州内での白と黒との「完全な平等」を命じている。

そして、その1年半後の1870年2月3日には、公民権の中でも中心的な、投票権を与える修正 X V が成立している。その修正 X V,1の言葉は、「人種、肌の色、奴隷であった過去を理由として、投票権を奪ったり、削ったりしてはならない」、というものである。

この修正 X III から X V までの、3つの修正憲法による法的変化。これらが、戦争に敗れた南部（特にその深南部州）に革命をもたらした。「その大本を……」と、尋ねれば、1863年1月1日の、リンカーン大統領による解放宣言（Emancipation Proclamation）に行き着く[90]。

事実、有力な黒人指導者の中からは、独立宣言の時(1776)ではなく、この解放宣言の時こそ、「自分達にとっての真の革命の時だ」、とする声が多く挙げられてきた。

しかし、南部の白人らの黒人に対する気持ちまで、法律で変えられるものではない。つい2014年8月にも、ミズーリ州ファーガソンで、ファーガソン市警察官の若い白人が、無防備の18歳の黒人少年を射殺した。その後も、いくつかの州で、似たような事件が続いている（それらに抗議してファーガソンやメリーランド州ボルチモアなどでは、デモも行われた）。

事件の直後、退任する（引継ぎ中の）黒人の司法長官ホールダー（Eric Holder）は、現地・ファーガソン入りし、同市警察当局（FPD）が、過去に黒人に対して「どのような扱いをしてきたか」について、調査を約束した。

2015年3月4日、その報告書が、司法省公民権局から公表された。広く住民

90　多くの農場主は、このリンカーンの宣言が出されたことを、奴隷に知られないように隠そうとし、それら南部では、リンカーンの宣言後も、奴隷制がそのまま存続していた。農場主らの中には、リンカーンの宣言が違憲であり、奴隷制をなくそうとするのなら、大統領令などによるべきではなく、少なくとも、連邦議会の立法によることが必要、と主張していた（EJI, Lynching in America: p.8）。確かに、それが平時の法律論であろう。

からの聞き取りを行って、黒人に対するファーガソン市警察当局（FPD）の過去の対応を、26項目に分けて集約している。その結果FPDは、法律の規定に反して、「多くの憲法（修正ⅩⅣ）違反となる反人権活動を日常的に行ってきた」、としている[91]。そのため、「市民（中でも黒人）から、強い不信感を抱かれるに至った」としている。

105ページに及ぶ司法省によるFPD報告書の中でも、特に目を引く「過当な暴力の典型」は、黒人らに対するFPDによる警察犬の繁用であった。さらに、市警察（FPD）が、市の収入を上げるために、ちょっとした交通違反など、小さな行政罰を課すについて、黒人などの貧民層に焦点を絞ってきたとし、「その害（不平等・不正義）は、不当に高い割合で、黒人らに集中して、加えられていた」と書いている（同様の傾向は、全米のほかの郡、市などでもある、といわれている）。

このミズーリ州ファーガソンでの事件は、ジム・クロウ法が廃止された後も、深南部に引続き跋扈している、白人らによる黒人に対する事実上の分離・差別を如実に示している。黒人に対する嫌悪感が、いかに深いかを示している。

この事実上の分離・差別は、法律上のそれより、遙かに根深く、困難な問題である。人種の違いに根差した、「生理的」な反応に近い。人の深層感情から来ている。

このような複合社会心理は、容易に克服出来るものではない。50年代、60年代の公民権運動くらいでは、決して衰えたわけでも、消滅したわけでもなかった[92]。ファーガソン、ミズーリでの事件が、そのことを示している。

（ｃ）南北戦争後の憲法修正ⅩⅢ以下の3章は、確かに文字の上では、黒人を

91　報告書は、3つの項目で不適切ないし不法を指摘している（""内は皆法律の要件である）。

　　（ⅰ）stopping (black) people without "reasonable suspicion".

　　（ⅱ）arresting (black) people without "probable cause"

　　（ⅲ）using unreasonable force against (black) people.（修正ⅣV違反）

92　EJIの資料では、南部白人らの心底にこびりついた黒人に対する、この心理的複合体を、「人種間の優劣神話」と呼んでいる。そして、憲法修正を含め形式的な法律制度などは、「その心理複合体に、なんらの手を付けられないまま、終わっている」としている（Equal Justice Initiative: Lynching in America, 2000, p.8）。

55

奴隷（白人の財産権の対象物）から一人前の人間へと引き上げた。

　それから1世紀半も経つというのに、未だに黒人らは、ファーガソン、ミズーリでの例が示すように、真に平等の人間として扱われてはいない。

　これが、ミルダールが指摘した「アメリカのジレンマ」である（注82）。熱心な人権活動家でもあったエレノア・ルーズベルトが拘った問題である（1.(ハ)(b)）。

　アメリカは一方で、世界最古の成文憲法を編み出し、世界最古の民主共和制による立憲政治の礎を築いた。その憲法は、その後の近代世界で、170ヶ国以上の国の憲法のモデルとなり、その政治哲学は、それらの国の憲政の背骨を形作ってきている。

　しかし他方でアメリカは、自らの体内にいわば重い腫瘍（人種（分離）問題）を抱えている。エレノア・ルーズベルトは、ラルフ・バンチとの対談で、このアメリカの抱える最大の矛盾に言及して、

　「アメリカ人は、自国のよい所しか喋らないで、問題（人種問題）を隠している──それが、人種差別を改善しようとする足を引っ張り続けている……」、と述べている。

　ミルダールの注82の報告書、「アメリカのジレンマ」は、副題が"Negro Problem and Modern Democracy"である。その副題のとおり、ミルダールは、黒人問題を抉り出した。アメリカが世界に誇るデモクラシーが、（人種問題に対する）人々の実際行動との間で、「精神分裂を起こしている」、と指摘した。20世紀半ばまでに行われたアメリカ社会に係る、最も透徹した社会学的な分析・批判といえる[93]（この調査で、ラルフ・バンチがミルダールの手伝いをしていた((ニ)(i))）。

　南北戦争が黒人にとり、真の意味の革命になったことは、間違いない。その事実を日本人に理解させるには、18〜19世紀前半の深南部アメリカ社会を一

93　修正社会主義的な方向を持っていたミルダールは、Carnegie Corporation of New York（1911年にAndrew Carnegieによって設けられた博愛慈善団体）の委嘱により、1938年から数年間かけて1944年に、この報告書をまとめた。厖大な資料編を持っており、社会学者Robert S. Lyndをして、「現代アメリカ社会と文明の最も透徹した分析を行った重要な本」であるといわせている（transactionpub.com）。

度覗いてみる必要がある。「綿が王様（King Cotton）」の語が流行ったそこでの、黒人奴隷の生活の実際を、「北米大陸奴隷史」により知ること、現代アメリカのジレンマの根源に、遡ってみることが必要だ。

　ミルダールが20世紀半ば頃のアメリカを見て、「デモクラシーが精神分裂を起こしている」と批判した理由も、そこに、ファーガソン事件が起こってくる原因を、奴隷制度の名残りを、見てとったからにほかならない。

（ヘ）白人市民参議会

　（a）この「デモクラシーが精神分裂を起こし……」ている今1つの実例、それが、1956年にできた白人市民参議会（White Citizen's Councils）（WCC）である。リンカーン大統領による奴隷解放宣言から90年が過ぎようというのに、南部の黒人らの生活は、相変わらず最低だった。それをさらに抑え込もうとする勢力も、また新たに出てきた。今度のは、再建期の終了とともに（1870年代に）出てきた勢力、KKKともまた違う。例のブラウン判決（ブラウン対教育委員会事件、1954年）に対する反動として南部州一帯で起きてきた運動、団結である。20世紀も後半でのそれである。その点を捕え、キング牧師もWCCを「現代(modern)KKK」と呼んでいる。

　KKKよりは幾分上の階層（中流以上）の白人が中心で、KKKのような実力行使（殺人、爆撃）などの行為）によるのではない。経済的、社会的な手段を講じて、いわば知能犯的に、黒人らの生活を、ジワジワと抑え込もうとする。

　彼らWCCのやり方を「知的」と紹介したが、彼らは何よりも、黒人らに同情的な（シンパの）白人を黒人らから引き離すことに注力した。もう1つが、連邦政府（司法省）向けに「キング牧師以下の活動家ら10万人が、共産主義の影響下にあるのでは？　……よくよく調査すべき……」などとけしかけていたことである。反共産主義の文脈では、WCCはアメリカのジョン・バーチ会(John Birch Society)に接近し、タグを組んでいた。

　WCCは1956年に「一斉に」といってよいほど、南部各州に、また各都市に、団体が結成された。白人の間でのWCC支持のこうした熱波は、1つには、放っ

ておくと「黒人らに、経済的、社会的にやられてしまうのでは……」、という白人らの恐怖心が働いていた。

ブラウン判決は、南部州一帯で大変な反対、いわゆる大抵抗（Massive Resistance）を呼び起こした（中でも、ヴァージニアからのバード上院議員（Harry S. Byrd, Sr.)が、マニフェスト(Southern Manifest)を出してリードしたように、同州が、多くの立法を行って抵抗している）。

（b）ミシシッピ州ジャクソン在の熱心な公民権運動家エバース（Medgar Evers）がまだ41歳で殺されたことは記した。その下手人であるベックウィズ（Byron De la Beckwith）もまたWCCであった。ただ、彼は軍隊にも行っていたし、実力行使をしないと収まらないタイプだった。そのこともあり、1963年6月12日の犯行日は、地元のKKKの中でも「白の騎士（White Knights of the Ku Klux Klan）」と呼ばれた一派と結びついて、行ったと見られている（Ⅱ,(ハ)(c))[94]。

その後ベックウィズは、白人至上主義のグループやKKKの会合などで、エバース殺害を自慢していたとされたところ、1980年代になってジャクソンの地元紙が、彼によるエバース殺害事件につき書き立てるようになって、遂に1994年、ミシシッピ州のジャクソン地裁で、再審が開かれた。31年後の今回の陪審員は、黒人8人、白人4人の構成で、有罪評決が出された（客観的な証拠は、前回と同じだったが、この30年間に、彼があちらこちらでエバース殺害を自慢していたことの証言などが加わっていた）。有罪の評決に対し、ベックウィズは最高裁へ上訴したが、そこでも、「31年が経過したからといって、裁判が公正さを失うことはない……」として、却下された。

ベックウィズはさらに、連邦最高裁への上告も試みたが、受理されなかった。結局彼は、無期に近い生涯禁錮(life imprisonment)とされた。

上記は、ミシシッピ州で1956年に誕生したWCCの話であるが、同じ深南部

94　彼はミシシッピ州から1964年に2回起訴された。2回とも「判決出来ず(Hung Juries)」、つまり陪審員らが結論出来ずに終わっている（ミシシッピ州は、1890年憲法によりジム・クロウ法にしていたから、陪審員も白人のみであった）。

で東隣のアラバマ州にも、無論WCCの支部が結成されている。それもブラウン判決の年、1954年に「州権団体 (States Rights Association)」としてであった。アラバマ州内で支部が立ち上がったかと思ったら1955年12月にモンゴメリ・バスボイコット運動が起こるや、モンゴメリ市長・ゲイル（W.A. Gayle）も、このWCC支部に参加している。

　その際の彼の声明が、黒人らに対するWCC団員らの気持ちを代弁していよう。「モンゴメリ市民は勿論、すべてのアラバマ州人は、いやすべての南部人は、同じことをすべきだ！」。

　この声明から1ヶ月で、WCCのメンバー数は倍増したという。

　アラバマ州のWCCは、早速キングの居る教会に属するすべての車輌保険をキャンセルするよう、保険会社に圧力をかけた。

　（ｃ）このWCCは、その後一旦蝋燭の火のように細くなり、消えかかるが、1985年にその名称もCCCとして生まれ変わってくる。南部をベースとした現代版の白人至上主義団体である。その綱領中で、「人類の人種を混ぜようとする一切の試みに反対し……」と謳っている[95]。

　彼らのこの反対を支えているのが、「神は、人類をきちんと区別して、人種を区別（創造）された……」との信仰、信念である。人間の本能の中に潜む人種への強いこだわりを示すものだ。現に、今のCCCのメンバーには、銀行員、商社マン、判事、メディアの記者、政治家など、普通の背広族が結構いる。

　もう1つ、団体が謳っているというか、嘆いていることがある。「ヨーロッパ系白人の衰退、その文化の衰退」である。それ故彼らは、さらなるヨーロッパ系白人以外の人種の流入、移民を固く拒む。

　この現代版の白人至上主義団体としてのCCCは、かつてピーク時には100万を超えたWCCの生まれ変わり、その灰の中から蘇った不死鳥的存在ともいえる[96]。

95　CCCとは、Council of Conservative Citizens、つまり、「保守的市民参議会」ということになる。そのウェブサイトでは、黒人歌手マイケル・ジャクソンと猿とを並べて示し、かつ黒人を人類の劣等人種としている。

96　WCCがピーク時の100万人から1970年代、80年代に急速に衰えた理由の1つとして、人種を全く区別することを止めた1965年の移民法（Immigration Act of 1965）の影響、その後のアジア、アフリカ、中南米などから

しかしこのCCCも、1998年後半になって、そのリーダーらと人種差別主義者らとの深い結び付きや、それらの人種差別主義者らの言動のひどさが公になるにつれ、対するアメリカ社会の受け止め方にも変化が、徐々に現れた。それが、2000年以降のCCCの動きにも抑制的に働く。

（ト）もう1人の先駆者ハワードと、エメット・ティル事件

（ a ）法制度としては別の話としても、人々の深層心理に、奴隷制度が、まだ悪夢のように残っていた時代。そこに生きた、もう1人の黒人を紹介しよう。キング牧師より少し前で、ブーカー・ワシントンよりは少し後の時代に、その名が全国的に広く知られた黒人に、ハワード（Theodore Roosevelt Mason Howard、普通「T.R.M. Howard」と表示、1908 ～ 1976）がいる。

ハワードは、タバコ産地として知られるケンタッキー州、マレー生れで（彼も、下手をしたら一生タバコの葉を摘んで終わっていたかも知れなかった）、母親は、医者で地元の有力者であった人のコックをしていた（その医者とは、熱心なプロテスタント信者のメーソン（Will Mason）である。キリストの再臨を信じて興ってきた新しい宗派(Seventh-Day Adventist Church)に属していた）。

母親の主人の、その医師メーソンから才能を見込まれたハワードは、メーソンからずっと学費援助を受け続けたことで、高等医学教育までも十分に受けられた（彼の名前の3番目のMasonは、彼が、この人に感謝して名乗ったものである）。

生来、才能に恵まれていたハワードは、医学教育の最後、カリフォルニアのLoma Linda大学にいる時の1930年、禁酒団体による弁論大会で、全国優勝を遂げている[97]。卒業後は、医師としての人生を進める一方で、注97のような地位を占めていた実績を生かして、黒人のための運動に尽力した。特に、貧しい

の移民の急増が考えられる。

97　その頃から彼は、公民権問題に関心を抱き、ロサンゼルスの黒人新聞で「California Eagle columnist」になるとともに、California Economic, Commercial, and Political Leagueという黒人団体の会長（president）にもなっている。

人の多い黒人の「経済的成功」のための運動や、黒人史研究のための運動、人種分離に反対する運動などにも携って行った[98]。結果的に彼は、初期の公民権運動の端緒をつけている。

（ｂ）奴隷から自由人となった黒人らの多くは、いわゆるミシシッピ・デルタと呼ばれる、河沿いの広大な低地に住んでいた。モンゴメリ（Isaiah Montgomery）という黒人が興した、黒人ばかりの人口2000人以下の町（元は農・工業団地の町村）、ミシシッピ州のマウンド・ベイユー（Mound Bayou）も、そのデルタ上にあった。

ハワードは、1942年にはこのマウンド・ベイユーに移住し、そこの黒人らのキリスト教的協同組合タボール、正式名で公共団体International Order of Twelve Knights and Daughters of Taborが営むTaborian病院の外科部長となった。その間、アメリカで、ことにそのタボール（Tabor）病院で問題視されてきた、堕胎手術も多く手がけた（彼は、計画出産や、売春宿などの制度も肯定していた）。

しかし、堕胎手術を巡る立場の違いなどから、このタボール病院とは袂を分かつしかなかったハワードは、1947年に彼自身の病院、友好クリニック（Friendship Clinic）を立ち上げた。そのうえ、商才にも恵まれていたらしく、そのマウンド・ベイユーにいた5年ほどの間に、サイドビジネスとして、保険会社、レストラン、病院、住宅会社、農場などの会社も始めている。

その後1951年に彼は、公民権運動のための黒人リーダー地域会合「Regional Council of Negro Leadership(RCNL)」をも立ち上げていた。これは、キング牧師らによる南部キリスト者リーダー会合（Southern Christian Leadership Conference、SCLC、1957年）より早い。

それより早い1940年代に、公民権運動のために立ち上げられた団体としては、1942年の「人種平等会議＝Congress of Racial Equality（CORE）がある（II

98　彼は、1935年にHelen Nela Boyd（カリフォルニア州リバーサイド出身の有名な黒人で、社交界の名女）と結婚し、ミズーリ州セントルイスの病院を経て、ナッシュビルにある、主に黒人のためのSeventh-Day Adventist Church系のRiverside Sanitariumの医師となる。

（イ）(b)）、シカゴ大学を中心に結成されたことから、北部に拠点があったが、1955年のバスボイコットを機に、南部アラバマ州へも進出した。

　ハワードがほかの公民権運動家と違うのは、非常に多才で、色々な事業に手を伸ばしていた点である。その多くで成功して、金儲けもうまかった点である（派手好みで、いつも最新のキャデラックに複数の女性を乗せて走っていた）。その中で、彼が立ち上げたRCNLは、このマウンド・ベイユー近くで、黒人にトレイを貸さないガソリンスタンドのボイコット運動を行って、成功する。

　そんなハワードは、無論KKKから「殺し」の標的の一番にリストアップされていた。黒人の全国紙「黒檀（Ebony）」が伝えていたフレーズは、KKKのリストで「まだ殺されていないのはハワードだけだ！」であった。

　ハワードの下でRCNLの副会長で、NAACPのミシシッピ州ベルゾニ（Belzoni）地区支部長もしていた牧師のリー（George W. Lee）は、1955年5月7日の夜、マウンド・ベイユーから帰ったところを、近くの道路上の車中で殺されている[99]。

　その数週間後には、63歳の農夫・スミス（Lamar Smith）も、白昼ミシシッピ州のブルックヘイブン（Brookhaven）の役所前の広場で、投票を終えて出てきたところを、大勢の人の見ている目の前で、やはり銃殺されていた。リーもスミスも、公民権運動家である。

　1件は、白昼堂々の衆人環視の中の殺人事件であるにもかかわらず、2件とも、1人の白人も、逮捕されることすらなかった。1955年の南部とは、そういう時代、所であった。その12月にはさらに、リーの助人であったGus Courtsが、ベルゾニ（Belzoni）で銃で狙われている。このようにエメット・ティルの件と併せ、ミシシッピで4件もの白人による黒人襲撃事件が起きていた[100]。

99　リーの車が町中でスローダウンすると、まずタイヤが銃で撃たれて停まったところへ、傍に寄ってきた緑色2色のマーキュリー、開閉型車の中にいた3人の白人のうちの1人の銃によって殺された。しかし、地区の警察は、事故死と断定し、FBIも、NAACPが再三請求するまで調査しなかった。その後、FBIが殺人を立証出来たとする報告書を出したが、州検察官は、それをgrand juryに提出することを拒んだ（wikipedia）。

100　スミスの殺人事件では、9月に大陪審（白人ばかり20人）が召集されたが、報復を恐れるあまり、誰も証人として名乗り出る者がいなかった。1988年のアカデミー賞映画「Mississippi Burning」にもかかわらず、1964年より9年前のこの年、ミシシッピは、まだ燃え上がるまでには達していなかった（eji.org）。

黒人だけの町であったマウンド・ベイユーは、毎年RCNLの大会会場となっていた。全国大会には、NAACPのマーシャル法務部長（Thurgood Marshall、後の最高裁判事）のほか、アルト歌手のマハリア・ジャクソン（Mahalia Jackson）や、有名人スピーカーなどがアメリカ全土からやって来て、総人数も1万人くらいに上った。

　1954年のミシシッピ州では、白人市民参議会「White Citizens Council（WCC）」が公民権運動家を信用面で締め上げようと、商店主らに黒人によるカードでの支払いを拒むよう働きかけたりしていた[101]（このWCCには、ミシシッピ州の議員など役所の人間も少なからず入っていた）。

　これらに対抗して、ハワードはNAACPの黒人リーダー・Roy Wilkinsと共同で、公民権運動家らに、彼らのすべての資金を、白人の銀行から引き出して、黒人の銀行であるTri-State Bank of Memphisへ移す運動、そこで、黒人らのための新たな信用創造をすることの運動への呼び掛けを行った。

　（ｃ）ハワードについて欠かすことが出来ないのが、エメット・ティルの話であろう。やはり、1955年のミシシッピのことだ。14歳の黒人少年ティルは、シカゴからミシシッピ川のデルタ地区（低湿地帯）の町、マネー（Money）にある親戚の家に遊びに来ていた。

　その少年が、白人暴徒らによって惨殺され、死体は、3日後の1955年8月31日に発見された[102]。2人の公民権運動家らの上記の殺害事件から3ヶ月後のことである。

　事件の時に既に高名な医師・事業家となっていたハワードは、憤った。

　「こうした黒人の次から次の惨殺は、これを最後にしなければ。……この償いは、きっとミシシッピ州につけさせる。……さもなければ、黒人は、白人に対し市民戦争を始めることになろう……」と述べた。

101　WCCは、ミシシッピ州を含む南部に広がった組織で、KKKが元南軍の兵士らを多く変えていたのに対し、公務員などを含む中流層のメンバーからなっていた。本文中でのように知恵を使った方法で、黒人らを抑制する手段に出た。

102　エメット・ティルが殺された理由として、ティルがその3日前に、駄菓子屋のレジで白人の若い女にピューと口笛を吹いたとされたことがあった（次の(d)、law2.umkc.edu）。

役人が、連邦や州でも郡でも、「この種の黒人事件（リンチ）の捜査には動かない」、とわかっていたことから、自ら捜査機関の代役を買って出た（仮に、惨殺の目撃証人がいたとしても、さらなる事件（リンチ）が恐ろしいから、進み出て証言する人はゼロだった）。

　そこで、ハワード自らの費用と時間を投じて、鍵となる遠方の証人を確保することから始めた。まず、シカゴにいるティルの母親である。防衛班をエスコートさせて、当局やKKKなどによる攻撃から守りつつ[103]、出廷させて、証言させた[104]（9月になって、白人のうちの2人、J. W. MillanとRoy Bryantが特定された）。

　これだけハワードが力を入れていたのにもかかわらず、起訴された2人は、12人の白人陪審員による僅か68分の審理により、「無罪」とされてしまった（ティルを連れ去ったことを認めていた2人であったが、殺人罪では無罪とされた）。

　その間、地元のJackson Daily Newsなどの新聞は、ハワードのやっていることを、口を極めて罵って、彼を「公敵ナンバー・ワン」と呼んでいた。

　（d）上の(c)でのように、この1955年のミシシッピでは、白人による殺人や悪だくみが横行していた。ここでは、（ⅰ）シカゴに生れ、育ったティルが、不案内なミシシッピでしたことが、どんな意味を持っていたか、（ⅱ）その裁判の場でブライアントとMilamの2人が、いかにリラックスして過ごしていたか、2点だけを記す。

　時は1955年8月24日の夕方、先ず14歳の黒人少年・ティルは、現地の従兄弟であるSimeon Wrightら数人とともにブライアント（Bryant）雑貨・肉ストアに入り、ティルだけがキャンディの買物をした。他の少年らが店外に出て、店番のキャロライン（Carolyn Bryant）と2人だけの時にティルは、キャッシュ・レジスターの上から彼女の右腕を握り、「デートはどうかい。ベイビー」といっ

103　ハワード自身の住まいも、まるで要塞のように、機関銃などを備えたものであった（"home"ではなく"compound"と表現している。reason.comのDavid W. Root）。

104　それより前、当局（Tallahatchie County）の警察は、まるで作り話を証言していた。「川から引き上げられた遺体は、真っ白な白人のもので、NAACPが、平和なこの地方の人々を驚かせるためにやった事件ということがわかった」「NAACPに、その死体を引渡した」というものであった。

た（以下は、すべてキャロラインのみによる証言）。

　彼女がティルの手を払いのけ、歩き出すと、今度はティルが彼女の腰を掴み、「怖がることはないよ、おれは白人の女と寝たことがあるんだ……」といった（これらは、従兄弟のSimeon Wrightらが再び入店してくるまでの、僅か1分足らずの間の出来事であった）。

　問題は、この直後のことである。外の車に置いてある銃を持ってこようと、店の外に出たキャロラインに対し、ティルが大きな口笛を吹いた（Simeon Wrightは、この口笛がとても大きい、地元で狼口笛 "loud wolf whistle" と呼んでいるものだったという）。

　その行為は、ミシシッピでは、黒人が白人女性にしてはならないタブーの1つであり、Simeon Wrightは途端に、そのリスク、危険性を覚えた。

　ティルを促して車に戻り、ティルの泊まっていた伯父の家のあるMoneyではなく、Money郊外のSimeon Wrightの家のほうへ逃げ帰った（Simeon Wrightの父Mosesは、説教師であった）。

　さてMoneyの小さな町では、この水曜日の夕方ブライアントの店で起きたことのすべてが、伝わっていた。エビ漁師でキャロラインの夫ロイ（Roy）・ブライアントは、テキサス州へ漁に出かけていたが、8月26日には帰宅し、留守中の出来事を耳にし、さらに妻からも詳しく聞き出した。

　半兄弟のミラム（John W. Mila）とRoyとは、飲み仲間、カード仲間、何でも2人で一緒にやるという仲間同士であった（2人とも刺青をし、お腹を出して街中を歩き、地元では白人の蔑称 "white trash" で呼ばれていた）。

　「思い知らせてやらねば……」と、2人は意気投合して、ティルを誘拐することにした。

　さて、その後のティルについては、殴られた跡と、頭に銃弾2発……など、検死の際の事実があるだけである。何しろ夜中に連れ出されて、その後のことは、殺害の現場、殺害の具体的な方法を含め、一切わかっていない。

　事件に対しては、初めは、ことにシカゴを始めとする遠方など、全米からは、「厳しい処分で臨むよう……」、求める声だけが寄せられていた。

これに対し、地元はどうかというと、保安官 H.C. Strider の、「別人だ！ ……ティルはまだどこかにいる……」発言以来、状況が一変した。

　さらに、事態を動かしたのが、NAACP のニューヨークにいる Roy Wilkins の、ミシシッピ州を非難する声明であった。これを聞いて、今まで「ブライアントとミラムを厳罰に！」といっていた、ミシシッピ州民までもが怒った。殆どが、ブライアントとミラム弁護、味方に回った。

　公判の行われる Sumner の町には、5人の弁護士しかいなかったが、5人とも、「このままでは、ミシシッピ州（の名誉）が埋没してしまう」と、2人の弁護に回るといい出した。

　さらに、6時間かかった陪審員の選定には、郡の保安官代理が、被告側にとり、どの陪審員候補を選ぶことが「お勧め」か、助言を与えていた（1955年のミシシッピ州では、まだ黒人の投票権につき登録の受理されるような実務の状況ではなかったから、陪審員の選定も、白人だけの名簿からなされた）。

　その結果、選ばれた12人を見た被告人の代理人弁護士は、「この顔ぶれなら、ロースクールの1年生でも無罪を取れる……！」と嘯いていた。

　（ｅ）公判当日は、遠くはロンドンからのメディアを含め、70人のメディア関係者が来ていた。200名の傍聴人席は満員で、外の芝生にはまだ1000人ほどの白人が集っていた。

　州（検察）側の証人の第1は、Simeon の父で説教師の Moses Wright である。ミラムとブライアントの2人が、8月28日の夜中に彼の自宅に来て、部屋に押し入り、寝ていたティルをベッドから起こして連れ去った、その2人が、今目の前の被告席にいる。「この2人」に間違いないこと、河から引上げられた死体が、ティルのものに間違いなかったこと、埋葬人が、その指から指輪を外した所を自ら見ていたこと、その指輪が、今見せられた指輪であり、ティルの指輪に間違いないこと、以上を証言した。

　その他、検察側の証人としてティルの母親、埋葬人、警察の検死官などが、同旨の証言をした。それらの証言からは、ミラムとブライアントの2人が、当日深夜にティルを誘拐した後に、殺害して河に投げ込んだことのシナリオに、

合理的な疑いを差し挟む余地など考えられないと思われた。

　一方、被告側の証人、郡の保安官代理は、ミラムとブライアントの2人が、「ティルを誘拐した事実は認めていた」ことを述べた。しかし、そこから先の、ミラムとブライアントの当日の行為を裏付ける証拠は出されなかった。

　その夜、2人の白人に従っていて、殺害の手助けをしていた（それ故、唯一、第三者証人になりうる）はずの2人の黒人は、保安官のStriderが、偽名の下ででっちあげた別件で、密かに逮捕・監禁されていて、誰も追跡出来ないようになっていた[105]。

　一方、被告席に座ったミラムとブライアントの2人は、その間も、妻などと談笑したりして、自らの公判を気に掛けている様子は、みじんも見られなかった。

　ハワードは、この2人のティル殺人の犯人らが無罪となった後も、あちらこちらで、この問題につき講演を続けた。その1つが、キング牧師が既に赴任していたモンゴメリ市の中心に近いデクスタ教会での講演である[106]。

　だが、ハワードにとっては、別の所にもっと大きな敵がいた。FBI長官・フーバーである。ハワードはかねてより、「FBIは、万人に平等に与えられるべき法の保護を、黒人に対しては、十分に与えていない」と、演説会や新聞などを通して、何回か長官を攻撃していた。このため、ハワードとフーバーの間で、非難の応酬が繰り返されていた[107]（FBI長官フーバーと対立していた点で、キング牧師とも重なる）。

　キング牧師より20歳ほど年上のハワードであったが、2人の比較で、ハワードが過小評価されているとの見方もある[108]（確かに、ハワードは、ノーベル賞を始めとする何百という賞に輝くキング牧師とは違う。しかし、全米黒人医師会の会長に選ばれていた他(1995年)、黒人の商業会議所の会長にも選ばれてい

105　以上は、Selected Testimony (law2.umkc.edu)より。

106　そのDexter Avenue Baptist Churchの聴衆の1人で、その話から刺激を受けたRosa Parksは、その4日後で、ティル殺害から100日に当る日に、バスの中で席を白人に譲らないという、モンゴメリ市条例違反を犯して、市から立件されて事件となっている。

107　ハワードはまた、NAACPとも仲違いをしていて、NAACPの弁護士・マーシャルは、FBI長官Hooverにも、そのことを話していた。

108　David T. Baito夫婦による本「Black Maverick」の紹介記事としての「Wall Street Journal」2009年8月6日版。

る）。

（ｆ）14歳の黒人少年が、2人の白人に連れ去られた末に惨殺されたエメット・ティル事件が、メディアを通して世界中に知れ渡ると、ミシシッピ州の白人社会の野蛮さと残酷さに、非難が集中した[109]。

事件から半世紀以上経った2007年になって、Talahatchie郡は、公式にお詫び状を出している。その2007年、「2人の他に共犯者がいなかったのか」、繰り返し回帰するこの疑問をはっきりさせようと、黒人が多数の陪審員により、再び事件を掘り起こすことになり、FBIも調べているが、新たな証拠は得られなかった。

この事件の処理の結果、最も公正なはずの司法までもが、深南部では、十分に機能出来ていないこと。ことに、リンチ事件では、ミルダールが「アメリカのジレンマ」で抉り出していたとおり、人種の壁に遮られて動けないことが、明るみに出た。州政府による白人優位の政治に対し、その公正さに対し、決定的な疑惑と不信の目が向けられた。

（ブラウン第二判決と略同時期に起きた）このティルの事件を、「公民権運動のための生贄の仔羊」とする評論がある。少なくともミシシッピ州内では、公民権運動を「かつてなく勢いづかせた」、とする評論が、いくつか出された。

それらの当否は別にしても、少なくとも、次がいえよう。エメット・ティル事件を機に、黒人らの既存体制に対する信頼、白人優位の社会に対する信頼、ミシシッピなどの、南部州政府が、公正な秩序を維持出来ることへの信頼、そういったものが失われて行った[110]。仮に、以前はまだ多少そんなものが残っていたとしても、音を立てて崩れ去っていた。

（ｇ）1954年にモンゴメリ市の中心に近いデキスタ教会司祭として赴任してきたのが、25歳のキング牧師である。祭壇の上から人種差別反対のお説教をし、市内のバス・ボイコット運動で頭角を現していた彼も、アラバマ州のKKK支部

109　ティルの母親は息子の遺体を、開いた棺で送る葬式にすることを希望し、それがテレビ放送されたため、ことさらに大きな反響を呼んだ。その後NAACPは、ティルの母親のために講演旅行を企画したところ、それが、NAACPとしての「最も多くの資金を集められた企画」となった（naacp.org）。
110　バス・ボイコット運動は、その年（1955年）12月に始まっている。

などにいる白人至上主義者からマークされるようになっていた[111]。

　エメット・ティルのような例が、身の周りに頻発する中で、多くの黒人が、銃なしに身の安全を確保出来るとは、考えられなかった。1956年1月30日、キング牧師も住まいに爆弾が仕掛けられて、爆発していた。

　爆発の時、彼は市内のバプティスト教会でのお説教中のため不在だったが、いよいよ身の危険を感じたため、警察署（sheriff's office）に銃所持（carry a concealed weapon）許可を申出たが、拒否されたので、他の人々に倣い、密かに銃を入手・所持していた。

　ジョージア州からの連邦下院議員・ルイス（John Lewis）は、SNCC会長（chairman）として、1963年のワシントン大行進では、6人のリーダー（"Big Six" leaders）の1人として、またその日のスピーカーの1人（一番若い23才）として活躍している[112]（自身も、後に1965年のセルマでのマーチの際、白人らの暴力により頭骨を割られている）。

　彼は、南部州でのこうした司法の実態を憂いた。ことに、公民権運動の犠牲者などに関する、十分な犯罪捜査が行われていないことを憂えた。そこで、「塩漬け」になって、未だに未解決の事件"cold case"の再捜査のための法律を提案し、その1つを2008年に成立させている[113]。

　深南部でのジム・クロウ体制がこうした状況であった頃、アメリカの対外関係では、冷戦が起きていた。アメリカから、その独裁体制を非難されていたソ連が、この黒白の人種問題を放っておくはずがなかった。現にソ連は、人種問題を米軍内部の問題としてのみならず、アメリカ社会全体の恥部として、「ここぞ」とばかり、話題に取り上げ、喧伝していた。そのこともあって、トルーマン大統領は、大統領権限で手の付けられる所から、修正を行うこととした。

111　黒人女性Rowa Parksによるバス車内での座席問題を発端に、1955年12月に乗車をボイコットするための団体、モンゴメリ改善協会＝Montgomery Improvement Association(MIA)がグラスルーツ的にできた。キング牧師は、その会長に指名されていた（Ⅱ（イ）(c)）。

112　(coldcases.org)なお、公民権運動家に係る、より一般的なメディアの1つとして、ジャーナリストらによる「Center for Investigative Reporting, Berkeley, Cal.」がある。

113　Emmett Till Unsolved Civil Rights Crime Act of 2008。

第二次大戦後の間もない冷戦時代に、彼が大統領令を出して、軍内部の人種統合を行ったのには、こうした事情があった[114]（EO.9981が出される前の1942年には、軍の部隊編成の上でも、まだ黒白分離が、しっかりと行われていた。例えば、人種分離を理由に召集令状に応じなかった黒人兵・Lynnが、拘束されていた[115]）。

3．キング牧師の登場と、非暴力の運動

(チ) ブツブツ！と起こってきた抵抗運動

（a）19世紀末近くから20世紀初めのW.W. Iまで、その間、世の中は「金ピカ時代」や「進歩主義の時代」などのブームに沸いていた。それなのに、ひたすら屈辱と忍従の長いトンネルを潜り抜けてきた黒人たち。

　何もなかったわけではない。逆である。長年の奴隷制の名残は、黒人にも白人にも残っていた。両者の間には、互いに対するとても深い不信、嫌悪から憎悪まで、積年の思念が燻り続けていた。そこから生ずる相互不信を裏書きするように、いくつもの都市暴動が起きていた。

　しかし、南部での黒人らによる公民権運動と呼ばれるようなものは、未だ起きていなかった。他方で、白人らの側からするリンチなどの攻撃は、枚挙の暇もないほど繁く起きていた。黒人の住まいに対する、さらに黒人教会を狙い撃ちにした、焼き払いや爆弾の投棄なども、頻繁に行われていた。それだけではない。マーチやシット・インが条例違反であるとして、警察部隊から攻撃される、これが当時の法秩序であった。

　これに対し、黒人らは反撃しなかった。報復攻撃を加えなかった。目前に迫った急な危険に対する以外は、非暴力（nonviolence）を貫いた。この後、1950年代後半から起こってくる公民権運動のためのいずれの団体も、同じく非暴力

114　1948年7月26日のEO. 9981による軍内部の人種統合(integration)である。

115　United States ex rel. Lynn v. Downer, 140 F. 2d 397 (2d Cir. 1944)。これに対しLynnは、人身保護令状の申し立てをしたが、上告が受理された時には、部隊替えがされていて、最高裁は、「問題は消滅した」として、2d Cir.の判決を維持している。

を唱えていた。モットーとしていた [116]（中には自衛のため、法を無視して銃を身の周りに置いている者はいたが）。

　その南部でも1950年代から1960年代に入ると、長い年月の圧力をはねのけるようにして、漸く様々な抵抗運動が起こってきた。フリーダム・ライドやシット・インなどの運動である。それも、黒人に対する差別、抑圧が一番強かった深南部のアラバマ州やミシシッピ州からである。

　これら深南部州での運動には、先行者がいた。先に見たハワードに続く、公民権運動の先駆けである。それが見られた1つの場所が、アパラチヤ山脈の西、ミシシッピ州とアラバマ州の北、北緯35°線に沿って東西に長く広がったテネシー州である。時は1960年である。

　そこの公民権運動には、さらにその20年前にも孤立した先輩がいた。今、この75年前の迷宮入り事件を、もう一度掘り起こそうとする動きがある。2015年7月16日のNPRのScott Horsleyが伝えるのは、1940年に生じたNAACPのヘイウッド郡支部長のエルバート・ウィリアムズ（Elbert Williams）殺害事件である。

　1940年代のテネシー州ヘイウッド郡といえば、白人至上主義の金城湯地といってもよい。反対に黒人らは、経済的に追い詰められ、政治的に無力化されていた（投票権の実効性がゼロの状態であった）。

　そんな中で、NAACPの新任の地区主任として、黒人の投票権確立に向けて立ち上っていたウィリアムズは、KKKから狙い撃ちにされた。

　死体は、48時間後にBrownsvilleから車で数分先のHatchie川の泥の中から重りを付けた姿で発見された。いわば、見せしめ的に殺された、と考えられている。

　しかし、ウィリアムズの検死証には、「死因不明」としか書かれなかった [117]（NAACPでは、それから20年間、1960年代になるまで、彼の後任の地区主任を、

116　攻撃された時の自衛の権利は、アメリカでの黒人らが、伝統的に守り育ててきた権利だとしつつ、公民権運動では、それが殆ど欠落していたとする（Southern Freedom Struggle、2014年9月、zinnedproject.org）。

117　しかし、胸には2つの弾丸の痕があるとしている。彼の前任の地区主任らと家族は、その住まいなどが焼かれ、地元から別の場所へ避難して行ったという。

誰も引き受ける者がいなかった)。

　FBIは、1940年代に調査を行ったが、数人から供述を取っただけで、しかも当時、その疑惑の向けられていた先の1つ、地元の州検察当局の人と一緒に、調査を行っていた。

　NPRは、今回メンフィスの合衆国検察官・Edward Startonが、この件を"cold case"から再起させられるか、「検討を約束した」、と伝えている。そこでは、ウィリアムズを公民権運動でMedgar Eversと並ぶ人材だったとも紹介している。

　ハワードが1951年に立ち上げた地区参議会「Regional Council of Negro Leadership(RCNL)」の役員だったMedgar Eversは、やはりWCCとKKKにより殺害されている。ウィリアムズより23年後の1963年のことである。

　Eversは、ミシシッピ州LormanにあるAlcorn Collegeを卒業後、白人だけの州立のミシシッピ大学ロースクールに入ろうとして、NAACP（Thurgood Marshall）の助力を求めたが、大学からは拒否されていた。

　このEversも、熱心に公民権運動に取組んでいたが、後記のように、自宅前で背後から撃たれて、殺されている（Ⅱ.1(ハ)(e)）。

　前述のようにEversの時（ブラウン判決と同じ1954年）は、NAACPによる運動が間に合わなかったが、ブラウン判決の効果の浸透とともに変わって行き、ミシシッピ大学ロースクールへの黒人の入学は、8年後にJames Meredithが入学を志した時（1962年）には、その効き目が現れていた。

　その結果Meredithは、ミシシッピ大学に入学する初の黒人となったが、それでも入学時の暴動を防ぐため、ケネディ大統領が連邦軍5000人を送り込む状態であった。Meredithのミシシッピ大学入学希望は、折からのケネディ大統領（J.F. Kennedy）の公民権運動への態度を試す意図もあったとされている。

　この後、Meredithは1966年に、たった1人、単独でメンフィスからジャクソンまでの220マイルの「恐怖に対する行進（March Against Fear）」を敢行した。ただ2日目に白人により銃で撃たれ、頓挫してしまう。

　（b）さて、先駆者ウィリアムズ（Elbert Williams）の事件から20年後の1960年代初め、公民権運動そのものの動きが、他ではない、上述のような白人

至上主義の金城湯地のテネシー州で、起きてきた（そこには、以前からハイランダー・フォークスクールとして知られる公民権教育の場があった）。

　若い学生らを中心とする、いくつかの初期の運動が、同じ頃に盛り上がってきたのも、そこである（ナッシュビル学生運動と呼んでいる）。

　1つは、1960年に起こったナッシュビル・シット・イン運動である。後の連邦下院議員、20歳のFisk大学学生ルイス（John Lewis）も、これに参加していた。

　ブラウン判決が出て5年以上も経つのに、世の中（白人社会）は、一向に動かない。人種分離は一向に改まらない。そのことで、しびれを切らした学生の動きが、それであった。

　シット・インとは、それまで黒人には「持ち帰り」だけを認めていた市内の食堂（ランチ・カウンター）の店内に入って、座席に座り込む（無論、大変な精神的葛藤は覚悟しなければならない）。そこでの黒白分離をなくそうとするもので、それなりの成果を収めた。運動の先頭に立っていたのが、ベヴェル（James Bevel、1936〜2008）である。

　さらに、彼にそうした意識を育てさせ、励ました人達がいる。テネシー、ナッシュビルのメソジスト宣教師のローソン（James Lawson）[118] や、ハイランダー・フォークスクールの教師ホートン（Myles Horton）[119]である。ローソンは、1940年代から活動している初期の公民権運動家の1人で、初期のそうした非暴力団体の1つであるFellowship of Reconciliation (FOR)やCORE（前出）に参加し、後にはメソジスト（Methodist）宣教師となった。インドのガンジーの影響も受け、Vanderbilt大学などで非暴力運動の指導者となる[120]。

118　ローソンは、1962年にはメンフィスのメソジスト教会牧師となっていて、そこで1968年にはキング牧師を招いて講演を依頼し、キング牧師の有名な"Mountaintop"スピーチが行われた（彼が暗殺されたのは、その翌日である）。

119　貧困白人家庭の子であるMyles Hortonは、公民権運動の草分け的存在で、テネシー州Morristownにある黒人らのための学校（多くの公民権運動家が育った）の共同設立者の1人でもあった。キング牧師、Rosa Parks、ルイスなども、その教えを受けた中に含まれる。

120　ベヴェルは、ミシシッピ州の真ん中に近い綿畑農場で生れ、そこで育った。その後、合衆国海軍に入り、除隊後にcollegeに入り直した。その間、Leo Tolstoyの本「Kingdom of God is Within You」を読み、海軍を辞める決心をしたという。さらにその後、Mohandas Gandhiの教えに近づく機会を求めた彼は、その影響も強く受ける。

このテネシー州のMorristownにある黒人らのための学校であるハイラン
ダー・フォークスクールは（Ⅱ（イ）(a)）、ホートンが1932年にMonteagleで作っ
たものである。

　ベヴェルは、Diane Nashやほかの生徒らとともに、ナッシュビル学生運動に
加わり、団体、非暴力学生協調委員会＝Student Nonviolent Coordinating
Committee (SNCC)を立ち上げた。それらは、ローソンやホートンの感化の下
での出来事であった（立ち上げには、SCLC(後出)のエラ・ベイカーなども加わっ
ていた）。

　ベヴェルが企画、実行した第2の運動として、"1961年ナッシュビル劇場解
放運動"がある。SNCCを中心にしつつも、今度は、場所をランチ・カウンター
ではなく、劇場内に移し、そこでの人種統合のための運動とした。

　（c）1940年代でのテネシー州でのウィリアムズらによる運動が、やがて州
境を越えてすぐ南の、アラバマ州やミシシッピ州へと舞台を移してきた。1955
年暮れ、アラバマ州の州都モンゴメリ市では、バスボイコット運動が起こって
いる。これが、次のフリーダム運動に連なっていく。

　1961年、アラバマ州バーミンガムでスタートしたばかりのフリーダム・ラ
イド運動は、クランらによる爆弾投棄でバスが焼かれたなどのことから、一旦
は中止に追い込まれていた。それを見た（上記のナッシュビル学生運動に加
わっていた）1938年生まれのDiane Nashが、再開を呼びかけた。

　これを受けて、フリーダム・ライド運動の継続を願っていたベヴェル自身が、
学生らに声を掛け、アラバマから隣州のミシシッピ州ジャクソンまでのフリー
ダム・ライドを計画したところ、Diane Nashやそのほかの人々も、そこに加わった。

　それがさらに大きくなり、「ミシシッピ州の自由のための運動（Mississippi
Freedom Movement）」となった。

　彼らは運動の途中で逮捕され、留置場に入れられたが、ベヴェルとBernard
Lafayetteは、留置所に入っている間に、さらにもう1つ別の運動「ミシシッピ
投票権運動」も立ち上げていた。

　こうして運動の波は、テネシー州からさらに、南のアラバマ州、その西のミ

シシッピ州へと広がり、移動してきた[121]。このようなSNCCの運動の、州を超えた移動とともに、その中から、より大きな輪が生れてくる。

　キングとベヴェルとの出会いも、まさにその中から生れた。2人を引き合わせるAndrew Youngなどの人々がいて[122]、ベヴェルは、その翌年（1962年）キング牧師と知り合うことになる[123]。この先、この2人のコンビが、公民権運動の心臓、司令塔となる（世間も、King-Bevelコンビとして受け止めるようになる[124]）。

　1961年11月には、オルバニ、ジョージアでも運動が行われた。キング牧師などが率いるSCLCのメンバーが、これに参加している。

　（ｄ）その間、南部州の白人社会には、黒人に対する拒否反応に近い気持が、すっかり根を下ろしていた（例えば、ブラウン第二判決に断固反対し、これを潰そうとする、次に見るSouthern Manifesto絡みの動きが、Massive Resistanceが、それである）。それが凝り固まり、南部各州法制となって具体化していた。

　2人のコンビ、King-Bevelの公民権運動の矛先が向けられ、焦点が当てられたのは、（1世紀近くもの間、ずっと黒人に分離と差別を命令してきた）こうした南部11州のジム・クロウ法制に対してである。

　連邦と州というアメリカの二元政治体制の下、州議会などを白人社会が牛耳って支配していた（そして連邦議会でも、屡々キャスティング・ボートを握っていた）南部では、そうしたジム・クロウ立法に対し、連邦政府としても、なんとも手の下しようがなかった。

　連邦の法制では、憲法自体が、既に1875年から全黒人男子に、おしなべて完

121　ミシシッピ州は、公民権運動の主要な舞台の1つとなるが、それに比例して、KKKやWCCなどによる残虐な暴力事件も増え、その点での否定的な評価で、全国的に名を挙げた（US50.ccm）。

122　キングより3歳若いAndrew Youngは、キング牧師が暗殺された1968年4月4日、キング牧師と一緒にいた。ニュー・オリンズ生れで、黒人中流家庭で育ったが（父は歯科医、母は教師）、黒人だけの学校に行かねばならなかった。SCLCでの中心人物としてキングと近かった（biography.com）。後に、牧師、ジョージア州からの下院議員、合衆国の国連大使なども務める。

123　1962年にJames Lawsonが、Andrew Youngとキングに向かって、2人が各別にベヴェルに働きかけて、キングと会わせるように勧めたという（cfm40, middlebury.edu）。

124　歴史学者のRandy Krynは、"legathy of the King-Bevel team"という言葉を使っている。

全平等な投票権を与えていた（修正ⅩⅤ）。その条文に先行して、奴隷制をすべて否定していた（修正ⅩⅢ）。国内で出生してくるすべての人に、合衆国市民権も与えていた（修正ⅩⅣ）。

　一方の南部州では、ミシシッピ州の1890年から始まって、その後に作られた州憲法が、次々と、これを逆方向に書き替えていた。それら各州のジム・クロウ制の新憲法である。これらの新州憲法の下で各州は、人頭税や父祖条項により、黒人の投票権を実質的に骨抜きにしてしまっていた。

　それだけではない。それら各州のジム・クロウ法制は、白人と同じ平面で社会生活を送れるという市民権までも、黒人から実質的に奪ってしまっていた。社会生活上での差別法である。そこで、先ず手を付けたのが、銃規制法であった。

　こうして南部州が移り変わる中で、ニューヨークでNAACPが生まれた（1909年）。やがて、その方針・実績とも、人種平等を求めて「法廷闘争に力を注ぐ……」、ことになり、公民権運動に大きな力となる（(リ)(b)）。

　法廷闘争は、しかし、多くの時間、資金、労力を必要とする。この遅々とした戦い方以外、公民権運動のための「何かいい手はないのか！」と、黒人らは考え抜いた。その結果、南部キリスト者リーダー会合＝Southern Christian Leadership Conference（SCLC）などがとった手段が直接行動。それが、ベヴェルなどが、「非暴力な市民的反抗（nonviolent civil disobedience、NVCD）」と呼んでいたものである。具体的には、ボイコット、シット・イン、フリーダム・ライド、大行進（boycott, sit in, freedom ride, march）などの方法である。

　いずれも、市民生活、学校生活、公共の場などでの運動であり、非暴力だが、数の力を誇示出来る戦いである。1961年度のキャンペーンは、フリーダム・ライドが主で、これに絡んで分離食堂（分離カウンター）、分離ホテルなどへの入場（黒人だけや、黒人と白人との連れ添っての利用）が、その試みが、行われた。

　（e）こうした公民権運動、憲法が保証した権利の「黒人らによる再奪還」の戦い。その1つが、1960年代初めから始まった。フリーダム・ライダーズによる運動である。ジム・クロウ法制の中で、なし崩し的に否定され、奪い取られてきた権利の、再奪還運動である。

ライダーズによるこの運動は、同じ南部州の中でも、よりによってアラバマ州やミシシッピ州で起こった。白人優位の社会規範が、最も染み通っていた所である。それには上記のように、すぐ北のテネシー州での、ベヴェルらのSNCCによる運動も影響していた。

　深南部州に入っての初期発火点の1つは、モンゴメリ市、アラバマ州都での運動であった。それが、フリーダム・ライドより早い、「モンゴメリ・バスボイコット（Montgomery Bus Boycott）」である。フリーダム・ライドが、1960年代初めに起こったのに対し、「モンゴメリ・バスボイコット」は、それより5年早い。ブラウン判決から間もない1955年暮れに起こっていた。

　そのバスボイコット運動の中から生まれてきた団体が、次のSCLCであり、さらにその団体としての結成をリードする形になったのが、キング牧師である[125]。SCLCは、その最終的に決まった名前の通り、南部各地の黒人らのグループ（団体）やリーダー（個人）らの、さらなる集合体であり、その意味で、南部各地の黒人教会のネットワークに大きく依拠していた。

　このバスボイコット（bus boycott）運動に対しては、これこそが、「公民権運動（南部黒人の地位向上）の嚆矢となった、黒人史の一大転換点となった」「ブラウン判決後の最初の公の抗議となった」と評価する声がある[126]。このバスボイコットと、ボイコットの結果ともいえる、バス内での人種分離を違憲とした司法判断「Gayle v. Browder」が[127]、「南部での人種統合をもたらした」「力があった」という。

　一方、前注のKlarmanは、この最高裁判決よりも、モンゴメリ・バスボイコットこそが、近時の公民権運動史のハイライトであって、「黒人の力、働き、勇気、能力、リーダーシップ」を証明したとする。「ジム・クロウ問題に対し、何百万

125　キングは、牧師仲間のC.K.SteeleやFred Shuttlesworthとともに、1957年1月、「この非暴力による闘争をより深く掘り下げることが、神の前での唯一の道である」と述べ、南部の白人らに向っては、その黒人ら（Negroes）に対する扱いは、基本的魂の問題(a basic spiritual problem..)である」と呼びかけた（kingencyclopedia.stanford.edu）。

126　Michael Klarman, From Jim Crow to Civil Rights, Oxford (2004)を引いている（blog.dickinson.edu）。

127　Gayle v. Browder, 352 U.S. 903 (1956)

人もの白人の目を開かせた」「より永い影響力を保っている」と述べている。

　運動の中で彼らは、バス会社に対する注128のような主張を掲げていた[128]。しかし、Gayle事件判決が下されたのは、NAACPの協力の下、グレイ弁護士らが、1956年2月1日、事件を連邦地裁に申し立てていたからである[129]（この件で、12月5日に最高裁で弁論を行った弁護士グレイは、タスケギーの別件でも、連邦最高裁まで行っていた[130]）。

　（ｆ）Michael Klarmanは注126で、モンゴメリ・バスボイコットが「当初は、バス車内での人種統合までは、求めていなかった」、と書いている。

　1954年3月に女性政治団体会長・Jo Ann Robinsonらが、モンゴメリ市長のWilliam A. Gayleに面会した時の申し入れは、「もうちょっと、黒人に優しい扱いが出来ないものか」式の申し入れをした、としている。黒人らの要求は、誠に遠慮深いものであった。

　しかし5月になっても、市長から何の返事もなかったので、Robinsonらは、初めてボイコットのことをにおわせた（実際にボイコットしたのは、半年以上後の1955年12月になってからである）。

　アラバマ州などの南部州では、州や郡市のジム・クロウ条例により、映画館、劇場、レストラン等の商業施設自体が、分離構造を義務づけられていた（商人らも、分離構造になるよう造作をしなければならない義務を負っていた）。だが、中には増大するボイコットを恐れ、次第に分離を廃める商人らも現れだした。

　それら施設を利用する顧客に対しても、各州が「分離ルールを守るよう」命じていたのは、いうまでもない（分離ルールを破り、決められた所に座らなかったりした客には、法令違反として刑罰が課される）。

　現に、フリーダム・ライダーズらも、分離カウンターを守らなかったとして、

128　彼らは、市とバス会社に3つの要求を出している（いずれも拒否され、ボイコットが続くことにはなるのだが）。（ⅰ）driverが黒人に対しても、客らしく接すること、（ⅱ）座り順は、乗車順にすること、（ⅲ）黒人地区を廻るバスには、黒人の運転手も採用すること。

129　グレイ（Fred Gray）は、キング牧師の弁護などもしている他、タスケギーでの梅毒テストに絡んだ交渉の、代理人をしている。

130　Gomillion v. Lightfoot, 364U.S. 339 (1962)では、タスケギー区の線引きで、州選挙管理委員会が黒人に不利な見直しをしたことを、修正ⅩⅤ違反とした。

運動中に逮捕、訴追されている。彼らが出かけたフロリダ州Tallahassee空港内のレストラン内でのことである。そのレストランは、条例通り分離カウンターを設けていたが、分離に反発したライダーズらが、それを無視して座ったことから、検挙されたのである（これに対しライダーズらは、連邦最高裁に上告受理を申し立てたが、最高裁は、フロリダ州法上のテクニカルな理由を見つけて、受理を却下して、救済を与えなかった[131]）。

連邦の「州際商業委員会(ICC)」は、そのような人種分離を定めた州法を違憲と判断していた（Sarah Keys事件）。行政判断であり、司法判断ではないが、運動を勢い付けた。上記のフロリダの事件は、それから6年も経った1961年11月のことである。その判断に驚くとともに、注127事件と比べ、同じ連邦最高裁による判断でも、左右に揺れ動いていることがわかる。

とはいえ、1960年代に入る頃には、州際交通機関に関する限り、いわゆるジム・クロウ法制は認められないことが固まってきた。Boynton v. Virginiaでの判示（1960年）（IIの注35）にも見ることが出来る。

こうした先例により、バス・ターミナル待合所での表示、「黒人のみ」「白人のみ」は取り除かれ、道の駅のレストランやトイレ、待合室などの構造も、一本化された[132]。

（g）Gayle v. Browder事件（1956）では、連邦地裁が、2対1による決定で、バス内での人種分離を定めたアラバマ州法を違憲と判断した[133]。バス会社や市などの被告は、人種分離を止めるよう命じられた。これは、交通機関内についてであるが、また地裁段階ではあったが、公教育の分野でのブラウン判決（1954、1955）に引き続き、アラバマ州内での人種統合をさらに進める、大きな力となった。

保守的な深南部アラバマ州とモンゴメリ市のことであるから、両者とも早速、

131　Dresner v. City of Tallahassee, 375 U.S. 136 (1963)

132　Sarah Keys v. Carolina Coach Company. 64 MCC 769 (1955)

133　アメリカでは、地方のかなり小さな田舎町にもGreyhound Lineや、その地方のバス会社が運営するバスの待合所がある（それが、ちょっとした都市などでは、かつてのダウンタウンの中心街で、今は少し寂れ、治安も必ずしも十分とはいえないような所にあったりする）。

この連邦地裁判決に対しチャレンジしたが、いずれの上告も、最高裁により全員一致で却下され、地裁の判決が確認された（注127）。

　モンゴメリでのバスボイコットより9ヶ月も前の1955年3月、Claudette Colvinという女性が初めて（バス座席の分離を定めた）市条例違反で逮捕されていた。また夏頃までに、Gayle v. Browderの原告となった女性4人も逮捕されていた。

　しかし、モンゴメリ・バスボイコットを起こさせたのは、この訴訟の原告となった「4人の女性の逮捕」でも、Colvinの逮捕でもない。それから半年後の12月1日に、Rosa Parksが条例違反をして逮捕されたことが引き金である（このように、モンゴメリ・バスボイコットでは、女性がすべて先達の役を果していた）。

　42歳のParksの場合、彼女より前に逮捕されていた女性らとは違っていた。製糸工場で働く一方、NAACPの支部事務局も務め、支部長のE.D. Nixonを補佐してきた（Nixonは、（二）(a)記述の鉄道ポーターらの組合BSCPのメンバーであった）。彼がボイコットを呼びかけ、そのための35000枚のビラも用意した[134]。

　Rosa Parks逮捕直後の12月5日のシオン山教会での会合により、地元のAbernathy牧師のほか、Nixonらを中心とする人々によって、モンゴメリ改善団体(MIA)が、結成された（バスボイコットのほうは、その結成より3日早く、Rosa Parks逮捕の翌12月2日にニクソンらにより計画されていた[135]）。

　一方、NAACPが、1956年早々にGayle v. Browder事件の原告として選んだのは、その前の夏に逮捕されていた4人の女性のほうで、連邦最高裁まで争う方針を決めたのは、事件自体のメリットに加え、世評その他から、勝率が高いと判断したからである。

　案の定、最高裁は翌年、運動を支える方向の勝訴判決を出した。4人の勝訴

134　2015年11月30日のNPRは、60年前の明日を記念する記事を載せている。モンゴメリ市警察が現在、新しく採用した警官の教育のため、まずRosa Parks Museumの見学と、バスツアーを義務づけていると伝えている（npr.org）。

135　MIAの目的は、単なるボイコットではなく、モンゴメリでの人種統合を進めることで、よりよい地域を作っていくことにあった（Montgomery Improvement Association, standford.eduより）。

を受けて、MIAは、381日続いたボイコットを収束させた[136]。

　以上のように、1955年には沸々と、運動が湧き上がってきた。こうして、1950年代からの公民権運動は、次第に形を整えられるようになった[137]。

　公民権運動にとって、上記の最高裁判決以上に強力な後押しとなったのが、第一次大戦と第二次大戦の2つの大戦からの、ことに第二次大戦からの、黒人帰還兵らの存在である。第二次大戦からの黒人帰還兵らが、公民権運動でより大きな役割を果たしたことは、Robert F. Williamsや、Medgar Eversなどの具体的活動からも、知りうる（このWilliamsは、ノース・カロライナ州、モンロー郡のリーダーをしていて、テネシー州ヘイウッド郡のNAACP支部長をしていた前出のElbert Williamsとは別人である）。

　第一次大戦からの帰還兵も、一般の黒人に比べると、権利意識が高かった。第1に、彼らは自信を持っていた。自分達が、白人を含むこの国のため、弾丸が飛び交う戦場に命を投げ出してきた、実戦を経てきた、そこからくる自覚と自信である。第2に、奴隷制度のないヨーロッパでの人々の黒人に対する（アメリカ南部とは違う）態度を見てきていた[138]。

　なお、第一次大戦からの帰還兵を呼ぶ言葉としてランドルフが、1917年に使ったという"New Negro"という言葉が広がったのも、1920年頃である。フロリダ州出身の黒人の雄弁家ランドルフ（1889〜1979）は、キング牧師より40歳も年上で、公民権運動でも、キング牧師の大先輩格であった。

　こうした第一次大戦からの帰還兵が黒人らの団体であるAfrican Blood Brotherhood (ABB)の要求などに共鳴して、その前年の1919年には、シカゴや

136　その間、MIAは、各自の車の持ち寄りで、「足を失った」黒人らを運ぶことにより、集会継続を可能にし、他方で市当局は、キング牧師を含む89人のリーダーを、アラバマ州法（1921 anti-boycott law）違反で起訴に持ち込んでいた。キングは、1956年3月19日〜22日の期日での裁判により、有罪とされていた。

137　今日モンゴメリでバスに乗ってみると、このバスボイコットのお陰で（乗客の殆どが、黒人らで）、誰がどの席に座っても問題ないようになっている。問題は、市の予算不足のため、古いバスしか走っていなくて、2015年6月には、走行中に炎に包まれる事件があった。現在、アラバマ州を含め、5州が、（連邦と市の補助金のみで走らせていて）公共交通機関への支出を一切していない。Debbie Elliott, NPR 2015年1月12日。

138　しかし、第一次大戦と第二次大戦の間には、合衆国軍隊内でも、黒人の処遇で大きな違いが生じていた（第一次大戦の時は軍内部でも、黒人は露骨な差別に晒され、しばしば、自殺作戦などに、駆り立てられていた）。第二次大戦では、流石に差別は幾分是正されて、そこまで酷いことはできなかった。

オマハそのほかの中西部や南部の都市で、騒動を起こしていた[139]。後にレッド・サマーと呼ばれた一連の騒動である((ロ)(e))。

このABBは、共産主義による影響も受けていたが、特に、帰還兵の黒人らの運動に大きく影響したのは、ウィルソン大統領による発言であった。彼が、ヴェルサイユ平和会議で、「ブルガリアなどの東ヨーロッパ諸国に民族自決権を与えるよう」、と呼びかけていたからである。これが、「（それなら国内で）、自分たち黒人にも自決権に当るものが与えられて然るべきじゃないか」という主張につながった[140]。前記のように、シカゴやデトロイトなどの中西部の都市で人種間の衝突が表面化したのも、この時期である。

（h）黒人らによって1955年のアラバマ州で始った、MIAを柱とする、公民権運動。以来、そこに一貫して流れるもの、それが、キング牧師の説いた「非暴力」である。

この非暴力は、武器を持って戦ったら負けるからという、「勝負の計算」に基づくものではない（南部の黒人らは、経済的にも押しなべて最弱者であっただけではなく、前に見たとおり、各州法により銃から棒切れなどまでの、武器所持を禁じられていた。その意味では、文字どおり、実力上の「弱者」でもあった）。

しかし、キングは、この非暴力による公民権運動を照らす信教上、思想上の燈として、バス・ボイコットの早い時期から、ガンジー（Mahatma Gandhi）の名を挙げていた[141]。

連邦政府（大統領と議会）は、南部の黒人らがこうして始めた、非暴力のフリーダム・ライドの運動に対し、南部州政府のように、これを弾圧することは勿論、無視し続けることも、出来なかった（「完全に自発的」、とはいえなかっ

139　ニューヨークのジャーナリスト、西インド諸島出身のCyril Briggsによって1919年に作られたABBには、彼を始め、カリブ海出身者が多く、戦闘的でもあった。

140　これら西インド諸島出身の下層階級の人達が、巨大資本などに反発しがちなことがあった。丁度その頃、ロシアからソ連が生まれ、またアメリカで育ちかけていた共産党も、ABBに関心を抱き、働きかけたことなどのことがあった。しかしABB自体は、10年もしないうちに、内部から瓦解した。

141　2015年3月7日に「セルママーチ50周年記念」で、オバマ大統領がセルマで演説していた中にあったように、「非暴力を貫くことで、運動家らが、自らの命を守ることにつながった」点も肯定出来よう。

たものの、連邦政府として、何もしなかったわけではない)。

　しかし、20世紀の後半になるまでは、連邦政府が南部州内の問題に入ってまで、ましてや、民間取引の中に入ってまで、人種差別を除去するための措置を行うということは、ずっとなかった。それには、1883年のCivil Rights Casesという、一連の訴訟に対する連邦最高裁が出した後ろ向きな判示が重くのしかかっていた[142]。

　その後、いくつかの面で、連邦政府が南部州当局に働きかけ、時に強制的措置を採ることも生じてきた（中でも1957年には、同年の公民権法により、連邦政府内に公民権委員会が出来ている）。連邦政府は、南部州に比べれば、まだいくらか黒人の味方と見られた。

　最も、早い時期には連邦政府が、公民権運動に少なからず逆行するような措置を取ったこともあった。住宅金融など、住まいの法制に係る面である。前出のレッド・ライニング（Red Lining）と呼ばれる手法（1938年）である（F.D.ルーズベルト大統領が、住宅都市開発省の下に設けた連邦住宅庁＝FHAによる）。

　上記の1883年の事件では最高裁が、連邦議会による立法「Civil Rights Act of 1875」を、黒人に対する私人による差別まで禁止したものと解釈し、それが修正ⅩⅣの趣旨を超えていて、違憲であるとしていた。しかし、この点も連邦司法自身の中から是正の動きが出た。1948年になり、最高裁が、私人間での住宅販売の際に授受される譲渡証書という、極く私的な証書について、人種差別的な「制約条項」を付すことに対し、これを容認しない判断を示したからである[143]。

　（ⅰ）"New Negro"誕生のもう1つの背景として、W.W.Ⅰからの帰還兵のほかに、第一次大戦前の1915年から始まって1940年代まで続いた、黒人の大移動がある。移住先となったシカゴやオマハやデトロイトの北部都市などは、いずれも、その時期に急速に工業都市化していた。

142　これは、Civil Rights Cases 109 U.S. 3 (1883)のことで、実際は、5つの案件をまとめた事件である。いずれもCivil Rights Act of 1875の解釈に係る（いずれの事件でも、黒人らが私立の劇場、ホテル、交通機関などで「利用を断られた」として訴えていたが、最高裁は、「私人との間の問題に、公的機関が介入すべきではない……」。との要旨により、対処していた）。

143　Shelly v. Kramer. 334 U.S. 1 (1948)

それに伴い、工場労働者からなる大きな階級が、新たに生まれていた。この新階級に属する都市の黒人らは、メンタリティ自体も、南部の黒人とは違っていた。それぞれが選挙権を有し、自由な政治的活動を行うという新しい黒人像を、形作っていた。

　丁度、この第一次大戦と第二次大戦とに跨る期間に、黒人活動家の歴史（時代区分）でいうと、前出のブーカー・ワシントンと、キング牧師などとの間に当る期間に、頭角を現わした"New Negro"を代表するもう1人として（前出（ト）のハワードよりさらに20才ほど上に）、Marcus Garvey（1887～1940、ジャマイカ生まれ）がいる[144]（年次からして、「黒人のための公民権運動の草分け＝trail breaker」といってよい）。

　1919年夏に全国的に起きたレッド・サマーの時、そのGarveyは、ニューヨークにいて、汎黒人向上団体＝Universal Negro Improvement Association（UNIA）の支部を作っていた（それ以前にジャマイカでも、UNIAを学友会の一種として、立ち上げていた）。彼はその後、黒人の解放、地位向上のためとして、「一大商船会社を目指して……」、ブラック・スター・ライン社を設立していた[145]。

　しかし、その方面の知識・才能に恵まれていたわけでもなかったため、この商船会社事業は失敗した。Garvey自身もその後、例のFBIのフーバー長官によって、このブラック・スター・ライン社の株式の勧誘に絡んだ郵便詐欺で起訴され、有罪とされている（その後、合衆国政府のクーリッジ大統領から刑の軽減を受け、1927年ジャマイカに出国させられた）。その間、彼は「The Negro World」という週刊誌も出していた。

144　地元で印刷工として働いた後、彼は、中央アメリカ諸国やロンドンなどを回り、帰国後はジャマイカにも、「ブーカー・ワシントンのタスケギー工業学校のようなものを開設したい」、と思うようになっていた。丁度その頃、彼は、そのワシントンから招請されてタスケギーにも行っている（しかし、彼が実際にタスケギーに行く直前に、ワシントンは亡くなっていた）。

145　アメリカとカリブ海とを、アフリカと結び、その間の黒人商人らの貿易に携わることにより、彼らの「団結と経済力の向上に資する」、というブラック・スター・ラインの志は高かった。しかし、1922年には、事実上の倒産に追い込まれていた。

(リ) ブラウン対教育委員会事件判決と、南部社会の反応

（ a ）南部の人種分離の中でも、人間的視点から見て酷いものの1つが、公立学校での人種分離である。私立ならいざ知らず、公立学校での話しである。しかも生徒だけでなく、教師の方でも、人種分離が行われていた。筋肉労働を別にすると、南部で大卒の黒人がありつける唯一の「マシな仕事」といってよいのが、公立学校の教師職であった（その給与は、白人教師よりは少なかったが、黒人一般の給与と比べると、かなりよかった）。

再建期（1866〜1877）には、南部の黒人らの間で、「学校に行こう！」と、教育熱が高まったことを述べた。南北戦争の勝者、（北の）合衆国による奨励が働いたことは間違いない。

黒人の教育指向が、高等教育の方向へと向う中で、それに対応する連邦政府の環境作り（必要な連邦法の立法など）としては、リンドン・ジョンソン大統領による、いわゆるアファーマティヴ・アクションがある（1965年）。

黒人の教育向上と、中でも公立学校での人種分離の解消に向け力を尽くした団体の1つが、やはり、全国有色人種向上協会＝ National Association for the Colored People（NAACP）である（次に記す）。

連邦政府（大統領）による努力は、さらに遡って F.D. ルーズベルトや、トルーマン大統領などの時代にもなされていた。中でも、1944年の GI ビルは、元兵士の黒人らに大学教育の夢を叶えさせる働きが大きかった（1000万人以上の黒人が、その恩恵に洛したとされ、アメリカの、ことに南部社会の、教育レベル全体をグンと引き上げることに役立ったといえる）。

第二次大戦後の軍人（多くの元兵士の黒人）の復員は、次に、彼らの2世が大量に誕生することを意味した。そこに働く教師の他、小、中学校の建物などが必要となることを意味した。

南部社会は、これを出来るだけ安上がりにするため、かつて伝統的であった、分散して多数の「小さな1クラス学校（1年から8年までが一緒に学ぶ）」を作る方式を止めた。中央部の所々に集約して、大きな学校を建てる方式に変えて行っ

た（それに伴い、バスを手配したが、このバスィングは、黒人と白人の学校を分離する見地からも、必要な手段となった）。

（ｂ）さて、そうした教育界だけでなく、南部社会全体を揺るがせた判決、ブラウン対教育委員会事件判決については、他でもしばしば言及しているが、そのアウトラインの紹介を行おう[146]。

公立学校統合運動のヴァージニア州プリンス・エドワード郡Farmvilleの Robert Rossa Moton High School（黒人100%）での事件の発端は、1951年である。生徒らが、「学校の施設が、白人の学校比であまりにも酷い（劣る）……」、といい出して、ストライキを始めたことにある。

類似の動きが、他の郡でも生じる中で、生徒らの当初の要求「建物の設備改善」が、「白と黒の統合」という、より根本的主題に変化して行った。

そこには、こうした問題での法廷闘争に力を入れていたNAACPの存在が大きい。

前(a)でその名が出てきたNAACPは、1868年生まれのW.E.B. Du Boisらが中心となり、1905年に始めたナイアガラ運動（Niagara Movement）がきっかけとなり、1909年に結成された。その後Du Boisは、NAACPの機関誌「the Crisis」を発行、このDu Boisが、同誌の発行から外れた後を引き継いだのが、ウィルキンス（Roy Wilkins）であった。

NAACPが、1909年に旗揚げをした背景の1つには、合衆国の、中でも南部州での人種問題がある。特に黒人らに対する白人によるリンチを根絶しようとする反リンチ運動があった。1911年に公表された定款の目的文中には、「人種差別を廃絶すること……（to eradicate caste or race prejudice…）」が謳われている。

当初の黒人参加者中には、上記のDu Boisの他に、例えばIda B. Wells女史や、Archibalt Grimkeなどがいた。そのような人的背景から、政治、社会、中でも教育面での人種差別の解消を第一に掲げた。

---

[146] Brown v. Board of Education of Topeka, Kansas, 347 U.S. 438 (1954)、いわゆる第一判決と、1955年の第二判決（349 u.s. 294）とが下された。

NAACPは、活動方針として、ロビー活動を含む政治活動に加え、「訴訟活動（法廷闘争）に最大の力を入れる」、と公表していた。

前記のような請求が、民事訴訟の1つとして最高裁にまで行ったということの背後にも、NAACPの法務部＝Legal Defense and Educational Fund（LDF）の動きがあった。LDFは次記のとおり、1940年にThurgood Marshallの下で、NAACPの法務部から独立した法人となる（そのThurgood Marshallが連邦裁判官になった1961年、自らの後任にしたのが、これまで7人のうちで唯一人白人のLDFのトップ、Jack Greenbergであった[147]）。

黒人のための差別をなくすために始まったNAACPは、LDFとは異なり、会長始め役員の大半が、白人で占められていた。一方で当初から、40人ほどからなる「全国黒人委員会（National Negro Committee）」も存在した。また20世紀の20年代にかけての活動方針として、上記のとおり、「黒人のための法廷闘争に力を入れる……」としていた。Ⅰ.の注43、Guinn v. United States事件(1915)で勝利するなど、実績を上げていて[148]、そのことで、国際人権団体などからも評価を得つつあった（NAACPは、前注のエレイン人種暴動に対しても、特別の調査班による調査を行ったうえ、自らの調査結果を踏まえて、憲法訴訟に持ち込んでいた[149]）。

この文脈でNAACPは、次に教育問題での成功を狙っていた。（黒白共学の線に沿った）法廷闘争、憲法訴訟である。プレッシー対ファーガソン(1896)の下での分離ルールを、そのまま教育の場にも当てはめている現状を、打破しようとの方針を確認していた[150]。生徒を分けること自体を、「平等に反する」と捉え、

147　Greenbergは、2016年10月12日、91歳で亡くなったが、最高裁で40件もの事件（公民権絡みが主）の弁論をし、2001年にクリントン大統領からメダルを与えられ、オバマ大統領も追悼の言葉を述べている（2016年10月13日、npr.org）。

148　もう1つが、1919年にアーカンサス州、Phillips Countyで起きた200人の黒人が殺されたエレイン人種暴動であり、NAACPが採り上げて、次のMoore v. Dempsey事件に結びついている。

149　Moore v. Dempsey, 26 U.S. 86 (1923)、アーカンサス州裁判所で1919年に死刑宣告された黒人小作農ら12人に対する手続が、白人暴徒（mob）らの影響下で行われた手続として、取り消された。

150　NAACPが訴訟作戦に力を入れていた20世紀前半、NAACPの法務部（Legal Dept.）に居たのが、後にジョンソン大統領による任命で、初の黒人最高裁判事（1967~1991）になったマーシャルである。

「その考え方を、広く世間に共有させなければならない」、という角度からである。

　NAACPが法廷闘争の主題に、南部での公立学校での人種問題を採り上げたのには、そこの支部長は、多く黒人が勤めていたうえ、黒人教師がメンバーの多くを占めていたことがある。主題は、ある意味で、自然であった。

　一方、ジョージア、ルイジアナ、ミシシッピ、サウス・カロライナなどの深南部州は、1956年、教師の思想の自由を踏みにじる露骨な政治的動きを見せた[151]。それまで州内で存続してきた、「教師の身分を保証する法律」を失効させるとともに、代わりの法律を立法したのである。教師を、単に「NAACPなどに属しているからという理由だけで、自由にクビに出来る」法律である[152]（ルイジアナやサウス・カロライナ州は、ミシシッピ州の立法に倣っていた）。当局によるこの措置を受けて、教師によるNAACPへの参加がガタ減りしたことはいうまでもない。

　その中でNAACPは、ブラウン事件提起のための準備を進めていた。南部州での教育委員会による上記のような動きの一歩先を睨み、大上段に、司法による人種統合の命令を狙っていた。

　NAACPから提訴のための打診と説明を受けた原告となる生徒と親たち。こうした運動を進めるNAACPの方針に対し、彼らにも異論があるはずはなかった。そこでNAACPが、南部州の5つの法域内での、同じような事件をまとめて請求したのが、ブラウン事件である。5つの法域とは、サウス・カロライナ、デラウェア、カンザス、ヴァージニア、ワシントンD.C.である。

　長官になったばかりのアール・ウォレンは、このブラウン判決で8人の判事を一室に集めて、強力に意見の集約化・一本化を図った。その結果、9対0という全員一致の判決となり、しかも、病欠中だった判事までが出廷して、判決にサインしたことで、世間を驚かせていた。

　ウォレン長官は、予想される南部の徹底した抵抗に対しては、「これしかな

151　Purging teachers (crmvet.org)

152　ミシシッピ州の新法の場合、クビに出来る要件は、危険な団体（subversive organization）に属していることで、その絡みで、教師は、宣誓書（affidavit）付で、過去5年に所属した団体を明記して提出することが、義務づけられていた (crmvet.org)。

い」、と計算していた。判決は、まさにプレッシー対ファーガソン(1896)を根本から覆した。

「公教育の場で平等だが、分離していよなどというルールはありえない。分離しているということは、それ自体が不平等に結びついている」、との新ルールを宣言したからである。これこそまさに、NAACPが求めていたルールであった。

そのうえで、「連邦政府の資金が出されている、いずれの施設においても、肌の色その他で差別があってはならない」、と述べて、警告を与えている（これらの言葉は、そのまま、後に成立公民権法の文言中に採り込まれた）。

事件で最高裁は、プレッシー判決の線を超えていた。古くからの習俗を重視してきた先例の慎重居士的発想、「教育問題は、地域社会の生活に深い影響を与えるから……」、を乗り越えていた。憲法原則を、教育法の原則としても、そのまま謳ったもの（ブラウン第1判決）となった。

しかし、ウォレン長官は、そこに留まっていなかった。すぐ翌年（1955年）、事件の再審理を実行した。そのうえで、ブラウン第2判決を出して、第1判決中で述べている教育法の新原則を「然るべく速やかに実施」するよう求めた。

この第2判決は、1〜3の柱からなる。うち1では、ブラウン第1判決を援用し、「公教育の場での人種差別は違憲である」とし、「連邦、州、その他の法令はすべて、この憲法原則の前に退かねばならぬ」とのルールを述べている。

次の2つが、関係する地区への具体的命令である（5つの法域のうちデラウェア州については、州内の連邦下級審が既に「直ちに統合せよ」と命じていたから、何の命令も付加していない）。残り4つの法域につき、その主文で、下級審判決すべてを覆し、それぞれの地裁へ差し戻している。

差し戻しの意味は、本判決に沿って「（すべての）原告らが、人種差別のない形で、公立学校に行けるように、必要かつ適切な決定を出すよう……」当局などに命ずるものであった。それを「慎重かつ迅速に……（with all deliberate speed）」行え、というものであった。

これらの判決を勝ち取るためNAACPのマーシャルは、教育心理学の面で周

到な下調べをしていた[153]。その議論を、並いる最高裁判事の前で、開陳している。

その1つが、「幼児期からの黒白共学が、双方にとり多大な利益をもたらす。大人になった時に、互いに相手を遙かに身近なものとして感じ、受け入れることが出来るようになり、1人1人の個人が受ける、ひいては社会全体が受ける、黒白間のプレッシャー・緊張感を、それだけ低めることが出来る……」といった理論である。また、「黒白間での色々な形での接触が、双方の全人格的な成長を促し、正の方向に働く……」といった理論である。

このブラウン対教育委員会事件での華々しい名声に加え、マーシャルの弁護士としての実績で際立っているのが、彼の勝訴率である。最高裁で弁論した全件32中、29件で勝訴していた。加えて、立場をガラッと変えた合衆国の訟務長官（検事総長）時代に弁論した19件中でも、14件で勝訴している。

その彼は、82歳の1991年、年齢（体力の衰え）を理由に最高裁判事職を辞している。若い頃、NAACPの法務部LDFを独立させて立ち上げた彼は、無論NAACPの関係でも他の有力な黒人らと親しかった。

NPRは、同じくNAACPの重鎮、ウィルキンス（Roy Wilkins）の甥で、司法省などにいて、後にジャーナリストに転向したロジャー（Roger Wilkins）が、まだ10才にもならない1930年代に、ニューヨークのハミルトンハイツ地区のシュガー・ヒルのアパートに、叔父のウィルキンスを訪ねた時のことを伝えている。

その同じアパートに、Du Bois氏、マーシャル氏、それにクラーク氏、つまり3人の超有名な黒人らが、一緒に住んでいるのを発見したというのだ[154]（2017年3月27日のニューヨークタイムズは、このロジャー ウィルキンスが、前日に死亡したことを記す）。

153　マーシャルは、この心理学的な分析を、同じく黒人で、パナマ生まれの心理学者クラーク（Kenneth Clark）とMamie(やはり心理学者)夫妻に依頼していた。その結果、教育心理学的に「幼児期の黒白分離が、黒人の子らに回復しがたい劣等感を植え付けることになる……」といった、Doll Test等4つの人形を使って出された内容が、報告書となって法廷に提出された（naacpldf.org）。

154　その機縁でロジャーも、彼らに倣って人権意識の強い法書人となり、ジョンソン大統領の下での人種問題担当になれたと記している。その後ジャーナリストに転じてからのロジャー・ウィルキンスは、ワシントンポスト紙で活躍、同紙が、ニクソン政権を退陣に追い込むきっかけとなる報道をしたことに対し、ピューリツァー賞をもらうことのきっかけを作ったとしている（2017年3月28日、npr.org）。

人種問題は、南部の専売特許ではない。北部でもハーレム、ニューヨークで、（アーカンサス州リトル・ロックの名を取って）"Little Lock Nine of Harlem"が起きていた。（黒人の教育ママによる）教育絡みの紛争である。

　市当局は以前から、ハーレムなどの黒人の公立学校に対しては、これを荒廃するのに任せる、放置政策をとってきた（20世紀初め以来の大移動で、人口が大幅に増加していたにもかかわらず、1つの学校も、新設していなかった）。紛争に対しては、ニューヨーク市当局（教育委員会）は、訴訟により抑えようとするなど[155]、保守的な商人の町らしく行動していた。

　しかし、注記のハーレム・ナインのような黒人ら（特にMalloryのような母親ら）による抗議や、反対運動を受けて[156]、態度の変更に迫られた。しかも1946年に、注153のクラーク博士夫妻が、教育での人種統合のための拠点をハーレムに設け、50年代、60年代を通して、市内の公立学校の統合運動に尽力したことも、大きく寄与した。

　その結果、ハーレム地区にも、新たな統合校（フリーダム・スクール）が設けられることになった。白人が多い既存の学校への黒人の転・入学にも、緩やかな方針が取られるようになった。

　このニューヨークでの運動から見るとおり、白、黒間の差別解消、統合のための公民権運動の面では、北部アメリカだからといって「進んでいる……」などということはなかった。そのため、南部に似たような現象、つまり公民権運動が（南部州に遅れることなく）、生じていた（1960年代から盛んになったとされる、いわゆるNorthern Civil Rights Movementであり、いわゆるBlack Power Movementに先行していた）。

　前注のWoodwardも書いているように、法的な分離と、事実上の分離とは、

155　Komozi Woodward, Freedom North, Palgrave Macmillan, 2003, p.65（ebray.com）では、1958年学期に、分離を理由にHarlemの中学に子供を入れさせることを拒んだ母親らに対し、市当局は、義務教育法違反とする訴訟をいくつか起こした。その1つで、Nathaniel Kaplan判事は、これを有罪としているが、別件での判事Justine Polierは、これを無罪とした。こうした訴訟も、NAACPの支援の下で行われた。

156　Melissa F. Weiner, Power, Protest, and the Public Schools, Rutgers Univ. Press. 2010, p.54は、黒人教師団体（Negro Teachers Association）会長のRichard Parrishや、NAACPのエラ・ベッカーの助けを得て、声の大きい、シングル・マザーのMae Malloryなどが、ハーレム・ナイン運動の先頭に立っていたとする。

2つの別のものであり、これを壊すのにも、別の方法を必要とする（……de jure and defacto segregation were distinct systems requiring separate dismantling）。簡単なことのようであるが、これが「真実」といえよう。

（ c ）上記のブラウン第2判決は、大農場主支配を築いていた南部に、特に少数による貴族政治を行ってきた深南部社会に、激震を与えた。とりわけ、「南部の盟主」を任じてきたヴァージニア州に与えた衝撃は、大きかった。

その結果が、いわゆる大反撃（Massive Resistance）である。、バード上院議員Harry Byrd, Sr. の肝入りによりSouthern Manifestoが作成され、それが南部社会による正式反応を代弁した[157]（バード議員は、同州の正に「貴族の1人」といえる人で、その彼が、公民権法（1964年）の審議妨害のために、上院で14時間に及ぶ弁説を行っている）。

マニフェストは、バード上院議員のリードにより、ブラウン第2判決から10ヶ月後の1956年3月12日に、19人の上院議員と77人の下院議員とがサインして、提出されてきた[158]。

マニフェストは、一口にいって、ブラウン判決を「司法権の逸脱」と決めつけていた。そのうえで、南部社会に向かって、「判決が命じている措置（統合）に、徹底して反抗するよう」、勧めていた（これに対し、カンザス州育ちの大統領、先にカリフォルニア州知事のウォレン（Earl Warren）を最高裁長官に任命していたアイゼンハワーは、ただ沈黙し続けた[159]）。

マニフェストは、判決を「最高裁の悪行」と決めつけた1～3行ずつの短い文章、20項から出来ている（つまり個条書きである。これは、イギリス王ジョー

157　ヴァージニアの最も古い家系の1つの出であるHarry Byrd, Sr.自身も、20世紀前半のヴァージニア州保守党を代表する政治家であった。彼は同時に、白人至上主義者、強硬な人種差別主義者でもあった。1920年代から1960年代まで半世紀近く、ヴァージニア政治を牛耳ったとされる。

158　Manifestoは、その日の上院でジョージア州からの上院議員であるウォルターF.ゲオルグが立ち上がって、これを読み上げた（Historical Journal. Vol.42, No.2, jstor.org）。

159　ブラウンの判決が出る前にも、大統領は、ウォレン長官をホワイトハウスの昼食に招いていて、そこで、「自分は、個人的にもよく知っているが、南部の白人らは皆いい人達だよ……彼らはただ、自分の小さな娘らが、黒ん坊の娘と一緒に机を並べるのを耐えられない──そういう人達だよ」といっていた（blacksandpresidency.com）。

ジ三世の悪行を、18項目にわたって並べていた独立宣言より、2個条多い[160]）。

マニフェストは、南部でかなりの影響力を及ぼした（マニフェストに合わせて、議員だけでなく、一般の街行く人や白人学生らも、「統合校は閉鎖しろ！」などと書かれたプラカードを持って、デモをやったりした）。

（d）南部の公民権運動は、テネシー州ナッシュビルの例で見たとおり、初め、学生らが中心になって行っていたが、次第に働く黒人から、ミドルクラスの参加までも得るようになった。同時に、司祭を始めとする黒人教会の関係者の参加も増えて行った。

南部の公民権運動の裾野が広がる中で、運動が力を付ける中で、いわゆる白人至上主義者らは、上記のようなマニフェストの形により、南部州の、主に立法府議員などに対し、社会的・政治的な圧力をかけようとした。

各州の中でも、何かにつけてその動きが強かったのが、深南部州である（ミシシッピ州やアラバマ州などでは、先述のWCCが、次々に誕生してきた）。無論、ヴァージニア州も、先頭に立ってマニフェストの旗を振っていたほどであるから、強かった（当時の雰囲気では、「統合反対」「人種分離」こそ、南部州の政治家が唱えるべき共通信条、とされていた）。

しかしヴァージニア州は、人種分離一辺倒ではない。一転して人種分離に反対する運動でも、他州をリードしていた。深南部のどこよりも早く、反対運動が起きていた。しかも、州のど真ん中のプリンス・エドワード郡の、前記の郡都Farmvilleにおいてである。

そこの中学校で、人種分離に反対するストライキが起きていた。それもナッシュビルでのランチカウンターでのシット・イン（1960年）や、モンゴメリでのフリーダム・ライダーズ（1961年）などより10年も早い1951年に、抗議の声を挙げていた。

FarmvilleのMoton High Schoolの黒人生徒らが、自分達の中学校のハード

160　中でも、初めの第1～第3中での垂訓が主である。建国の父祖らが歴史の教訓から学び、チェック・アンド・バランスを金科玉条とした、3権分立のこの憲法を作った。にもかかわらず、今回の最高裁の行為は、その確立した基本法理を逸脱した露骨な権力乱用で、司法が立法行為をしているのに等しい。

ウェア（校舎、施設）とソフトウェア（教師、教育内容など）が、白人中学校の
それと比較して、あまりにも見劣りする」として、抗議の声を挙げていたのだ
（これには白、黒の共学要求はなかったが、やがて3年後のブラウン判決につな
がる動きとなった）[161]。

　約10年前の1947年、トルーマン大統領は、個人的にではあるが、公民権に
係る委員会も設けていた（ソ連の宣伝に対抗する必要もあった）。しかし、その
委員会が、報告、勧告していた第一歩「公式な公民権委員会を設置すること」
が実現するには、そのための公民権法が成立するには、10年もかかった。次の
アイゼンハワー大統領の時代になっている。これが、当時の（南部の）政治の
実態を物語っている。

　重要な委員長職などを抑えている南部州からの議員（ことに、上院議員）が、
公民権運動に強く反発し、議事妨害などに精力を傾注していた。運動が、彼ら
のいう伝統的な「南部の生き方」を脅かすものだとしていた。

　一方、公民権運動に好意的な議員も、南部州以外には多くいたが、上院での
議事妨害を乗り越えて議決に進むのに必要な、「5分の3の多数」、つまり60人
の議員を集める政治勢力となるには、力が足りなかった[162]。

　1950年代から60年代にかけての公民権運動にとって、誰が大統領になるか、
その大統領が誰を司法長官にするか。これが大きかった。そこにピタリとはま
るように大統領になったのが、1953年1月就任のアイゼンハワーである（1961
年1月退任）。

　国際問題はまだしも、国内政治には、まるで素人の大統領。折から動き出し
た公民権運動対策、南部問題。その大統領が、この問題に対処するうえで頼っ
たのが、司法長官に任命したブラウネル（Herbert Brownell）であった。

161　校舎は、1939年に黒人用のハイスクールとして建てられていた。今日でも、ヴァージニア州内に唯一つの国
　　定史跡の形で"Robert Rossa Moton Museum"として残されている。なお、Robert Rossa Moton
　　（1867~1940）は、ヴァージニア出身の黒人の高名な教育者で、Hampton Instituteの学長から、その後、ブー
　　カー・ワシントンのやっていたタスケギー校の学長になっている。

162　トルーマン大統領は、彼の委員会の出した勧告に沿った広い範囲の公民権法案を用意して、議会に提出し
　　た。これに対し、議会は、数年かけて議論はしたものの、本文中でのように、南部州の協力を得られず、数年
　　努力したが、それでも成立しなかった。

大統領は、公民権立法、その絡みでの南部対策に始まって、南部州などでの連邦裁判所判事の任命まで、およそすべてのことを、このブラウネル司法長官に委ねた[163]。ブラウネル氏は、それらの連邦裁判所判事の候補選びに当たっては、司法の独立を大切に思う、意思の強固な判事を選ぶようにした。

　タイムズ紙は、この後の南部州などでの公民権に係る判決、中でも鍵となる連邦高裁判決では、それらの判事が、1954年ブラウン事件での最高裁判決の線に沿って、人種統合を命ずる判決を下したとしている。

　このようなアイゼンハワー（ブラウネル）人事の効果を知った南部の白人らは、慌てた。たちまち寄ってたかって、ブラウネル長官をその地位から引きずりおろした（1957年）。しかし、それまでの4年間に南部は、かなりの被害（人種統合判決の影響）を被っていた。中でも、その管轄下に南部6州を束ねる第5控訴裁判所（Fifth Circuit）管内での被害が大きかった。

　ブラウネルは、さらに大統領から公民権立法についても立案を命じられ、用意していた。それが、1957年公民権法である（ただし、議会で散々揉まれた挙句に、実際にまとまった中味は、彼の立案したものよりは、かなり弱められたものでしかなかった）。

　（e）1957年公民権法が、たとえ大事な点で骨抜きにされたにせよ、またトルーマン大統領が意図していた委員会が正式に設立されるまで10年かかったにせよ、とにかく、同法は成立した（そのこと自体が、当時の世の中、南部の抵抗を考えると、大変なことである）。骨子は、連邦法上の公式な公民権委員会を設けたことの他、公民権法違反訴訟の管轄を、州裁判所から連邦裁判所へ移送出来るようにしたことなどにある。

　なんといっても、この種の公民権法が1957年に成立したのは、約1世紀前の再建期（Reconstruction Era）以来のことである。法案成立の鍵を握るのは、上院（50州から各2名の選出で、その100人の各々が、全く平等の力を握っている）

163　ニューヨークタイムズ紙は、大統領を「……new and politically inexperienced soldier- President……」として、全面的に司法長官に依存したとし、その例を、1953年に彼がウォレン氏を最高裁長官に任命したのに始まって、さらに1957年にLittle Rockに合衆国軍を派遣するのにも、ブラウネル氏のいったとおりに動いたとしている（1996年5月2日、nytimes.com）。

であるが、その時は、「上院のマスター」と呼ばれた実力者、与党民主党のリンドンB.ジョンソン（LBJ）が、そこにいた。

1960年大統領選挙への出馬を狙う彼が、この1957年法に関して取った作戦。それは、現大統領・アイゼンハワーの公民権法案に対する元軍人的気持ち、態度とは違っていた。北部民主党への受けのよさも確保しつつ、自らの地盤であるテキサスを含む、南部民主党の実力者らの機嫌も損わないようにすることを含んでいた。

そこで、彼が第1にしたことは、1957年法のTitle IIIを骨抜きにすることであった（それは結局、後の1964年公民権法のTitle IIIの中味となった）。その結果、原案にあったような、連邦（司法省）が、自ら公民権違反訴訟を連邦裁判所へ提起したり、移送したりする力は、失われていた。

代わりに入れられたのが、私人などの当事者による訴訟提起のみであった。私人が、そのような公民権違反訴訟を提起した時にのみ、司法省は初めて、それを連邦裁判所へ移送を申し立てることが出来るにすぎない（これならば、南部の黒人の殆どが、WCCなどの報復を恐れるあまり、自ら訴えを提起することがないから、法の効果は、ほぼゼロに近くなってしまう。また、連邦裁判所とは違って、南部州の裁判所への提起ならば、怖いことはない）。

未来の大統領、上院議員のジョンソンがやった第2の工作は、法案のTitle IVについてであった。そこでは、公民権侵害訴訟に絡み、法廷侮辱罪を定め、脅しなどにより黒人の投票権を妨げた行為に対しては、差し止め訴訟を認めていた。

そこで彼は、それらの訴訟を、すべて陪審による審理を必須とするよう改正した（南部での訴訟での陪審は、すべて白人の陪審員と決まっていたから、かつ白人の陪審員が黒人に対する事件で、自分らと同じ、白人の被告人を有罪と評決することは、まず考えられなかったから、これも大きな骨抜きであった）。

こうしてLBJが狙ったとおりの改正法が、上院を通過した。確かに彼は、「機を見るに敏」であった。

この1950年代、モンゴメリでは、バス・ボイコットが（1955〜1956）、タス

ケギーでは、選挙区割訴訟が（1957）、ノース・カロライナ州ダーラムでは、「ロイヤル・アイスクリーム・パーラー」でのシット・インが（1957）、各々始まっていた。

何よりも、ブラウン第1に続き、ブラウン第2判決がいい渡されていた。さらに翌年には、Gayle v. Browder判決が下されていて（バス車内での人種分離を定めた市条例を修正ⅩⅣ違反としていた）、活動家の黒人らを勇気づけ始めていた。

ジョンソンは、南部州からの同僚（上院議員）らにこう語りかけた。

「この見せ掛けだけの法律をサッと通し、ひょんな拍子で、まともな法案が上程されてくるようなことを、未然に防ぐことが得策だよ……」。その一方で、北部に向かっては、「公民権に理解のある南部州からの上院議員」としての「ポーズ」をとれていた。

彼の目論見は、ピッタリ当たった。折角の1957年法を受けての1960年の選挙であったが、そもそもの黒人らによる投票実績自体が、1956年のそれを下回った。

LBJの工作により骨抜きにされた1957年法であったが、同法も「黒人らの公民権運動を保護する」という、一応の作用は果たしていた。

深南部での投票権登録の現場などで、州当局などが、今までのように合法形犯罪の形を借りて、黒人活動家らを逮捕・訴追したとしても、司法省が、事件を州裁判所から連邦裁判所へ移送しようとすることだけで、いつの間にか、事件は蒸発してしまっていた。

そうでなくても、被告（黒人ら）が、投票権登録に絡む逮捕・訴追であることを主張・立証出来れば、殆どの事件は、地元のsheriffにより取り下げられていた。

のみならず、その7年後、そこで骨抜きにされていた多くの条文が復活する。1964年公民権法が成立したのだ。だが、その間に公民権運動などで、数千という多くの犠牲者を生んだことは間違いない。

（ｆ）以上、プレッシーから半世紀余りのブラウン判決が南部社会を揺り動

かしたこと、その衝撃の大きさを見てきた。アメリカの建国の精神「自由と平等の砦」と、黒人奴隷制度（南部が、その社会の基礎として打ち込んだ柱）とは、無論、原理的に相反するものであった。

ミルダールの報告書が、そのタイトルに採用している、この「アメリカのジレンマ」。教育分野で、このアメリカのジレンマを破ったブラウン判決。南部社会の守旧派は、判決に怒り狂いつつも、つけ込む隙を見い出していた。それは、第2判決が改革実行を命じていた、「熟慮しつつ速やかに」の中の、「熟慮しつつ……（deliberate）」の言葉であった。

この言葉故に、それから10年経っても、分離学校のうちで人種統合された学校の率は、1%にも満たないという状況であった[164]。

前注のシカゴ・トリビューンのPage記者による批判はそれとして、もっと新しい所で、実際にはどうなのか。2015年5月16日のPBS放送は、首都ワシントンD.C.の北辺にある2つの高校について取材して、こういっている（2つとも初めは、白人のみの高校として始まっている）。

1つの高校クーリッジ（Coolidge）では、「二重分離」の状態でずっと来ていて、近隣でも、そのことが知られていた（二重分離とは、1つは「低所得者層」、もう1つは「少数人種」が、二重に閉め出されていることを意味している）。

しかも、「これは、何も首都の近郊だけの問題ではない。最近の全国的傾向だ…教育分野で最も統合が進んだのは、振り返って見て1980年代だった」、という。つまり、1980年代後半から1990年代には、再び人種の分離方向の動きが生じた。アメリカ全体として見れば、画期的なブラウン判決から60年経つ今日の世の中は、「判決に背を向け始め、教育分野で再び人種分離の方向に向かっている」、という[165]。

もう1つの高校であるウィルソン（Woodrow Wilson）では、今日只今の首都ワシントンD.C.の分布状態に近く、分離はない。人種的に、より分散（混合）している（46%が黒人、17%がヒスパニック、25%が白人、8%がアジア系だ）

164　Clarence Page, pbs.org 2004年5月11日

165　UCLA's Civil Rights Projectによる報告書を引用する前注。

という。

　こうした分離（混合）状況を反映して、2つの高校の生徒数も、1980年代と比べ、今は大きく上下している。クーリッジでは、かつての3分の1の、440人台に減ってしまっているのに対し、ウィルソンでは逆に、その間、伸び続けて、現在1700人もの生徒を抱えるようになっている。

　以上は、アメリカの教育調査機関による首都ワシントンD.C.での2つの高校の対比であったが、その教育調査機関による、もう1つ別の調査がある[166]。

　ペンシルバニア州内全域についての2015年1月16日付のもので、結論として、こういっている。

　（ⅰ）この20年間で、黒人らが90%以上を占める学校（強度分離学校）の数が倍になり、（ⅱ）これら強度分離学校での生徒の家庭の収入を見ると、85%の家庭が低所得層であった。

　このように調査は、人種分離が経済的階層化と結びつく最近の現象、「二重分離が裏付けられた」、としている。

　調査は、この二重分離の問題を「深刻に捉えねばならない」、としている。その間に、ペンシルバニア州全体の人口構成としては、むしろ、より分散した（色々な人種がより多く入ってきている）にもかかわらず、教育、学校に関する限り、逆に人種分離が進んだことを挙げて、深刻さは、「より大きい」と警告している[167]。

（ヌ）モンゴメリ・バスボイコットと、SCLCの誕生

　（ａ）長年にわたり深南部州に堆積してきた物凄い圧力を押しのけて起こってきた、1950年代からのシット・インやフリーダム・ライドなどの公民権運動。この命がけの運動は、黒人らを中心としたことから、African-American Civil

---

166　UCLA内のCivil Rights Projectが出した報告で、Stephen KotokとKatherine Reedが担当したもの（civilrightsproject.ucla.edu）。

167　「1989〜2010年の間にLatinoの人口が3倍になり、州内のアジア系の人口割合が2倍になっているにもかかわらず……」といっている。強度分離学校の及ぼす負の影響として、州の将来の人口構成、学校の人的構成などでのバランスの問題、それに伴う教師陣、学力、進学などでのバランスの問題を挙げている。

Rights Movementともいわれる。南北戦争によっても成し遂げられなかった人種統合。それを目指している。

　彼らにとっての脅威は、KKKなどによる暴力だけではない。南部社会の人々（白人）による憎しみの目指しがある。南部州での州議会議員らによるブラウン判決への反発の強さは、前（リ）に見たとおりである。

　判決から10ヶ月後に100人近い南部州出身議員が共同して出してきた前記マニフェストが、その反発の強さを代弁していた。その社会で、長年不文律とされてきた、数々の白と黒の間のしきたり、議員らの心情、そして人々の心情の基底。それらが、不動石のように横たわっていた。

　そうした伝統の圧力をはねのけた南部の力の源。その中心にいたのが、ジョンソン大統領が1964年公民権法にサインする様を、すぐその後ろから、じっと見つめていたキング牧師である。

　彼は、その丁度10年前の1954年、25歳の時、生まれ故郷のある同じく深南部州のジョージア州から、アラバマ州の州都モンゴメリ市の中心部[168]、デキスタ通りのバプティスト教会（Dexter Avenue Baptist Church。その昔、奴隷の檻のあった所）の牧師として赴任してきた[169]。

　バプティスト教会での牧師として初めての布教活動の間も、キング牧師は、自らの公民権運動に対して、常に、「殺すぞ、家族もろとも爆破するぞ……」などの強迫に向き合っていなければならなかった。いや単なる強迫だけではない。現に爆破が実行されていた。それも1回だけではない。

　そんな中で、彼は非暴力の戦いを続けた。悩みもあったろう、恐れもあったろう（その10年後の1965年には、キングがホテルなどで不倫行為に耽るのを、FBIが盗聴していたが、それは、そうした悩みや恐れからの捌け口であった、とも見られる）。

　そのキング牧師は、デキスタ通りバプティスト教会の牧師となってから、い

168　市の中心を東西に走るデキスタ通りの1ブロック東は、アラバマ州の議事堂であり、またかつての南部連合のホワイトハウス、公民権記念センター「アラバマ歴史と考古学館」等も、通りを隔ててすぐそこにある。

169　キングが、このDexter Avenue Baptist Churchの牧師となったのは、そこの前任者Vernon Johns（黒人）から招かれたことが、きっかけである（wikipedia）。

くつかの歴史に残る名演説をして、無類の雄弁家としての名声を残した。

　中でも彼が、1963年8月に主都ワシントンの広場で行った「私には夢がある（I have a dream）」演説は、彼の雄弁家としての名声を、不動のものとした[170]。彼はこの後1964年に、それまでの人種分離に対する非暴力の戦いが評価されて、ノーベル平和賞を授けられている。

　彼はその後も、有名な演説を、いくつかしているが、1967年の「ベトナムを越えて」演説では、ベトナム戦争に反対し、反戦を訴えていた。

　彼の手紙形式の声明文にも、また有名なものがある。その1つが、バーミンガム市の留置所に入れられていた間に書いた手紙である[171]。

　（b）そのキング牧師は、1代にしてなったものでも、安易になったものでもない。反対に、彼の幼い時の歩みは、バプティスト（キリスト教）の教えで厳しく貫かれたものであった[172]。隣人らによれば、彼の父（King, Sr.）は、キングが15歳になるまで、時に鞭打ちにより、徹底して厳しくしつけたという。

　彼の父も、バプティスト派の牧師であった。このキングSr.牧師は、ジョージア州のアトランタ（同州の州都で、最大の都市でもある）、エベネッザー（Ebenezer）バプティスト教会の牧師であるとともに、初期の公民権運動家でもあった。アトランタの南の町ストックブリッジ(Stockbridge)からアトランタに出てきた彼は、当時、第1バプティスト教会と呼んでいた、そこの教会の牧師、A.D.ウィリアムズの娘アルバータ（Alberta）と親しくなり、8年後にエベネッザーバプティスト教会で結婚式を挙げている。彼もまた、人種分離に対し、黒人を下層クラス視する南部社会に対し、強い嫌悪を抱いていた。

　さて、その父の長子であるキングは、幼い時から合唱が好きで、教会での合

170　Ⅱ(チ)(a)に出てくるセルマからモンゴメリへのマーチの時15歳の少女も、教会の中でキング牧師のすぐ近くで、投票権法の話を聞き、会衆が立ち上がって拍手した様の記憶を伝えている(2015年1月7日NPR)。

171　これは、アラバマ州内の白人教会の8人の牧師から出された、バーミンガム・キャンペーンを批判した声明に対するキングとSCLCなどによる回答でもあった（Ⅱ(ハ)(a)）。Letter from Birmingham Jail(1963年4月16日付)。

172　彼はよく、「どんなに深く掘り下げても、深く掘り下げ過ぎということはない。それが、キリスト教の教えである」といった趣旨の言葉を口にした。

101

唱隊に好んで参加していた[173]。彼が、聖職者としての高い学識と、ギリシャ・ローマの古典に通じる教養を身に着けていたことは、例えば、彼の1957年11月17日のお説教 "Loving Your Enemies" を聞けばわかる（そこで、彼はローマの詩人 Ovid や、ドイツの詩人ゲーテを引いて、人間性を論じた上で、「愛 "love"）について、異なる意味を持つ3つのギリシャ語を紹介して、彼の説明を助けている）。

　日本と違って、アメリカ合衆国の公式祝日は、10日と少ない。その1つが、キングのための祝日（1月の第3月曜日）である。その他に、ワシントン大統領のための祝日（2月の第3月曜日）がある。それほどに祝せられているキングは、死後、大統領自由賞と、議会金賞を授けられている他、（3～400といわれる）数知れないほどの記念碑や賞に輝いている。また首都の中心公園（モール）内の石造の像（9.1m）を始め、あちらこちらに多くの記念碑が建てられている。

　確かに、彼にはアメリカの偉人として讃えられるだけの、人並み外れて偉大なところがあったのであろう[174]（キング牧師については、いわゆる「キング学者」と呼ばれる研究者が何人かいて、その点でのアメリカ史上の扱いは、ジョージ・ワシントン、リンカーンなどの有名大統領並といえる）。

　そのキングを中心人物の1人として、ほかの黒人牧師などからもなるモンゴメリ改善団体（MIA）が作られた（その1955年は、前出のブラウン第2判決の出された年で、彼がデキスタ通りの教会に初めての就職をしてきた翌年である）。

　（ｃ）キングが赴任してきた次の年の12月1日、事件が起きていた。Rosa Parks が、混んできたモンゴメリ市バスの車内で、白人に席を譲るようドライバーにいわれたが、座ったまま動かなかったため、条例違反で逮捕されたのだ[175]。

173　幼い時のキングは、父の教会であり、しかも母アルバータが合唱隊を指揮していたエベネッザーで多くの時を過ごした。後に振り返って"My best friends were in Sunday School……"といっている。

174　全国の州や都市で、キングのための記念日を設け始めたのが1971年、合衆国の祝日となったのが1986年、石像が公開されたのが2011年、とされている（wikipedia）。

175　1964年の公民権法と、その下での連邦司法により無効とされるまで、モンゴメリ市のバス分離条例（Montgomery Bus Segregation Laws）が、「黒人は、バスの後半部にしか座ってはならず、混んできたら白人に席を譲る」よう定めていた。

Rosa Louise McCauley Parksは、キングより16歳年上で、彼女自身は、お針子（seamstress）だが、NAACPの地区代表もしていた。この種のバス席での条例違反は、1946年から何人もが行ってきていて、Parksより数ヶ月前にトラブルとなった4人が起こした訴訟が、最高裁まで行って勝訴したBrowder v. Gayle, 352 U.S. 903 (1956)であった[176]。

　この逮捕の翌12月2日の夕方、数千人の地元の有力黒人らが、キングのいるデキスタ通りバプティスト教会に集まってきた。そこで出来たのが、「モンゴメリ改善団体」である。新しく赴任してきた牧師キングが、代表に選出された[177]。

　このモンゴメリ改善団体Montgomery Improvement Association（MIA）の呼びかけで、12月5日には黒人らによるバスの「1日ボイコット」が実施された[178]（その日、黒人の9割は、バスへの乗車を控えた）。

　これに対し、モンゴメリ市や治安当局も、「黒人らの好きにさせるものか！」とばかり、その後の2月23日に、条例などの法文どおりの執行にかかった。キング牧師は、夫人などとともに、自発的に出頭し逮捕されたが[179]、指紋と写真を取られた後、保釈金を払って釈放されている[180]。しかし、この間に、4つの黒人教会と、キングとAbernathyの自宅などが放火されたり、爆弾投棄された

176　Parksのケースは、アラバマ州裁判所で負けている。しかし、彼女の名は広く知られ、逮捕された12月1日は、誕生日の2月4日とともに、California州とOhio州で祝日とされている他、大統領や議会からは、キング牧師と同じ賞を与えられている（wikipedia）。

177　同時に5人の副会長も選ばれている。これにつき、Myles Hortonなどが1932年に始めていたハイランダー・フォーク・スクールにも行っていたRosa Parksは、「彼はまだ新しく、敵も作っていないので、選出された……」と述べたという。

178　MIAは、バス・ボイコットを契機として作られた団体であったが、その目的は、より一般的なものに拡げられた。"……to advance the general status of Montgomery, to improve race relations, and to uplift the general tenor of the community"（mlk-kpp01.stanford.edu）。

179　2,3の講演のため、ナッシュビルに行っている時に、キングは、Ralph Abernathy牧師からの電話で事件のことを知った。ボイコット参加者のうち、115人が（その後、89人になった）、起訴されたこと、罪状が1921年の州法（業務妨害に対するもの）違反であることを知らされた。キングは、講演予定を取り消し、アトランタ経由でモンゴメリに戻っている（mlk-kpp01, stanford.edu）。

180　3月20日に検察が訴追を継続したとあり（King Institute Encyc.、mlk-kpp01.stanford.edu）、3月22日にバス・ボイコットの教唆で有罪となったが、上訴されたとある（Timeline、wikipedia）。

りしていた。

　「バスボイコット」と一口にいうが、これはバス会社、常客だった黒人の双方にとり、大変負担の重いものだった[181]。少なからぬ黒人らが歩いた（タクシーも多少使ったが、中には馬に乗ったのもいたという）。それが1年超続いた。キングは、当初、1日だけのボイコットを考えており、しかも参加率も、6割程度と見込んでいたが、蓋を開けてみると、ボイコットは大成功であった[182]。

　最高裁がGayle v. Browderで、バス内での分離を定めた州法を違憲としたのは、それから1年近く経った1956年11月13日であった[183]。これは、キングやAbernathyにとり、MIAにとり、いや黒人らにとり、大きな勝利であり、喜びであった[184]。

　その前には、彼らにとって重苦しい日々が続いていただけに[185]、その思いは、一汐であった。この成功を受け、アラバマ州以外の南部州でも、公民権運動のモデルとして、MIAのような団体を結成しよう、その行動の例に倣おう、とする動きが生じた。

　MIAは、キングが後出のベイヤード・ラスティン、エラ・ベイカーなどと相談して、初めは緩やかな組織として発足していた。他に、C.K. Steele、シャットルワース、Joseph LoweryやRalph Abernathyなどの牧師がいた。

　（d）ボイコット運動が燃え盛る中、世論に一番アピールし、かつ事件として成功率の高いケース（クラス・アクションの形）を狙っていたNAACPは、この

181　バス会社は多大な収入を失い、市当局は、州裁判所にボイコットを差し止める仮処分を申し立て、その命令を得た（ushistory.org及び次注）。

182　キングは、1964年に雑誌「Playboy」の記者・Alex Haleyとの長い対談に応じているが、その中で、「99％の成功だった……」と述べている。なおAlex Haleyは、ルーツ"Roots"の作者でもある（playboysfw.kingja.com）。

183　Browder v. Gayle, 352 U.S. 903 (1956)。キングは、この判決を祝って、早速、白人の隣に座って乗車している（americaslibraty.gov）。

184　MIAは、1960年早々にキングがアトランタの教会に移ってからは、幾分その勢いが衰えたが、AbernathyやJohnnie Carrなどのリードにより、引き続き投票権登録その他の運動をリードしてきた（mlk-kpp01.stanford.edu）。

185　キングは、"dark moment"といっている。その時、Associated Pressの記者が、キングの所に飛んできて、この勝訴を告げたという（前注と同じ）。

条例違反事件を選んで取り上げ、1956年2月1日に連邦地裁に提訴した[186]。これが、4人の女性乗客が原告となった注183のBrowderケースである。やはり前出のグレイ（Fred Gray）など、NAACP支部の弁護士2人が担当することになった。

提訴は、モンゴメリ市の運営するバス（私人の所有物）内での人種分離（アラバマ州）条例が修正ⅩⅣ、1に違反する、と主張するものであった。修正ⅩⅣが、本来連邦政府に対するもので、州の行為を規律するための定めではないとの、それまでの解釈からすると、同条を拡張解釈することになる。しかし、この主張が受け入れられた（ブラウン事件のこともあった、とされている）[187]。

大恐慌時の1932年に、F. D. ルーズベルトは、新機軸の大連合、ニューディール連合を形成していたが、それ以来、1968年までの35年間、トルーマン、ケネディ、ジョンソンと、民主党政権が続いた（その間、負けたのは、1952年、1956年の2回、たまたま共和党から担ぎ出されていたが、本来は無党派の筈の軍人、アイゼンハウアを担いだ共和党に対する負けのみであった）。

モデルとして、MIAのような団体を結成しよう、その行動の例に倣おう、とする動きが生じた。

MIAは、キングが後出のベイヤード・ラスティン、エラ・ベイカーなどと相談して、初めは緩やかな組織として発足していた。他に、C.K. Steele、シャットルワース、Joseph LoweryやRalph Abernathyなどの牧師がいた。

（d）ボイコット運動が燃え盛る中、世論に一番アピールし、かつ事件として成功率の高いケース（クラス・アクションの形）を狙っていたNAACPは、この

186　この提訴は、人種分離団体が、キングの自宅に爆弾を仕掛けた日の2日後であった。Browderは、原告の1人で、被告の筆頭は、モンゴメリ市長のWilliam A. Gayleである。NAACPの弁護士グレイとCharles D. Langfordが、Aurelia S. Browderのほか、原告4人を選び出していた（他に条例違反で立件されていたRosa Parksは、原告から外している）。被告としては、モンゴメリ市長のほか、バス会社、市の交通局、市警察署長、2人のバスドライバーなど、10人余りがいた。

187　4人のうちの1人Claudette Colvinは、15歳の少女で、ブーカー・ワシントン・ハイスクールの学生であった。1955年3月2日にも席を譲らないことで、市条例（ジム・クロウ・システム）違反として、警察官により手錠を掛けられ、バスから下ろされていた。NAACPは、一旦彼女1人を原告としかかったが、「妊娠7ヶ月」ということのほか、まだ地元からの応援も十分に盛り上がっていないとして、同じ年の12月に起きたAurelia Browderなどと合わせて、4人に対する事件とする形になった（tolerance.org）。

条例違反事件を選んで取り上げ、1956年2月1日に連邦地裁に提訴した[188]。これが、4人の女性乗客が原告となった注183のBrowderケースである。やはり前出のグレイ（Fred Gray）など、NAACP支部の弁護士2人が担当することになった。

提訴は、モンゴメリ市の運営するバス（私人の所有物）内での人種分離（アラバマ州）条例が修正ⅩⅣ、1に違反する、と主張するものであった。修正ⅩⅣが、本来連邦政府に対するもので、州の行為を規律するための定めではないとの、それまでの解釈からすると、同条を拡張解釈することになる。しかし、この主張が受け入れられた（ブラウン事件のこともあった、とされている）[189]。

大恐慌時の1932年に、F. D. ルーズベルトは、新機軸の大連合、ニューディール連合を形成していたが、それ以来、1968年までの35年間、トルーマン、ケネディ、ジョンソンと、民主党政権が続いた（その間、負けたのは、1952年、1956年の2回、たまたま共和党から担ぎ出されていたが、本来は無党派の筈の軍人、アイゼンハウアを担いだ共和党に対する負けのみであった）。そのため今や、最高裁判事は9人とも、民主党のトルーマン大統領か、F. D. ルーズベルトによって任命された、いわゆる"New Deal liberals"と呼ばれる、リベラルの人達だけであった。一方、執行部の大統領の方も、民主党の候補が3代続けて勝利したことが示すように、自由色が強い時代が続いた。

Browder v. Gayle のクラス・アクション事件での勝訴判決（1956年）ほど、地域の黒人社会を勇気づけたものはなかった。その中で、最高裁は、「州条例が違憲で、原告ら4人の黒人女性の求めていた通り、「バスの座席が統合され

188　この提訴は、人種分離団体が、キングの自宅に爆弾を仕掛けた日の2日後であった。Browderは、原告の1人で、被告の筆頭は、モンゴメリ市長のWilliam A. Gayleである。NAACPの弁護士グレイとCharles D. Langfordが、Aurelia S. Browderのほか、原告4人を選び出していた（他に条例違反で立件されていたRosa Parksは、原告から外している）。被告としては、モンゴメリ市長のほか、バス会社、市の交通局、市警察署長、2人のバスドライバーなど、10人余りがいた。

189　4人のうちの1人Claudette Colvinは、15歳の少女で、ブーカー・ワシントン・ハイスクールの学生であった。1955年3月2日にも席を譲らないことで、市条例（ジム・クロウ・システム）違反として、警察官により手錠を掛けられ、バスから下ろされていた。NAACPは、一旦彼女1人を原告としかしたが、「妊娠7ヶ月」ということのほか、まだ地元からの応援も十分に盛り上がっていないとして、同じ年の12月に起きたAurelia Browderなどと合わせて、4人に対する事件とする形になった（tolerance.org）。

るべきである……」、と命じていたからである。

　反対に、これが一部の南部州白人にとり大打撃だったことは、容易に想像が付く。それが、前年のブラウン第二判決に続くものであっただけに、なおさらであった。

　このように追い込まれる中で、KKKなどは逆に、ますます尖鋭化した。またWCCの会員をはじめとする多くの南部州白人は、Harry Byrdがいい出した"Southern Manifesto"を、自らも、激しく叫ばねばならないと考えた。

　（ｅ）デキスタ教会への赴任から僅か1年後の1955年末。キング牧師は、南部の1無名黒人牧師から、公民権運動指導者として、一躍その名を全国的に知られる存在になった[190]。モンゴメリ・バスボイコットが大きくものをいっている。しかも、目に見える結果も得られていた。というのは、MIAを中心としたボイコット運動の結果、翌1956年には、市が「バス車内での分離は止め」とする布告（edict）を出していたからだ。

　このため、彼はほかの運動にも駆り出された。モンゴメリ・バスボイコット事件の後、同じアラバマ州バーミンガムからの要請を受け、「住宅分離問題」の運動に参加している。さらに、ジョージア州オルバニ市でも、抗議運動を先導している。

　また1960年10月19日には、アトランタ市のデパートでの座り込みに参加した。その際、学生ら280人とともに逮捕されたが[191]、10月27日、ロバート・ケネディ司法長官が、裁判官に電話して、釈放されている。

　MIAに帰せられるもう1つの成果として、こうした運動のための人々の団結も強まった。例えばナッシュビルでは、MIAにヒントを得て、ナッシュビル・キリスト者リーダーシップ会合（NCLC）などが、作られるようになった。続いて1957年1月には、そうした各地の単位組織が1つに集まって力を合わせられるよう、模索が始まっていた（さらに、同年5月には、首都ワシントンに向けた

190　Time誌の1956年2月18日号のカバーページは、キングの顔をクローズアップしたものにしている。

191　市内のデパートRich'sでも、Magnolia Roomは別格で、金持ちが多く訪れた。黒人も、その部屋で買い物は出来たが、着付けやテーブルに座ることは許されていなかった（teclio.com）。

107

25000人による初めての行進、祈りの巡礼（Prayer Pilgrimage）が行われた（そこでも、1963年の大行進でも、キング牧師が演説をしている[192]）。

　単位組織であるMIAの第2回目の会合では、永続的な南部連合体ともいうべき組織、南部キリスト者リーダー会合 (SCLC) が作られることになり、そこでも、キングが代表に選出された。これは、キリスト教の諸会派を糾合した（その点で、個々の会派を超えた）、広い意味の連合団体である[193]。

　SCLCの結成は、核となった最初のグループMIAの結成から1年数ヶ月後のことである。この連合体のSCLCが、各種の公民権運動でこの先、中心的存在（団体）となる。しかし、南部の黒人教会の中から、このSCLCに参加しようとする数は、決して多くはなかった[194]（そうした教会の牧師や、信者代表らは、SCLCやキングとの関わりを持つことで、KKKやWCC、さらには州当局から睨まれ、時には、それらにより暴力を振るわれる危険を恐れていた）。

　以上のような経過から、SCLCは、モンゴメリではなく、アトランタ市内に小事務所を設けることとし、エラ・ベイカー（Ella Baker）が、常駐することとなった。

　エラ・ベイカーという人は、キングより26歳も年上なばかりか、1940年という早くからNAACPのために働き、1957年にSCLC設立に関わった後、1960年にはSNCCの結成の原動力ともなっている。"organizer of organizers"とも評されたことのある人である。

　SCLCに限らず、南部アメリカでの団体内での女性の地位は概して低く、扱いも確立していなかったこともあり、エラ・ベイカーは、自らの地位につき不満を抱いていた[195]。

192　2015年のNPR（Dena Prichep）は、キング牧師の1周忌の1969年の4月、ワシントンD.C.内の教会LincolnTempleに800人が集まって、ユダヤ教の祭りであるPassover Sederならぬ、Freedom Sederという（In Freedom, npr.org）。

193　これに対し、NAACPやCOREなどの団体は、直接に個人を勧誘し、その個人を種（メンバー）にして、各地に支部を作っていった。

194　この団体名も当初は、Negro Leaders Confederance on Nonviolent Integrationであったが、3つ目にやっとSCLCとなり、これで落ち着いたものである。その本部事務所はアトランタ市Auburn Ave.に決り、1人だけの事務局長にエラ・ベッカーが登用された。

195　SCLCの運営についても、キングのやり方を専制的と受け止め、SCLCが団体中心的ではなく、リーダーの個人中心的な団体であると、批判していた（pbs.org）。

SCLCを結成するうえでも、さらに、その会長にキングを選ぶうえでも、キングより17歳先輩の、クェーカー教徒のベイヤード・ラスティンが、大いに力を貸している[196]。ラスティンが最初、この連合体のヘッドに考えていたのは、「非暴力学生協調委員会(SNCC)」をリードしていたC. K. Steele牧師であったが、同師がキングに道を譲る形で、そう決まった。

SCLCは、1957年に結成されるや、8月早々にも丁度、議会に掛かっていた公民権法案（住宅絡み）の成立促進のための運動、「公民権十字軍（Civil Rights Crusader)」のキャンペーンに当たることにした。

彼らの第1の狙いは、憲法上では与えられていても、19世紀末以来、数十年もの間、南部各州の黒人に事実上否定されてきた公民権（中でも投票権）を取り戻し、回復することである（実際に投票が出来るようにするためには、登録が、安全に、自由に、出来るようにすることが鍵となる）。白人至上主義者らが築き上げてきたジム・クロウ法制とは異なる、別の社会を作ることを意味する。

第2が、黒人の教育のための組織・ノウハウを振興する（特に公教育で、公民権などの社会科の中味を充実させ、黒人にも教えるべきことは教える）ことであった。そのために、全アメリカの良心に訴え、その良心を呼び覚ますことであった[197]。

前記のように、20世紀の前半にも、再び大移動が起きていた。大脱出行（Great Exodus）である[198]。それまで黒人らは、経済界からも、巨大労組からも、全米（ことに南部）の色々な社会団体の場からも、疎外され続けてきた。その中で、少しでもよい職業に就けるようにと、彼らは、北東部、北部、それから西部へと移住して行った。ポーター、ドアマン、門番などになる例も少なくなかった。

---

196 ベイヤード・ラスティンらのいるクェーカー教徒らの団体、American Friends Service Committee (AFSC)も運動に加わっていた。

197 こうしたSCLCやキング牧師の行き方に対しては、硬軟両方の批判がなされた。一方で、「宗教家は、そうした世俗の問題に自ら巻き込まれるべきではない」とし、他方で、(COREに多い)若手などからは、「暴力に対しては、こちらも一定の備えをして対抗すべきだ」、とする批判である。

198 紀元前16世紀頃とされる、エジプトのPharaoからの大脱出行という旧約聖書中の出来事は、ユダヤ系アメリカ人が、ナチ時代などでの自らの受難を回想し、それと目下の黒人らの大移動と重ね合わせることで、同情的な立場を示したことへのヒントとなる。

20世紀前半のボストン、ニューヨーク、シカゴなどの都市では、黒人人口が著増していた[199]（北東部、北部、西部などの都市で、そうした職業に就けていた黒人らに比べ、南部や西部で自作農となった黒人らは、概して、より苛酷な生活に甘んじたという[200]）。

　20世紀前半の大移動では、4万〜6万人とされた1879年のカンザス大移動とは桁違いの、「百万人単位の黒人」が南部を去って、北東部、北部、西部へと移住した。これは何よりも、それらの地が、南部州での生活（長年のジム・クロウ・システムによって支えられた人種分離の世界）に比べると、結局まだ「少しはまし」、だったことを物語っている。

(ル) 時代の波、アファーマティヴ・アクション

　（a）公民権運動は、一口にいうと、黒人らの人権を擁護する運動であった。しかし、公民権運動だけでは不十分である。黒人らが同じバスに乗れても、白人らと並んで座ったとしても、黒人らの生活が本質的に向上するわけではない。たとえ、白人らと同じ学校で同じ授業を受けられたとしても、同じ条件の就職口が見つかるわけではない。

　就職戦線においても、白人らと全く引けを取らない扱いを受けて初めて、生活の質も近づく。黒人らが、昇給、昇進などで、また住まいや交際において、白人らと区別されることなく扱われるようになって初めて、社会的に白人らと同一のレベルで見られる。

　しかし、放っておいても、それが実現するわけではない。ほんの僅かでも、黒人らに「色をつけてやること」が必要となる。それらが、即ちアファーマティヴ・アクション（Affirmative Action）である。

199　黒人が大多数を占めるpullman portersは、1925年に労組Brotherhood of Sleeping Car Porters（BSCP）を作った。これが公民権運動に大きく寄与した。この他、シカゴでの人口増については、シカゴ人種暴動で見るとおりである（（ロ）(b)）。

200　1879年のカンザス大移動で、そうした自作農となった黒人らの場合、苛酷な生活に陥ったことの理由として、彼らが行く前までに、よい土地は、白人の占拠者、開拓者によって、あるいは鉄道会社や投機家によって、すべて買い占められて取得済みだったから、ということがあった。

ケネディ（J.F. Kennedy）大統領が、1961年に大統領令（EO）10925の中で最初に、この言葉を述べていた[201]。連邦政府の資金で成り立っているすべてのプロジェクトで、黒人らにも白人らと同じ採用、雇用のチャンスを与えること、即ちアファーマティヴ・アクションの実現を目的としていた。

　次の第36代ジョンソン（Lyndon B. Johnson）（LBJ）大統領による大統領令11246（1965年）では、これをさらに進めて、連邦政府との間で契約をするすべての民間業者に守らせるため、具体的なアファーマティヴ・アクションのルール（ガイドライン）や、手続きを定めさせた。

　ジョンソン大統領の次のニクソン（Richard Nixon）大統領も、1969年に建設業界を狙い撃ちにしたルール（Philadelphia Plan の名で呼ばれた）について大統領令Executive Orderを出していた。

　このように、3代の大統領が相次いで、このアファーマティヴ・アクションのルールを推し進めた。即ち、黒人の実質的な平等実現のため、公民権運動をさらに一歩先に向って進めることで、各大統領が足並みを揃えていた。

　このように、公民権法に加え、次々に「世の中を変えるような変化」が持続的に起こった1960年代とは、一体どんな時代であったのか。

　この時代、アメリカは民主党政権が継続する中で、史上最高にリベラルな気風に溢れていた。ヒッピーが流行り出し、男女間でも「性の開放」などがいわれ、自由奔放の気が膨んでいた。

　それだからこそ、その前の1世紀近い立法の空白の後に、再建期に劣らないような大改革（1964年公民権法などの立法）が可能となったのであった。南北戦争という、アメリカ史上最大の悲劇と引き換えに、70万人もの巨大な犠牲の後に、漸く人種改革（1860年代の修正ⅩⅢ～ⅩⅤと、それを受けた公民権法立法）をもたらした再建期であったが、その後1世紀近く停滞していた。

　それが、この1960年代の大変化である。トルーマン、ケネディ、ジョンソンと、これら3代の大統領は、いずれも1950年代から1960年代にかけて、そうし

201　この大統領令（EO）が、雇用機会平等委員会（Equal Employment Opportunity Commission）を設け、雇用や求人面などでの人種などを理由とする一切の差別を禁じた。

た公民権運動が燃え上がった時代に、その椅子に着いていた。その結果が、上記のような立法に加え、さらなるアファーマティヴ・アクション（大統領令）となって姿を現した。

公民権運動の狙いと同じで、黒人らに対する、よりよい扱いを実現することが目的であるにしても、アファーマティヴ・アクションは、特に教育と雇用に焦点を当てていた。

そこの所で、全く同じ扱いが得られれば、後は黒人らが、かなりの所まで自己努力で、やるだろう。実質的にも白人に近い利益を得られるようになろう。教育と雇用は、その入り口、関門となる。そのために、一方の雇用でも当局が、より積極的な行動を採用することを求めていた。その求めは、より具体的で、細かな点に及ぶ。例えば昇給、昇役などのチャンスの大きさ、幅などの点である。

アファーマティヴ・アクションの実現を支えるために、W.W. II の最中からいくつもの立法がなされた。中でも、「雇用平等機会法」ともいうべき Equal Employment Opportunity Act of 1972）が作られたことは大きい。1972年法は、そのタイトルの言葉のとおり、「機会の平等」を保障したものである（結果＝処遇の平等の保証ではない）。つまり、互いに競って、その中で抜きん出たものが、先に出られるルールである。従って、厳密な意味でいうと、アファーマティヴ・アクションのルールではないが、南部社会で黒人らが置かれていた地位からすると、それでもなお、1964年公民権法での欠陥を補う意味があった。

（ｂ）教育では、大学入試が一番の問題である。アファーマティヴ・アクションの実施により、各地の有力大学に入学した黒人らの平均点が、白人のそれより、アジア系のそれより、かなり低い実態が次第に明るみに出てきた。つまり、黒人らに対し甘い点を付けることが、行われ出したのである。これが、まさにアファーマティヴ・アクションである。

こうした黒人らに対する事実上の優遇に対して、「不平等な扱いだ！」との批判も盛り上がった。これらの批判に答え、「今迄ハンディキャップを負ってきたのだから、ここで多少加点してやって、丁度平らな土俵になるのだ」、といった説明が与えられた。アファーマティヴ・アクションの基本となる考え方である。

しかし1970年代に入ると、白人学生らの間から「差を付けられた……」と声高に苦情をいう者が、いよいよ多く現れ出した。建設業界でも人種別の割当制を取ったのではないかとして、クレームを付ける業者が出だした。こうした白人らによる苦情を主とする、シンボル的な訴訟も起こされた（1978年）[202]。

　注記の事件では、カリフォルニア州立大学（Davis）の医学部が、100人の入学枠を設け、第1次合格のレベルを、「4.0ポイント中の2.5から上」、としていた（この第1次選考基準に合格した者が、第2次の選考に臨む）。しかし黒人らの5分の1程度は、この第1次の選考基準に達しなくても、第2次の選考に進むことが出来ていた。

　原告のBakkeは、1973、4年と2回受験し、500点中、468点を取ったりしていた（黒人らの中には、それより下の点でも入学出来た者がいた）。州裁判所は、原告の申し立てを認めて、原告の「入学を許可せよ」、と大学に対し命じる一方、そのように、黒人らに対し別枠を設けること自体は、可能であるとした。

　大学が上告したのに対し、最高裁は、大学が入学試験で100人中16人の黒人枠を設けて優遇したことを、修正ⅩⅣや公民権法（title Ⅵ）に反し、違法とした（しかし、アファーマティヴ・アクションそのものは許されるとした）。

　この例のように、現実問題として白人らが怒るのも理解出来る。彼らは、その黒人枠の分だけ、自分達の枠が狭まり、その中で、自らの地位を確保するのが、より困難になる。より努力しなければ入り込めないことになる。

　このようにクレームを付けたのは、白人らだけではなかった。ユダヤ系や、アジア系（インドや中国人などが多い）も、「自分達の枠が、狭まる」、「不利になる」、と申し立てた。公民権（civil rights）を、黒人らだけの問題に限定せず、かつ法律の枠内に捕われず、「日常生活上で差別されないこと」の権利と捉えるならば、これらもアメリカ社会の問題、ミルダールのいっていた「アメリカのジレンマ」（2.(ホ)）と捉えることになる。

　また、いわゆるラティノ（Latino、Hispanic）の人達についても、ハーバード大学公衆衛生学（School of Public Health）絡みの調査があり、進学の他、就職、

202　U. of California Regents v. Bakke, 438 U.S. 265（1978）である。

113

昇給、昇任、借家契約、警察の対応、医事機関での対応などについて、差別された旨の回答率を出したものがある[203]。

　こうした差別による侮辱（感）＝indignitiesは、本人の心理上の暗い影となるが、それが単に一過性のものに留まるか否かには、疑問もあるという。あるハーバードの教授は、それが積もり積もって健康上の害につながるとする考えを発表しているという[204]。

　これらの調査結果が、どこまで黒人らを主眼として出されてきたアファーマティヴ・アクションに反対する材料になるのか、それを問う声も、つとに出されている。しかし、黒人らの、ことに南部州での彼らの実際の生活を知る人々からすると（黒人ら自身を含め）、黒人らに多少の色をつけてやることで、これまでの累積したハンディキャップを、やっと乗り越える力が湧いてくる──そういう声を挙げる黒人も出てきている[205]。

　（ｃ）公民権運動の場合は、黒人らに（ある）「権利を与えるか否か」「白人と同じに扱うか否か」、が基準になっていた。そこには、イエスか、ノーかで、いわゆるグレー（灰色）ゾーンはなく、比較的はっきりしていた。

　アファーマティヴ・アクションでは、黒人らを優遇するにしても、その基準が、個別具体的なケースでの、そのさじ加減が妥当か否か、比較の問題となり、より複雑かつ個別的判断の問題となる。そこには、判断の基準で人ごとに差異が生じうる。

　最高裁の判断も、Bakkeのようなケースでも、5対4と分れていた。アファーマティヴ・アクションのルール自体に内在する、こうした微妙さ故の難しさを

203　調査は、3453人の成人、うちラティノ803人の母体について、1月26日〜4月9日に行い、例えば就職では33％、昇給・昇任では32％が「差別された」と回答していた（2017年11月1日NPR）。この他に、数字に表しにくいが、言葉遣いの上での微妙な違いがある。

204　これには、医療機関でのさらなる差別を疎んずるあまり、適時に医療機関に行かないことによる悪化などの問題も含まれていようか（前注）。

205　NAACPを立ち上げるのに力を添えたロイ・ウィリアムズ（Roy Williams）の甥・ロジャー（Roger Williams）（歴史家）も、「黒人らは、この大陸での375年の歴史のうち、245年は奴隷として、100年は法制化された差別化（Jim Crow法制）の中で生きてきて、何もなかったのは、30年のみだ……」として、それを斟酌するよう求めている。

示している、その最高裁の判断が、なおも1986年、87年と相次いで示された。

1986年のケースでも、白人（教師）が訴えた[206]。フロリダ州ジャクソン郡の教員組合と、教育委員会との間では、1972年にアファーマティヴ・アクションのルールを取り入れた人員削減のためのルールを作っていた。即ち、削減の大原則は、経験を重視したセニョリティ・ルールであったが（短い期間の人から先に辞めさせられる）、例外として、「黒人が辞めさせられる率は、常に、現在の教員全体の中で黒人が占める率を上回ってはならない」というものであった。

その結果、後の年次の1つのケースで、黒人との比較でいくと、黒人より年季が入った白人の先生が、辞めさせられるということが生じ、その当の先生が、この事件を起こしてきた。

これに対し連邦地裁は、その程度の人種間の手加減は、修正 X IV の平等権ルールの下でも、大した問題ではないし、社会に現存する差別の中では、むしろ黒人の生徒らに対する「ロール・モデル」として許されるとした（連邦控訴裁判所も、この地裁の判断を支持した）。

しかし最高裁は、次のような線で、この下級裁判所の判断をひっくり返している。

(a)アファーマティヴ・アクションのようなルールは、その個別州でのよほどの強い事情（compelling purpose）がなければならず、(b)社会的差別だけでは、その（人種を理由とする）区別として十分とはいえない。(c)「ロールモデル」は、妥当な程度を超えているのみならず、差別による弊害だとされたものとの間に因果関係がなく、社会的差別だけでは、人種を理由とした救済措置を発動すべき段階にまで至らない（本件では、そこまでの強い社会的差別は立証されていない）。

今1つの1987年のケースは、アラバマ州のパトロール隊員の採用、昇役に係って起こされた[207]。このケースでは、上とは反対に、最高裁は、下級裁判所の判断を維持している。その下級裁判所の判断とは、やはり1972年で、アファーマティ

206　Wygant v. Jackson Bd. of Edu., 476 U.S. 267(1986).
207　U. S. v. Paradise, 480 U. S. 149 (1987).

ヴ・アクションに沿ったものであった。

それまで40年程ずっと固持されてきたパトロール隊員の採用、昇役に係る州のルールが、修正XIVの平等条文に反するとして、是正を命じていた。

それから7年後の1979年になっても、州のパトロール隊は、白人を優先するこの採用、昇役に係るやり方を改めず、裁判所の決定を守っていなかった。そこで、裁判所を入れて当事者間で話し合った結果、向う1年以内に採用、昇役に係る具体的な措置を採ることを決めた。

にもかかわらず、それから1年以上、なんらの具体的な措置が取られなかったことから、1981年に、再度の話し合いによる和解（consent decree）により、分隊長への採用、昇役に係るルールなどを決めるよう求められ、パトロール隊は、テストを実施することにした。

しかし1983年、裁判所は、そのテストが黒人らに対し不利に実施されているとして、その結果を差し止めた。これに対し、当局側が争ったが、最高裁は、下級裁判所の決定をサポートしたというのである。

以上のように、1960年代の政治は、少なくともトップの大統領の指示としては、黒人らに対する差別を柔らげ、地位を引き上げようとする方向を指し示していた。しかし現実の世界が、そのように動いたか？というと、疑問符が付けられることは、1980年代にかけての上記の事件が示している。

1960年代には、様々な公民権運動での黒人らの努力もあり、犠牲もあったが、画期的な立法などがあった。それだけではない。大統領以下の連邦政治も動いて、以上に見たアファーマティヴ・アクションが行われた。

さて、21世紀の今、この黒人らのいわゆる「マイノリティ」に「少し色をつけてやる」政策は、どうなったか。2017年9月は、司法省（Justice Dept.）内に公民権局（Civil Rights Division）が設けられて60周年だという。

NPRは、それを記念して書いている。トランプ大統領の下で、またその下のセッション司法長官の下で、オバマ大統領の時とは打って変わって、丁度、その逆風が吹いているという。

公民権局を設けたのは、アイゼンハワー大統領の時（1957年）であったが、

実質的にお膳立てをしたのは「上院の主」（master）と仇名されていたジョンソン（Lyndon B. Johnson）氏であった。

　時代というものの大きな力が働いていた。時代の思潮が生み出したもの、その力が、それが、アファーマティヴ・アクションといってよい[208]。

208　ジョンソン大統領は、1965年6月4日、黒人らの有名大学Howard Univ.の卒業生で、アファーマティヴ・アクションのための演説をし、「公民権法だけでは十分でない」として、次のような一節を喋っている。"Its object will be to help the American Negro fulfill the rights which, after the long time of injustice, he is finally about to secure."

Ⅱ. 花開いた黒人(アフリカ系アメリカ人)らによる公民権運動

1．フリーダム・ライダーズら（SCLC、CORE、SNCC）の熱き戦い

(イ)白人らに焼かれたフリーダム・ライダーズらのバス

（a）1950年代、大戦が終わってアメリカ経済はブームに沸いていた。テネシー州モンティーグルの丘陵の緑に囲まれた中に点在する、ハイランダー・フォーク・スクールでは、1950年代を通して、黒人らに対する教育を含む、初期の公民権運動に力を注いできた[209]。それを1957年に、アラバマ州モンゴメリで受継ぎ、1960年代にかけ、その地が、後の公民権運動全体の中心的存在となっ

---

[209] 公民権運動(civil rights movement)は、主として黒人らの人権擁護運動として起こってきた歴史があり、そのためAfrican-American Civil Rights Movementの名でも呼ばれる。

てきた。その原動力の1つになったのが、前Ⅰ,3.(ヌ)で見た、キング牧師の着任後に生れたSCLCである。

1950年代後半、黒人らを中心とする公民権運動が、南部諸州の新聞の攻撃対象とされ始めると、1957年にもジョージア州の教育庁が、先ず「フォークスクールが、共産主義者の養成学校になっている……」と、否定的キャンペーンを始めた。

テネシー州がハイランダー・フォーク・スクールの認可を正式に取消したのは、その4年後の1961年のことである（理由として示されたのは、「学校が、営業行為を行っていたから……」というものであった）。

南北戦争で敗れたアメリカの南部諸州というものが、その後の半世紀余りの間に社会的、政治的にどうなったか、ある程度覗見してきた（Ⅰ(イ)(b)以下）。その「不易」ともいえる南部諸州（白人支配層の特権）につき、キング牧師が、「連邦に敵対的な態度できた……南部諸州が、20世紀に入っても、まるでアメリカの中の別個の独立国であるかのようである」、と述べている。

このことを象徴するかのような事件も、再び起きた。旧南部連合の1つ、サウス・カロライナ州の港町チャールストンの古い由緒ある黒人教会（AME Church）内で、2015年6月17日にも、9人の黒人が（白人至上主義にかぶれた）1人の白人（21歳）により射殺され、全米を悲しみの喪に服させた。

青年は、自由に開かれていたドアから教会の建物に入り、1時間ほど様子を見た後、聖書研究会をしていた10人のうち、1人を残して9人すべてを銃殺した。最後の1人には、「何が起こったか、告げるよう」、といったとされる。その青年が、自らの写真とともにネット上に載せていたのが、南軍旗（Confederate battle flag）であった。

そんなこともあり、この南軍旗の意味するもの、特にサウス・カロライナ州などの深南部で意味するものが、アメリカ中で改めて話題となった。

南軍の敗北から1世紀半経つが、サウス・カロライナ州では、以来ずっと南軍の軍旗を、議事堂の上に掲げ続けてきた（日本でいえば、会津戦争を偲んで、徳川藩の軍旗を掲げ続けるのに近い）。

問題は、こうした憎悪に駆られた殺戮が、悲劇が、後を絶たないことである。

　約4世紀前、ピューリタンらが「丘の上の都市」を打ち建てるべく、理想を抱いて万里の波涛を越えてきた。そのアメリカで、こうした悲劇が、21世紀の今も、後を絶たない。本書は、そうしたアメリカの姿に光を当て、その行方を照らすことを試みた。

　（ｂ）広大なアメリカ南部。その各地に散在する町や村を隈なくカバーする交通機関。バック・パッカーのような人々に適した安価な足、それが「州際（インターステート）バス」である[210]。運営するのは、市などの非営利の地方政府のこともあれば、注2のような民間会社もある。

　その源は、遠く17世紀イギリスの幌馬車（stagecoach）に遡るが、乗合自動車（バス）の型をとったのは、1913年のグレイハウンドが初めてであった。1950年代には、このグレイハウンド・ラインなどのバス2000台以上が、全米各地を網の目のように結んで疾走していた（1960年には1億4千万人の乗客が利用している[211]）。

　ここでの物語、SCLCなどの活動団体により"フリーダム・ライド"が行われた1960年代初めは、いわば、バスの黄金時代でもあった[212]。

　学生などの間で人気があった安価なインターステートバス。貧しい南部黒人らにとっての生活の足でもあったこの公共の乗り物で、人種分離（セグリゲーション）が行われていた。それも、州、郡、市などの法令に、はっきりと定められ、強制されていた。南部のバスの停留所、休憩所、トイレ、食堂などのすべてで、白人とは別の「黒人用（Colored People）」と書かれた区切りが設けられていた。

　それを意図的に無視し、非暴力ながら抗議、Nonviolent Civil Disobedience（NVCD）の意思を示そうとしたのが、公民権運動の手段にしようとしたのが、それにより南部の人種分離を打破しようとしたのが、このフリーダム・ライドの動き（1961年）であった。

　この運動には先駆者がいた。平和主義者・反戦主義者の集まりである人種平等会議CORE（Congress of Racial Equality）が行っていた運動、1947年の「和

解の旅」がそれである[213]。この和解の旅自体、前年（1946年）に最高裁が出した判決、イレーヌ・モルガン対ヴァージニア州の実効性を検証しようとして行われた[214]。判決が、「バス内での人種分離を定めた条例は、連邦憲法に違反する」としていたので、それが、「どこまで実地に行われうるか」、を試す意味があった。

　1957年9月には、リトル・ロック、アーカンサスで、いわゆるリトル・ロック・ナイン事件が起きている。その背景の1つとして、NAACPがブラウン判決（1954年）を、南部を通して実効的なものにしようと考えていたことがある。

　その計画の下、黒人学生がセントラル・ハイスクールへの入学手続きをして登校してきた。それを登校させまいと、知事が州兵を出勤させて、事件となった。

　さらに、1960年2月には、グリーンズボロ、ノース・カロライナのウールワース店内のランチ・カウンターで、ノース・カロライナ人文工科大学の学生らによってシット・イン（座り込み）が行われた。

　このように、他にも散発的な運動があったとはいえ、COREなどが、1947年に和解の旅を行ったとは、本当に早かった。そんな早い時代に、誰かが不敵にも、永続してきた人種分離の夢を破る公けの行動を、誰かが起こすだろうか。そんな不協和音を発するだけの度胸があるだろうか。この最も保守的な南部で、KKKやらWCCの勢力が蔓延る中で、俄かには信じられない行動であった。

　何しろ南部の白人による人種的な拒否反応には、凄まじいものがあった。1954年には、教育の分野での人種分離を禁じた最高裁の「ブラウン対教育委員会判決」があったのに、それにもかかわらず、公立学校の統合は、南部で10年以上も遅々として進まなかったではないか。

　黒人らは将来への展望で、疑惑を捨てきれなかった。もう、これ以上は待てなかった。

　そこで出てきたのが、以上の運動、行動であった。今から見る1961年の運

213　COREは、FORのメンバーであるGeorge HuserやJames Farmerらによって1942年に作られた。なお、FORは、第一次大戦に反対し、ガンジー（Mahatma Gandhi）の教えに沿った非暴力活動を行うため、1914年に作られた団体である。

214　Morgan v. Virginia, 328 U.S. 373 (1946)、黒人女性イレーヌ・モルガンが後部座席に行くことを拒んで、問題となった（彼女は、「インタースティトバスだから、バージニア州の規則には縛られない」、と主張していた）。

動「フリーダム・ライド」も、前年1960年の最高裁による判示（後注35）を、（それが実地に、最高裁の命じたとおりに、どこまで有効に行われうるか）試そうとして実施された。手段だけの問題ではない。運動の目的も、はっきりと規定されていた。人種分離に抗議し、それを取払うことに向けられていた。

　この和解の旅は、1940年代と早かったので、メディアの注目を集めた一方、当時はまだ身辺への危険が大きかった深南部を用心深く避けていた。安全優先のため、浅南部各州間でだけ行っていた。

　華々しい対決がなかっただけ、効果は今一つであった。この1947年の「和解の旅」がしかし、その後1950年代、60年代と、20年以上もの間続く公民権運動の、戦いの始まりであった。インドのガンジー（Gandhi）の精神に沿った非暴力活動（NVCD）としての出発点であった。

　（c）それにしても、フリーダム・ライダーズらを勇気づけたのは、黒人らの心を直接行動へと動かしたのは、Ⅰ（リ）で見た最高裁による、あのブラウン対教育委員会判決での、アール・ウォレン長官の、きっぱりとした宣言である[215]。

　そこで見たとおり、いわゆるブラウン判決は、基本的ルールを示した第1判決（1954）があった後、再弁論が行われ、より具体的な命令、実地に即した統合を命じた第2判決が出された（1955）。

　5年後の1960年3月、ケネディ大統領も公民権運動に応えて、2つの措置を発表していた。大統領令10925（1961年）の発令と、大統領委員会Equal Employment Opportunity Commission（EEOC）の設立である（この大統領委員会とは、アイゼンハワー大統領の下で作られた公民権委員会とは異なる。1964年公民権法の第七部（TitleⅦ）の下で設けられることになる、アメリカでの雇用での差別をなくすことを目的とする連邦の機関、「雇用社会均等委員会」の前身である）。

　また大統領令10925は、連邦政府各部門での雇用面における人種差別を禁じたうえで、黒人にも雇用平等のための実質的な機会を与えるよう命令した大統

215　ブラウン第一判決では、「他の目に見えるもので、いくら平等にしていても、分離された学校に通うことで、（黒人らに）劣等感などを生じさせ、法の下の平等を覆すことになる」、との要旨を述べていた。

領令（E.O.）である（それ以前の連邦政府の雇用に係る委員会の由来につき、Ⅰの注57参照）。

　これらの措置を受けて、キング牧師らが進めていた直接行動が勢いづいたことに間違いはない。ブラウン第2判決（1955年）から、キング牧師が暗殺された1968年まで行われた公民権運動（第2期）の足跡が、それを示している。

　中心となったのが、各地の黒人教会と、その団体である。中でも初期には、キング牧師がいたデキスタ教会を拠点としたモンゴメリ改善団体（MIA）が中心となり、運動を助けた。

　MIAは、モンゴメリ、アラバマを中心とする自主的な（いわゆる草の根）団体で、キング牧師がリーダー、中心人物であった（前記のように、このMIAを核として色々な教会を糾合して、1957年1月に南部キリスト者リーダー会合(SCLC)が作られ、その後の公民権運動の中核的指導団体となっている（Ⅰ（ヌ)(b)）。MIAは、当初(1955年暮)、モンゴメリ市内のバス・ボイコットから始った集まりだが、深南部での黒人らによる白人社会に対する抵抗運動の初めての試みとして、しかも非暴力の直接行動（direct action tactic）として、高く評価されている。

　それまで、全国的組織NAACPによるもの以外に、なんらの行動もなかった深南部で、殆ど草の根からの組織、それも地元の黒人らが殆んどのMIAが、立上ってきたことの意味は大きかった。キング牧師が、そのリーダーに選ばれたのには、着任以来の彼の熱のこもった弁説が買われた面もあるが、背後に黒人教会がついていたことも、大きかった。

　白人主導のバス会社や市当局、さらにその背後にいる白人社会による反撃に備えるうえでも、多数の信者を抱えているという強みは、大きい。深南部でのこうした抵抗運動で、教会の牧師が指導者になるという例は、それまであまり見られなかったが、MIAでは、その先例となり、成功例となった。

　ブラウン判決に引き続いて、公民権運動のための有力な精神的サポートとなったのが、1年後のゲイル事件最高裁判決である（1956年）[216]。黒人女性ブロー

216　Ⅰの注183のBrowder v. Gayle, 352 U.S. 903 (1956)は、正確には、バス内での黒、白の分離を定めていたア

ダーが、アラバマ州法とモンゴメリ市条例との2つの違反に問われたことで、逆にゲイル市長らを訴えた事件で（注8）、最高裁判決は、事件から11ヶ月後の1956年11月、原告らに好意的な判断を示した。人々がモンゴメリ・バス・ボイコット事件を、1年以上にわたって経済的、そのほかの面で支え、継続させられたことの背後にも、この判決の存在があった。

　これらの非暴力・直接的な公けの団体行動を、それも大規模な動員を継続して行えるために必要なのは、SCLCのような団体に加え、キング牧師のような中心的リーダーの存在であった。

　モンゴメリは、単にアラバマ州都というだけではなく、南北戦争時の南部連合11州の首都（Confederate Capital）でもあったから、それに因んだ歴史的建物などの史跡も豊かにある。加えて、アラバマ川の船便の拠点となる波止場を中心に、古くから南部ブラックベルトの中心地として栄えてきた。

　そこにキング牧師が赴任してきて、MIAという公民権運動を主目的とする団体の芯ができた。それまでは、公民権のための活動を行う団体といえば、専ら白人主体の全国的なNAACPと、その支部しか存在しなかったから、地元で黒人主体のMIAが出来たことには、大きな意味があった。

　公民権運動がもたらした今1つの変化。それは、21世紀のアメリカ人が人権問題を、すぐ「連邦の問題」、と考えられるようになったことである。つまり問題の解決を、南部州内だけの問題と考えなくなったことである。20世紀の少なくとも前半までは、そうは行かなかった。

　（d）上にザッと眺めた主として黒人のための公民権運動は、基調としては非暴力市民運動（NVCD）であったが、すべての公民権運動が一貫して非暴力を貫けていたわけではない。

　1950年代を中心としたこの時期、南部は荒れていた。日本のような平和な社会ではちょっと想像が付かないような、準戦場の様相を呈していた。

　キング牧師ですら、常時、拳銃を身につけて歩いたし、ベッドの裾には銃を

ラバマ州モンゴメリ市条例を修正ⅩⅣ違反としたもので、ブラウン判決とは異なり、バス内での人種分離問題に直接係っている。本文のような流れから、別名モンゴメリ・バス・ボイコット事件とも呼ばれる。

置いていた（ハワードの家が、ちょっとした要塞のように、機関銃を含む武器で守られていたことは、Ⅰの注103のとおりであり、また事件を担当する裁判官も、車の中にピストルを携行して法廷に通っていた）。

　そんな中だからこそ、街中での非暴力運動は、逆に安全弁となった。キング牧師らのような公民権運動家らは、仮に傷害を受けることがあっても、その場で殺害に至るまでのことはなかった[217]。

　そうした南部で、自衛のため銃を用意して、「攻撃に対しては、それなりに反撃する」、と明言していたロバートF.ウィリアムズのような黒人もいた。彼は、NAACPの支部長として、一方で、労働者クラスの中から、新たなNAACP会員を増やし、クランによって略抹殺されかかっていた、ノース・カロライナ州モンローのNAACP支部を立て直した。

　1958年、7歳と9歳の黒人少年が、9歳の白人の女の子に遊びの中でキスをしたとして、ノース・カロライナ州の施設に収容された件でも、ウィリアムズは、その不当さを国際的に喧伝し、そのため連邦政府が州に介入して、処分を止めさせざるを得ないように動いた。

　他方で、彼と復員軍人（黒人ら）のグループは、騎馬のクランらによる夜襲に備え武器も準備して対抗した。1957年10月には、クランらが、NAACPのメンバー宅に夜襲をかけたが、ウィリアムズらの武装兵らは、予め準備していた銃で応戦し、クランらを撃退することに成功した。

　ウィリアムズらによる、こうした私闘のような対応には反対もあった。NAACPの本部なども、基本的に否定的で、彼を支部長の座から引きずり落とそうとしたこともあったが、ウィリアムズには、それなりの支持者がいて、成功しなかった。

　ウィリアムズも、3年後の1961年8月には、エラ・ベイカーなどに誘われて、非暴力の抵抗運動の始まりともいえる、いわゆるフリーダム・ライド運動にも

217　オバマ大統領も、2015年3月7日、50年前の血の日曜日を記念する行事（郡境の橋を渡っての行進）に参加するため、セルマ、アラバマ州に赴いているが、そこでのスピーチで、公民権運動のベテランが、新人らに"non-violence"の方法を教えたと述べたうえで、これを"the right way to protect yourself when attacked"といっている（time.comから）。

125

加わっている。

（e）フリーダム・ライドは、州や郡、市の差別法、ジム・クロウ法の1つ、待合所での差別や、バス座席の座り方を定めた条例などにわざと違反し、挑戦する行為であった。このフリーダム・ライドよりも早い1959年、ジョージア州の田舎から出てきてテネシー州のFisk大学生であったルイス下院議員（John Lewis）は、sit-in運動に加わり、1960年2月には、初めて逮捕されていた[218]。

フリーダム・ライドは非暴力ではあるが、公民権運動の中でも劇的で、かつ危険を伴う行為でもあった。例えば、モンゴメリ市条例は、バス会社に席の座り方を定め、それを守らせるため、運転手などに警察権を与えていた。違反した参加者は、その場で運転手によって逮捕され、その後、警察に突き出されて、直ちに法の裁きと刑罰を受ける。1人1人にとり、とても厳しい結果を伴った。

このフリーダム・ライドに、ヒントを与えたのは、公民権活動家のベイヤード・ラスティンと、ジョージ・ハウザーらである。彼らが、早い時期に前述の「1947年和解の旅」を実施していた（この「1947年和解の旅」が、やがて、ブラウン対教育委員会事件へと導く導火線の1つになった、とする見方もある）。

和解の旅の狙いの1つは、モルガン対ヴァージニア判決（注6）の射程距離をテストすることにあった。同判決は、「州際バスでの人種分離が、平等条項（修正ⅩⅣ）に違反するから違憲である…」、と判断していたのではなかった。そうではなく、「州際商業にマイナスになるから」、州際商業条項（Ⅰ,8(3)）に違反すると判断していたのである（つまり、人権憲章違反ではなく、立法権違反と判断していた）。この点は、1960年のBoynton事件でも同じである（後注35）。

（f）本格的なフリーダム・ライドは、1961年5月17日を、目的地到着日に定めて行われた。実際に参加したのは、4〜50歳台の13人のライダーズ（7人の黒人、6人の白人）であった。多くは、先述の「人種平等会議（CORE）」（1.（イ）(b)）に属していた。

公共交通の場での差別を定めた州法に対し、最高裁が、州際商業条項との関

218　キングより11歳年下の彼は、15歳の1955年、Rosa Parksの話をラジオで聞き、影響され、さらにキング牧師の話にも感激していた（2016年11月18日、npr.org）。

係からではなく、憲法の人権憲章条項との関係で、いかなる判断を示すかを試すのが、第1の目的であった。即ち、Boynton事件の射程距離を測る意味があった。

　彼らは、グレイハウンド・バス会社の「白人のみ」と表示された待合所に入って行って、切符を買っていた。

　キング牧師は、当初フリーダム・ライドそのものに対して慎重意見で、4月16日にアトランタの法律事務所で開かれたパーティーでも、「アラバマ州を無事に通れるとは思わない……」と、クー・クラックス・クランの暴力に対する注意などを呼びかけていた。

　グレイハウンドなど2社、2台のバスを利用した彼らの第1回の旅程のうちの1台は、5月4日に主都のワシントンD.C.を出発し、ヴァージニア、両カロライナ、ジョージア、アラバマ、ミシシッピと、差別の著しい深南部を通るものであった。これら各州を経由して、ルイジアナ州のニューオリンズまでいく長いもので、終着地ニューオリンズでは、人種平等大会が予定されていた[219]（一方、同日もう1台のバスでも、ミシシッピ、モンゴメリを目指してフリーダム・ライドが行われていた）。

　ワシントンからのバスの中では、「少なくとも1組は、黒人と白人が隣同士に座る」、「少なくとも1人の黒人は、最前列に座る」、ことにしていた（南部を通して、最前列には白人が座るというのが、不文律であった）。ただ1人の黒人だけは逮捕されないよう、所定のところに座って、もし事件が起きたら、すぐCOREに連絡を取り、保釈の申し立てなどをする手筈にしていた。

　その間、バスの車内だけでなく、停車所毎にも、トイレ、レストラン、待合室などでの差別の表示を無視して使用し、抗議の意思を示すことであった。初めの2州では無事だったが、サウス・カロライナに入ってから、1人が白人暴徒らによりアタックされ、その先では、数人が警察に逮捕された。

　ノース・カロライナ州内では、ベイヤード・ラスティンら2人の黒人と、ジョセフ・フェルマら2人の白人が、州のジム・クロウ法違反で、数十日の労役の刑に処せられている。

219　到着予定日5月17日は、7年前にいわゆるブラウン第1判決が下された日に当たる。

ノース・カロライナ州判事ホイットフィールド（Henry Whitfield）は、ベイヤード・ラスティンらには30日間の刑を課す一方、ジョセフ・フェルマら白人には、次のようにいって、その3倍の90日間の刑を与えた。

　「お前ら、ニューヨークのユダヤ人どもよ、そろそろ理解しろ。この南部の良俗を乱そうと、ニグロ連れで、こんなところにまでやって来て……。罰として90日間の刑だ」。

　クランらと白人らによる暴行で、特に激しかったのが、5月14日、母の日のバーミンガム、アラバマでのそれであった。バーミンガムには、郡の警察部長で「雄牛（Bull）」と名の付いた有名なコナーがいたが（次の(ロ)(c)）、彼は、「母の日」を理由に警察を休みにした。白人群衆のなすがままにさせるためである。

　1台のバスは、クー・クラックス・クランにより火を着けられて焼かれ、ライダーズらは、命からがら車外に脱出した（暴徒らが、燃えるバスのドアを開けさせまいと押さえていたが、私服で乗り込んでいたハイウェイ・パトロールの1人が、ピストルを取り出して追い払ったため、車外に出られた）。

　さらに、もう1台のバスには、また別の組のライダーズら（殆どが学生で、SNCCのメンバー）が乗り込み、モンゴメリを目指していた。このバスには、クランら8人が乗り込んできて、終点まで行き、そこでライダーズらを殴って、殆どを人事不省にさせた。

　負傷したライダーズらは、病院に入れられたが、病院側は、暴徒が押しかけてくることを恐れて、午前2時に退去を迫った。幸い、間もなく地元の公民権運動家シャットルスワーズ（Fred Shuttlesworth）牧師が数台の車に分乗した黒人隊を率いてきた。

　また別のフリーダム・ライダーズの方は、バーミンガムからモンゴメリを経て、大会場のニューオリンズまでの旅程であったが、バス会社は、バーミンガムで、「ライダーズの乗ったバスには、運転手が乗車拒否をしていて、出せない……」といっていて、出発出来るかは絶望的だった。

　しかし、ニューオリンズでの大会には「是非参加したい」、ということで、飛行機で行くことにしたが、空港でも騒ぎがあった（彼らが乗機した後、「爆弾

が仕掛けられた」、とのアナウンスがあり、一旦全員が避難した）。いずれのライダーズらも、最後は捕らえられ、有罪判決の上、すべて鎖に繋がれた。

これらの出来事の報告を受けた司法長官ロバート・ケネディーは、事態を沈静化させるために、部下の人権局長をアラバマ州に出張させるとともに、ライダーズらにも自重を求めた（彼はその際、「双方の過激派（extremists on both sides）」という言葉を使ったとされ、この言葉が、ライダーズを怒らせた）。

この1961年、既にテレビが普及し始めていて、問題が、全米でのニュースになっており、ライダーズは、一応の目的を達していた。

（g）5月19日にも、さらにバス旅行が計画された。

こうなると、グレイハウンド・バス会社の方は、初めから拒否姿勢を示したが、世論による圧力を受けた司法長官ロバート・ケネディから新たな圧力がかかって、結局は、バスを動かさざるを得なかった。アラバマ州パターソン知事（John Patterson）も、また嫌々ながら、州のハイウェイ・パトロールを出して、警備に当たることを約束させられていた。

このような状況で、バスは時速150キロでモンゴメリまで疾走を続け、モンゴメリ郊外まできた。しかし、そこの道の駅では白人暴徒らが、野球バットや鉄棒で武装して待ち構えていた。彼らはまず、報道関係者を目がけて掴みかかり、カメラを叩き壊した。中央から来ていた司法省の役人も、意識を失うほど叩きのめされた。

暴徒らは次いで、ライダーズらに襲いかかった。このような状況下でも、市の救急車は、負傷者のための出動を拒み、助けにきたのは、地元の黒人団体だった。

目的地のモンゴメリ市では翌5月21日、ニグロ・ファースト・バプティスト教会に1500人以上が、寿司詰めになるようにして集まった。フリーダム・ライダーズ歓迎大会の開催である。キング牧師などが挨拶をした。外では、数人の合衆国保安官が警備に当たっていたが、3000人以上の暴徒が集まり、暴行を始めていた（1961年5月21日付のBBC）。

州と郡の地元警察は、何の助けも出さないことがわかっていたので、公民権

129

リーダーらは、大統領宛に援助要請を出した[220]。ケネディは知事が動かなければ、「連邦軍を出動させる」と脅したので、知事も遂に、アラバマ予備隊を出すよう手配した。

　その間にも、群衆は教会の窓を破り、催涙ガスの管を投げ込んだりしていた。その頃、黒人タクシードライバーらで作る一団が、武装して教会近くに集ったことを知らされたキング牧師は、暴徒との間で大規模な衝突になることを恐れた。

　会衆の中から10人のボランティアを募った彼は、2人ずつ5列になって教会の外に出て、暴徒らの中を分け進み、どうにかタクシードライバーらのところまで、辿り着けた。

　彼らが、暴力行為に加わらないよう説得したキング牧師らは、再び教会の中へと無事に戻れた。そうこうするうちに、翌早朝、アラバマ州予備隊が現場に到着し、群集を解散させるとともに、フリーダム・ライダーズや、キング牧師らを保護するとともに、逮捕した。

　ケネディ政府が地元アラバマとミシシッピの両州知事との間で合意していたのは、知事らがアラバマ州予備隊を出動させて、フリーダム・ライダーズを保護する代わりに、ライダーズが到着したら、州法違反で逮捕する（連邦政府は、それに反対しない）というものであった。

(ロ) 日和主義に反対したキング牧師

　（ａ）5月24日にも今度は、ミシシッピ州ジャクソンを目指して、別のフリーダム・ライドが行われた。フリーダム・ライダーズらは、次から次へとアラバマ州、バーミンガムから、ジャクソンへと到着したが、そこでも次々に逮捕され、留置されていた。

　彼らの目的は今や、ジャクソンの留置場を一杯にし、溢れさせることであった（そのため保釈の申し立てはしなかった）。

220　二元国家のアメリカには、法の執行組織、執行機関としても、連邦と州の2つがある。連邦の組織の元締めは司法省で、連邦犯罪に係る事件の執行の中心となるのは、そのFederal Bureau of Investigation (FBI)である。一方、大抵の州には、州警察（State Police, State Patrolなど）があり、州の公共安全省Public Safety Dept.の管理下にある。州の下のこれに対し、郡には、county sheriffとか、county policeとか呼ばれるものが存在する。

州当局は、留置場から溢れ出た逮捕者を、悪名高い州の監獄（俗称パーチマン農場）に移した。こうしてパーチマン農場には、一時、300人以上のライダーズが留置されることになった。

フリーダム・ライダーズはしかし、1961年5月末頃までに、その目的を達していた。ニュースが、国際的にも広まっていたからである。

メディアが、正面からトラブルの一部始終を取り上げるようになっていた。そうなると、アメリカは、外国の目を気にし出す。なんとか、国の体面を保とうとする[221]。

Sarah Keys事件で、ケネディ長官が州際商業委員会（ICC）に、しかるべき決定を出してくれるよう申し入れていたのも、冷戦当時の国際情勢があった。いつもアメリカが、人権問題で非難している当のソ連から、逆に非難されないため、されても反論出来るためであった。

フリーダム・ライドはしかし、その間も続けられた。黒人・白人が約半々のフリーダム・ライダーズが、6～9月の間にも60回にもわたり、バスで南部州を移動した。

国際的影響を懸念するケネディ長官は、また、「冷却期間を置くように……」双方に対して勧告していたが、SNCCも、COREも、SCLCも、受け付けなかった。COREのリーダーは答えている[222]。

「我々はもう、350年間も冷却してきている。これ以上冷え込んだら、凍てついてしまう……」。

こうして、フリーダム・ライドは、1960年代に開花する公民権運動の幕を切って落とす「イベント」となった。運動の広がりも、最早、バーミンガムなど1都市に、いや、アラバマ1州だけに、留まっていなかった。最も、次のバーミンガム・キャンペーン（1965年）でも見るように、バーミンガムが、その中心都市

---

221 5月29日にケネディ長官は、ICCによるSarah Keysに係る1955年の決定を引用して（Sarah Keys v. Caroling Coach Company, 64 MCC 769 (1955)）、州際バス内での人種分離を止めさせるように、指令を出してくれないかと、ICCに依頼していた。

222 逆にケネディ政権が、どこまで黒人らの公民権運動に本気なのか試す意味で、COREは、さらなるライドを企画していた。

の1つとなり続けていた。

（ｂ）次に紹介するバーミンガム・キャンペーン（1963年春）に先行する1961年11月には、ジョージア州の南部、オルバニ（Albany）でも、SNCCやNAACPの支部の人達などが、地元の人種分離を打破しようと、活動していた。ジョージア州オルバニ市内で黒白に分離されている住居地域を統合しようとする（一体化）運動である。

地元の黒人らは、人種分離に不満を抱きつつも、「どうしていいか」、知らなかった。そのオルバニに、一体化などで公民権運動のきっかけを与えたのは、テネシーのSNCCのメンバーであった。この一体化運動の一部が、1961～1862年にかけて市内のシロー（Shiloh）教会を出発点とするマーチなどとして行われた。運動は、若い学生のSNCCを中心ではあったが、12月にはキング牧とSCLCも招かれて、参加、加勢する形になった[223]。

オルバニ・キャンペーンは、「キングやSCLCを含む広い範囲の参加者を得た」という点では、成功といえたが、肝心の成果が今一つだった。失敗に終わったとも評されている（少なくともメディアは、「キングが参加した割には、成果が少なかった……」式の評論を加えていた）。

この間キングは、3回逮捕、投獄されている（うち1回では、彼とAbernathyの保釈金178ドルを無名の黒人が支払ってくれたとして、釈放されている）[224]。

市当局が動いたのは、キングやAbernathyらが逮捕された後であった。当局の約束は、キングがオルバニから去ったならば、当局も、「ICCルールに沿うよう努力しよう……」というものであった。しかし市当局は、キングが去った後も、言葉通りに人種分離の解消に向けた措置を取らなかった。そのため、その

223　彼らは、警察との衝突の場合の非暴力抗議のやり方などで、講習会を開いた。1961年11月1日に州際バス内での人種分離を違法とするICCによる指導があり、彼らには、この連邦機関の判断が、この地元オルバニで、果たしてどれほどの力を及ぼしうるものか、テストする意図もあった。

224　彼は、178ドルの保釈金を支払わないでいたのは、「700人以上もの仲間が投獄されている以上、自らも苦しみに耐えねば」、と考えたこともあった。3回目の逮捕（7月27日）の後キングは、8月にオルバニから去ることをPritchettに約束していた（キングは、「この失敗が、その後の彼の公民権運動で、とても役立った」、と、PlayboyのAlex Haley（「ルーツ」を書いた黒人作家）とのインタビューで述べている）。

後の1962年に入っても、闘争は続いた[225]。

バーミンガムでのイベントと比べ、オルバニでの運動に対して全国的な同情が集まらなかった1つの理由に、「手荒なことはしない」という警察長Pritchettのやり方もあった。だが、よい評論を受けられなかった一番の理由は、キング牧師自身の反省の弁からも知りうる[226]。

最も、これによりオルバニの町だけでなく、「ジョージア州内全体の黒人の意識が、変わった」というプラスはあった[227]。

（ｃ）アラバマ州とミシシッピ州。所によっては、黒人の方が人口が多いのに、深南部州の中でも白人支配が最も強固で、最も保守的とされていた（1963年になっても、公立学校で人種分離をしているのは、アラバマ州だけであった）。警察も黒人に対し一番差別的で、最も暴力的とされていた[228]。

この1963年、アラバマ州、バーミンガムでは、人種対立の火が燃え上がる兆しを見せていた。アラバマの中でも、更に最も保守的で人種分離が激しいバーミンガム（バーミンガム市のあるジェファーソン郡を押しなべて、白と黒の分離は、厳しく強制されていた）。公民権運動の震源を宿していた。

そこでは、1月に就任したウォレス知事の就任演説、「今日も差別（分離）、明日も分離、永久に分離だ！」が、多くの白人有権者らの耳に、何よりも快く響いていた。さらにアラバマ州では、州立大学入学事件（ウォレス知事が大学のホール入口に立って、初の黒人新入生の入門を妨げようとした事件」）も起きていた。

一方、オルバニでの不評を「地元アラバマ州で挽回したい」、という思いが、キング牧師自身にもあった。こうして始まったのが、1963年バーミンガム・キャ

225　この失敗の背景として、ニューヨーク・タイムズは、SCLCとSNCCとの間の不協和音を挙げているという（1961年12月16日）。

226　キングは3年後に行われた1965年のインタビューで、「私が、キャンペーンを特定の対象に絞らないで、町の人種分離一般に拡げたまま、やってしまったことにある……」と、述べていた。

227　キングも、「次の選挙では、初めて法を敬い、それに従って執行する……といっていた知事が選ばれた」、といっている。

228　1963年1月18日、アラバマ州知事に就任したジョージ・ウォレスは、就任式で反動的で有名な言葉、「今日も、明日も、そしていつも、人種分離……」を吐いていた。

ンペーンである。

　フリーダム・ライドから2年後のバーミンガム・キャンペーン。運動の形、表現は色々で、その長さも1ヶ月以上にわたったが、ピークは、SCLCが参加した1963年5月2日のデモとなった。アラバマ州は、前記のように深南部でもミシシッピと並んで、最も保守的（黒人に対し差別的）な州であったが（州が、NAACPの活動を実質的に困難にしていたため[229]、ベセル教会のシャットルワーズ牧師は、NAACPの支部に代わるものとしてAlabama Christan Movement for Human Rights（ACMHR）を立ち上げていた）。これに対し、市内の彼の家には、KKKなどが何回か、爆弾を投げ込んでいた。このバーミンガムが、アラバマ州では、州都モンゴメリを抜いて、最大都市であった。当時の人口35万人のうち、60%が白人、残り40%が黒人であった。

　そのバーミンガムを地元にするのが、ベセル教会牧師のシャットルワーズ（Fred Shuttlesworth）である。キング・ジュニアより7つ年上だったが、生涯そのよき協力者として通した。シャットルワーズは、1957年、58年と2回、KKKにアタックされている。1回目は暴行され、2回目は爆弾を仕掛けられたが、いずれも命拾いしている（キングよりは、はるかに向う気が強く、いわば喧嘩っ早かった[230]）。

　彼は、1960年のシット・インにも、また1961年のフリーダム・ライドにも、キングとともに参加している（フリーダム・ライドが一旦終わりかけた時、COREのメンバーとともに、それを再び盛り上げていた）。

　シャットルワーズの地元、バーミンガムでは、1963年4月にSCLCの直接行

229　N.A.A.C.P. v. Alabama, 357 U.S. 449 (1958)。ニューヨーク州法人として設立した原告が、州から「州内の治安上問題が多い」、として州外への退去を求められ、また州外法人が州内で活動するためには届出の必要があるとして、州内メンバーリストの提出も求められていたが（リストは、KKKなどに流れる可能性が十分あった）、NAACPがこれを拒んだことから、アラバマ州が裁判所に申し立てていた。そこで10万ドルの科料をいい渡されたため、NAACPが最高裁へ上告していた。最高裁は、思想・信条に係る団体結成は、修正ⅩⅣの下で保護される権利であり、リストの提出を強制することは、この団体結成に対する制約となりかねないとし、「州は、それを乗り越えるほどの重大な問題を示していない……」として、メンバーリストの提出を強制した一審判決の一部を差し戻した。

230　ロバート・ケネディは、緊急に連邦の助けが欲しい時のために、シャットルワーズに自分の個人用の電話番号を教えていた。

動部長のベヴェルが、小、中学生を主とした、子供をマーチに参加させる運動を始めていた（そのため、「子供十字軍」とも呼ばれた）。

バーミンガムを重点地区とした、こうした公民権運動が、4月3日〜5月10日にかけて、ほぼ連日のように行われた。SCLCとシャットルワーズが作った「アラバマ州キリスト者人権運動」ACMHR（少し保守的な団体）とが中心となって、デモを行っていた。バーミンガム・キャンペーンである。

ある程度計算済みのことではあったが、それらのキャンペーンは、KKKや、地元のライフル・クラブの白人などからの、猛烈な攻撃対象となったうえ、州兵や郡警察までもが、憎しみをもって、これに加わっていた。

相手が子供や少年ばかりのキャンペーンだからといっても、警察の対応には、手加減はなかった（バーミンガム警察には、黒人らに悪名高い、コナー Eugene "Bull Connor" がいた[231]）。

警察隊を引連れた彼が猛犬をけしかけ、高圧消防ホースを使って水を浴びせかける。その有様は、夕方のテレビニュースで、全国にしっかりと放映されていた。警察犬や、放水車などによって攻撃される相手の大半が、黒人学校の生徒約1000人であることを見た人々は、怒りの声を挙げた。介入を怠った当局を非難する世論は、ケネディ政府に対する厳しい批判となって広まった。

キャンペーン・リーダーらと、商店街などとの話し合いが始まったのも、こうした背景の中でであった。これには、連邦政府も、実質的に大きな役割を果たしている（司法省から、次官補を長とする数人の弁護士が来ていた）。司法長官ロバート・ケネディだけではない。財務長官 Douglas Dillon、国防長官 Robert McNamara らも、ワシントンから電話で、市当局と商店街に対して圧力をかけてきていた[232]。

231　バーミンガム警察を率いていた、「雄牛のコナー」と呼ばれたコナー警部は、南部民主党に属していたが、1948年の同党大会では、その公民権寄りの政策に反撥して、大会から退出し、Dixiecrat運動の一員となっていた。

232　この交渉（話合い）は、黒人らの側は、地元で一番裕福なガストンらが当たっていたが、労組による団体交渉に似ていたという。交渉（話合い）は、初め、分離派や強硬派を警戒して秘密裏に行われていた。市とデパートや商店街の代表らは、ある程度の妥協に傾いていたが、市議会の中の分離派などが、どう出るかまでは、彼らにはわからなかった。

そうしたケネディ政府の対応もあり、5月10日には下町の商店街との間で、次の（ハ）(b)のとおり一応の合意が交わされた。この合意は、人種統合や雇用の問題などをカバーするもので、SCLCの意向にある程度沿うものとなった。

　（d）このバーミンガムの町についてキングは、獄中からの手紙で、「多分、アメリカで一番分離の酷い市だ」、と書いていた。そのバーミンガム、アラバマが、以上のように1963年、一連の公民権運動の重点地区となってきた。キングが、地元の依頼により企画したキャンペーンには、こうしたマーチ（デモ）のほか、食堂でのシット・イン、下町商店街での不買運動、が含まれていた。

　確かに、市役所、警察、消防、銀行の窓口などに、1人の黒人もいなかった。デパートの売り子、バス運転手などまでも皆白人で、そもそも黒人は、白人職位者の秘書にもなれなかった。彼らの働き口としては、家事手伝い、庭師、鉄工場などの肉体労働だけであった（給料は、平均して白人の半分以下であった）。

　そのバーミンガムでは、KKKが強い根城を持っていた一方、SCLCやNAACPのメンバーが少なく、その活動も乏しかった[233]。応援要請を受けたキングとSCLCとは、オルバニでの運動の挽回のことも考えて、アラバマ州最大都市での、南部州で最も手強い人種対立と、本腰を入れて闘う方針を固めた。

　そのための戦術も、新たに編み出した。オルバニでは、市の生活圏全域を一体として狙っていたが、バーミンガムでは、焦点を2つに絞った。市役所内の雇用改善、中心街の商店街と、市立公園などでの人種統合問題である（他に、ブラウン第二判決から10年にもなるのに、未だに渉らない公教育の場での統合を進めるための、白人、黒人両方のメンバーからなる、教育委員会を設ける要望も入っていた）。

　運動は当初、3月を考えていたが、年間の売り上げが最大になるシーズン、イースターの週の商店街を狙って、4月2日に延期されていた。丁度その頃、市長選挙が行われ、コナーも候補として出ていたが、彼よりも分別もあり、穏和なAlbert Boutwell（58歳）が当選し、コナーは負けていた。公民権運動の側と、

233　KKKは、この数年中に1人の黒人の男根を削り取っていた。白と黒の兎の絵が載っている本を、本屋の棚から撤去させた。また、市内のラジオ局に、黒人の音楽を流すことを禁じるよう市に働きかけていた。

市当局及び商店街との間で、話し合いの場が持たれることになった背景には、これらのことがプラスに働いていた。

（ｅ）市側は、4月10日に州裁判所からボイコットなどに対する差し止め命令を得ていた。この命令を受け、「雄牛」と渾名の付いていた市の公安委員長コナーの指揮の下、警察犬や放水車なども使った暴力的な取り締まりが行われた。一方のキャンペーン・リーダーらは、この命令を「不当」として、積極的に不服従を示し、逮捕される方針を決めた。シャットルワーズ牧師自身も、早くに投獄されていた。

投獄は、1962年の市条例（人種分離法）違反が理由であった。彼はその獄中から、キング牧師とSCLCに、このバーミンガム・キャンペーンに対する市外からの応援を依頼していた。

上記のように、このバーミンガム・キャンペーンでは応援の依頼を受けて参加したキング牧師であったが、結局、キング自身も1963年4月12日に逮捕されて[234]、キングを含め、15 ～ 81歳までの50人が、バーミンガムの留置所に入れられた[235]（彼がこの時、留置所の中から出した有名な手紙を月刊誌「Atlantic」は、"The Negro is your Brother"の見出しで公にしていた[236]）。

こうしたキングの行動に対し、地元のほかの牧師や白人らは、「裁判所の命令に従うべきで、反対があるなら、不服申し立てをして法廷で争うべきだ」と批判していた。しかし、キングは手紙の中で、彼らの「日和見主義」に反対していた。彼やSCLCには、前のオルバニ闘争で裁判所の命令に従ったために、闘争が尻切れトンボで終ってしまったことへの反省があった。そのため、今回は前記のとおり、「監獄を逮捕者で満杯にする」作戦を固持することとした。

234　39歳の生涯で29回投獄されており、うち13回目である。

235　ブル・コナーが、300ドルだった保釈金を1200ドルに上げてきたこと、キングが一番の資金源となってきたことから、デモに入る前にも、問題への対応の仕方を巡って、SCLC内でも意見が割れていた（「デモは、他の人々に任せ、キングは、各地を回って資金集めをしていたらいい……」という意見に対し、キングは、「デモの先頭に立つ」と約束してきていた）。

236　この手紙を土台として年内に本として出版されたのが、彼の「Why We Can't Wait」である。ニューヨークのStanley Levison（前出）が仲介して出された（現在Harper & Row, 1964で出ている）。主に計画したのは、キングの片腕となっていた（キングと同じ年の）Wyatt Tee Walker牧師である（SCLCの役員もしていた）。

キングより3歳上のアバーナッティ（Ralph D. Abernathy）は初めアラバマ州立大学の職員部長をしており、キングの一番の親友の1人とされるが、この時も、キングとの共闘をしていて、十六丁目教会で演説をしていた。

「今夜、世界の目は、このバーミンガムに集まっている。ケネディ長官も見ている。連邦議会もバーミンガムを見ている。司法省が見ている。さぁ、準備はOKか！私は荒野に向って進む。諸君も準備は、OKか！」

このバーミンガムの十六丁目教会では、それから3ヶ月後、KKKが爆弾を投げ込み4人の少女が亡くなるという、悲しい事件が起きている（ニ）。

（ハ）バーミンガム・キャンペーンでの初勝利（獄中からの手紙）

（a）ブツブツ！と起こってきた非暴力の抵抗運動（NVCD）。それが、ランチ・カウンターでのシット・インであり、州議会議事堂や市役所へ向けてのマーチであり、バスや商店街でのボイコットであり、さらに上に見た1961年のフリーダム・ライドであった。

こうした運動は、1960年にも直ぐ北隣のテネシー州ナッシュビルなどで起こっていたが、アラバマ州北部のバーミンガムの街へも飛び火してきた。それが1963年には、成長が見られた。プロジェクトCと銘打った各種のバーミンガム・キャンペーンとなり、一連のシット・インや、マーチやバス・ボイコット運動となった。

このように熱したのには、理由がある。バーミンガムは、1871年に創られた新しい町の1つである。急速に大きくなった。同市の今1つの特徴、それが、

南部でも最も人種差別の激しい市ということである[237]。人種差別で悪名高いウォーレス州知事（George Wallace）の地元に加え、州内でも最も暴力的なKKK支部があった。

バーミンガム・キャンペーンの結果として、大量の逮捕者が出たが、今度は、

---

237 アメリカの野球チームの中には、本当は、強い黒人を雇い入れたかったが、黒人のいるプロのチームを持つことのマイナス面から、リーグに出場すること自体も諦めていたチームがあった他、黒人の俳優を抱えたニューヨークのメトロポリタン・オペラは、バーミンガム市でも公演を行いたかったが、人種問題が強烈過ぎて、市の劇場に来ての演出が、出来なかった。

逮捕に抗議して運動が行われた。1ヶ月以上にわたったこの運動のうち、1963年4月7日には、キングをリーダーとした4人の牧師が、2000人を率いてデモ行進をするところまで発展した。こうなると、今まで「黒人らの問題」と軽視していたメディアも特集記事を出したりする[238]。

さて、バーミンガムの牢に入っているキング牧師に対して、彼のそれまでの街頭での運動に対して、他の牧師らの中から、前出のような批判する声が寄せられていた（大きく次の2つの声に区分される）。

「牧師としての意見表明は、説教壇の上か、その他の教会活動の中でやるべきだ……」。

「……この手の運動には、時間をかけて、時の流れを待つ必要があり、性急な行動は慎むべきだ…」。

彼は、後に有名になった1963年4月16日付の手紙を公表している[239]。獄中からのこの手紙でキング牧師は、こうした批判に反論した。前のポイントに対しては、

「（教会団体も含め）この国のすべてのグループ、都市、団体は、互いに不可分につながっていて、相互依存の関係にある……」、として「どこか1ヶ所で不正義が罷り通れば、世の中すべてが不正義になりうる……」の言葉を用いている。

また、第2のポイントに対しては、最高裁長官アール・ウォレンの1958年の

238　1963年5月17日のタイム誌の、次の記事がある。「バーミンガムの黒人らときたら、自らの居場所を弁えていて、夜など、街灯の下でむっつりと、おとなしくしているものだった。彼らは、今回そのイメージを完全にぶち壊した。消防夫が樹皮が剥ぎ取られるほど強力な放水器で水を浴びせているのに……若い黒人らが街路に横たわったり、歩道に広がったり……」「かと思うと、1人の警官は、ひざを折り曲げて、若い黒人女の咳を抑えつけていた。教会から讃美歌を唱えながら出てくる彼らを見た1人の白人は、『奴らを残らず撃ち殺さねば…』といっている……かと思うと、着飾った、ちいちゃな黒人の女の子が、教会から出てきて、ピストルを構えた警官らの列を見ながら、後ろを振り返って『ルシル、急いで、遅れたら、皆と一緒に逮捕されなくなっちゃうわよ……』と叫んでいた。」

239　この手紙の中での彼のポイントは、「牧師にとって大切なのは、街頭行動ではない……教壇からの教化こそ大切だ……」、といった仲間からの批判や、「公民権運動のためには、もっと法廷闘争にウェイトを置くべきだ……」、とする一部の穏健な白人らによる批判に対し、反批判を加えている。人種問題の危機は焦眉の急で、かつ深刻なものがあり、行動が求められているとした。その中で彼は、2つの史実を喩として引いている。1つは、ボストン茶会である。それが不法行為（犯罪）であったからこそ、現状打破が出来たとした。もう1つは、ヒットラーの行為である。これとは反対に、完全に合法な形を取って始められた、のである。

139

言葉、「遅れた正義は、正義の否定に他ならない（justice too long delayed is justice denied）」を引いて反論している。

　注釈からも窺えるように、キングは、温和主義、日和見主義を排除していた。世の不正義を見ながら、混乱やカオスを生じさせることを避ける生き方を、指弾していた。不正義と闘うことよりも、秩序や安定の方を重視して、（問題を先送りにし）そっと様子を見る態度や勢力を、指弾していた[240]。

　（ｂ）この運動バーミンガム・キャンペーンは、結果として巧くいく。それには、市警察（公安委員長）のコナー（Eugene "Bull" Connor）の働きが、逆の意味で大きく寄与した。要するに、この雄牛と渾名されたコナーのやり方に対しては、一般の（全国の）白人までが、眉をひそめるようになったことがある。

　黒人に対しあまりにも露骨に、強力に、権力を行使したことから、それが結局、州内外からの同情、応援を集め、公民権（人種）運動に対する世論にプラスに寄与したということである[241]（デモ参加の黒人らも、キングがずっと「非暴力」を諭し続けたことで、実際にも非暴力を守り通した）。

　それ以前の1958年にFBIが、コナーによる取り締まりの強引さに、「行き過ぎがなかったか」、と調査に乗り出したことがあった。MIAなどがバス・ボイコットをした最初の時のことである。

　その時にもコナーは、「FBIであろうと誰であろうと、詫びる理由なんかゼロだ！北部州が、これ（人種平等）を俺たちの喉に詰め込もうとするのなら、血が飛ぶぞ」とうそぶいていた。

　コナーについては、彼が1962年の市長選挙で温和なブートウェル（Boutwell）に敗退したことを述べたが、同時に公安委員長の職も、自動的に失っていた（それにもかかわらず、1965年まで任期があるとして、公安委員長の椅子を譲ろうとしなかった、という逸話がある）。

240　彼は、その手紙中でいっている「黒人にとっての一番厄介な障害物は、WCCやKKKなどの連中じゃない。「君の目的は正しい。しかし、直接行動はいかんよ……」「もう少し待て。時間をかけなきゃ……」式のことをいって、宥めにかかる温和主義の白人らだ。
241　ケネディ大統領も、「公民権運動は、コナーに対して感謝してもいいネ！　リンカーンと同じくらいに、それを助けたヨ！」との言葉を述べている。

この1963年春、バーミンガムは、大いに荒れた。いやバーミンガムだけではない。アラバマ州全域に、対立が拡がりかけていた。まず1月に、あの人種差別で名高いジョージ・ウォレスが州知事に就任していた、しかも、そこで有名な台詞、「人種差別。今も人種差別、明日も人種差別、永遠に人種差別だ！」を叫んでいた。

　一方のSCLCが実施したのは、上記のキャンペーン、「子供十字軍」キャンペーンであり、子供を含む大量の逮捕者を出していた。

　ガヅデン（Gadsden）では、4月23日、COREの活動家ウィリアムL.ムーアが殺されている。36歳の郵便配達夫ムーアは、COREのメンバーであることのほか、無神論者としても知られていた。

　彼は、この日ジャクソンまでハイウェイ11を歩いて行き、人種差別で凝り固まっているミシシッピ州の新知事宛に、「人種差別を止めるよう」、求める自らの手紙を手渡ししようと考えていた。

　彼は途中で、KKKのフロイド・シンプソンと出会って、人種差別、その中でも、白人の神経に障る話、異人種間結婚について、議論していた。

　また小一時間前には立ち止まって、ガヅデンのラジオ局WGADの人とも、話していた。その1マイルほど先の所で、ムーアは、至近距離から頭を2発撃たれて、ほぼ即死状態で発見された（その弾丸は、シンプソンの銃のものとされたが、犯人が検挙されることはなかった）。

　（ｃ）これらの黒人に係るニュースや事実が、TVで5月初めに毎日のように全国放送されると、ケネディ兄弟らは、南部の治安に一段と懸念を強めた[242]。南部が黒人問題故に、「手の付けられないような混乱状態」に陥ってしまわないかと恐れた。「今が、事態改善が出来るチャンス」、と捉え、収拾に動き出した。

　ケネディ大統領は、ついこの間まで、フリーダム・ライダーズらの一連の行為を、非難していた。

　「今、この冷戦の最只中に、アメリカの醜状をソ連に、いや全世界に曝け出す非愛国的行為だ！」と（大統領は、選挙キャンペーン中は、公民権運動に好意

242　1963年までの6年間に、黒人を狙った爆弾事件が18回あり、50回以上もの十字架の焼き払い事件があった。

的発言をしていたが、大統領になってからは、南部民主党の機嫌を損じること
を恐れ、目立った動きをしていなかった）。そして双方に頭を冷やす時間を取
るよう迫っていた。

　大統領の弟ロバート・ケネディ司法長官も、「司法省は、人権問題といった
憲法上の議論については、どちらの側にも加勢することはしない……」と言明
していた。

　こうした冷淡さの背景には、ケネディ兄弟らが「キング牧師ら公民権運動家
が、（一部のメディアが囃し立てているように）どこかで共産党と繋がってい
やしないか」、と疑っていたことも、働いていた。

　これに対して公民権運動に好意的な人々は、「最高裁の判決を踏まえて[243]、そ
の通り執行をするのが、司法長官の仕事ではないのか」と非難していた。

　しかしケネディ大統領も、バーミンガム・キャンペーンに対するメディアの
論調が、公民権運動の側に次第になびいて行っているのを、そのまま座視する
ことができなかった。

　このため、大統領は、先ず地元バーミンガムの商工会に働きかけた。これら
を受けて、5月9日に漸く、SCLCと、市長や商店街代表との間で、商店街での
人種分離問題で話し合いが持たれることになった。

　さらに5月10日には、市の代表らが、地元の公共施設での人種分離を止める
ことを約束して、事態改善の兆しが現れたように思われた[244]。

　キングらの戦術は、ある程度、功を奏したといえる。

　（d）バーミンガム・キャンペーンは、前年の新学期（1962年秋）からスター
トしていたが、影響で市の中心商店街の売り上げは、一時40％もの下落を示し
ていた。

　商店の中には、条例の定めどおり、「白人のみ」「黒人のみ」などと書かれて

243　Boyton v. Virginia, 364 U.S. 454 (1960) の判決中で最高裁は、フリーダム・ライダーズらが求めていた結論
　　に一致する結論を出していた。「州際バスでの分離は、州際商業に過重な負担を与え違憲だ」という理由に
　　よる（黒人の人権を理由としたものではなく、憲法の州際商業条文（Ⅰ,8(3)）を理由としたものであった）。
244　5月10日にキングとシャトルワーズの2人の牧師が和解案を発表した。それは、ハリー・ベラフォンテとロ
　　バート・ケネディが、彼ら2人や、他の多くの逮捕者の保釈金を支払ってくれて、自由の身になれた後であった。

いた店のサインを取り下げる所も出てきたが、コナーは、そうした商店主に対して、「条例を守らなければ、営業許可を取り消すぞ！」と脅していた。

　1963年春にピークを迎えたバーミンガム・キャンペーンは、アラバマ州バーミンガムでの商店街と、同市で働く人々の間での黒白統合を求めた運動であったが、それなりの効果を上げ、一応の合意が作られた[245]。しかし、その間にも何事もなかったというわけではない。5月11、12日には、爆弾事件が連続した（1つは、キングが泊まっていたガストン・モーテルで、もう1つは、彼の弟の家を狙ったものである）。

　他方では、貧困層の黒人らの中には暴力行為に走る者も現れ、バーミンガムの商店街9ブロックで、略奪と破壊行為に走ったうえ、鎮圧のため向かった州警備隊に対しても、石や瓶を投げつけて抵抗する始末だった。一方、中央では歴史的な公民権法の法律案の議会への提出（6月19日）を控えて、6月11日、ケネディ大統領が、野党共和党のリーダーらとも会い、意見を交わしていた。2日後には、民主、共和の両党から、大枠で法案に賛成する意向が示された。

　しかし議会に行ってから、各院で、あれこれ修正され、中でも法律案の第3部（Title III）については、議論が輻輳していた。10月に入り、大統領は議会のリーダーらをホワイトハウスに呼び、各院での票数確保の見通しなどで意見交換した。

　11月22日、ダラス、テキサスでケネディ大統領が暗殺されたことで、この法案を巡る政治情勢も一変した。南部テキサス州の大ボスで、連邦上院のマスターと称されていた副大統領のジョンソンが、大統領に昇格するのである。そして暗殺されたケネディへの「供物」として、彼がその法案通過を議会に推したのである。

　（ｅ）そうした中で結ばれた、「商店街や公共施設での人種分離廃止」といった内容のバーミンガム市との和解合意は、南部州のほかの都市や郡で、「黒人らにとっての貴重な勝利」と受け止められた（勝利の中心にいたのは、キング

245　合意内容は、(ⅰ)ランチカウンターを1本にする、(ⅱ)黒人の雇用改善案を用意する、(ⅲ)デモ参加者ら全員を釈放する、(ⅳ)合意内容の実施状況をチェックする(ⅴ)白、黒双方からなる委員会を設ける、であった。

牧師を会長とするSCLCであった）。

　さらにこの和解に刺激され、5月10日から2ヶ月余り（10週）の間に、全国186都市などで、758の人種統合デモが行われ、1万4733人が逮捕された。

　従来から、法廷闘争に力を注いできていた（それなりの実績も挙げていた）NAACPであるが、そのNAACPも、ここへ来て、SCLCに対する対抗心からか、「ジャクソン、ミシシッピでも、もっと非暴力の運動もやっては？」と、地元の支部長Medgar Eversを焚きつけていた。

　第二次大戦で合衆国軍人として戦った後、帰国したミシシッピ州Decatur生まれで、地元の公立学校などでの分離廃止運動など、公民権活動家であったMedgar Evers（1925～1963）が、WCCにより殺害されたことは記した（Ⅰ（ヘ）(b)）。

　彼は、ミシシッピ湾沿辺での人種分離廃止のための、「水浴び場での人種分離廃止」、Biloxi Wade-Insの運動にも携わっていた[246]。更に、地域の黒人団体（RCNL）にも関係し、NAACPの地区支部長にも任用されていた。

　そのため、地元で白人優先主義者らから標的とされていた。その前にも何回か暗殺されかかっていたが、1963年6月12日、つまり、ケネディ自身が銃殺される約5ヶ月前に、丁度ケネディ大統領が公民権法支持の演説を始めようとする2，3時間前に、ジャクソン、ミシシッピの自宅前に辿りつき、車から降りて歩きかけた瞬間、背中から撃たれた。NAACPの弁護士との打ち合わせを終えて、戻ったところであった。

　地元の病院に担ぎこまれたが、死亡した（病院でも、初め受け入れを拒まれていたが、氏名を明らかにした後、受け入れられた）。彼は、6月19日にアーリントン国立墓地に3000人が参列して埋葬された。

　下手人ベックウィズは、肥料会社のセールスマンで、WCCとKKK双方のメンバーであった[247]。夫人Myrlieは、夫Medgarの亡き後、その伝記を出版した。夫

246　この水浴場は、合衆国軍工兵隊の手によって造成されていた。

247　白人ばかりの陪審で、2回の審理をしたが、有罪とするために必要な票数が得られなかった。しかし、それから30年後の1994年に、新証拠により（Eversの亡骸は、もう1回墓から掘り出され、検査がなされた）8人の黒人、4人の白人の陪審の下、犯人は有罪判決を受け、2001年に80歳で獄中で死んだ。その判決を聞いた途端、夫人Myrlieの口を衝いて出た言葉、それは、"Yes, Medgar!"であった。

に倣って自身も、次第に公民権運動に入って行った彼女は、その後30年間、ずっと正義を実現すべく戦っている[248]。

黒人問題での当局の対応に対しては、ソ連や、そのほかの国際世論が、非難を集中させていたことを見たが、この60年代の初め、アメリカ国内の各地のメディア（主に地元新聞）は、むしろ反対であった。フリーダム・ライダーズらに対する、厳しい批判のほう「が多かった。

「国内秩序を乱している……」「社会の分裂を図っている……」などである。こうした声は、白人労働者、いわゆるブルーカラーの間で、比較的強く支持されていた。

一方で、知識人たちの間では、公民権法の法制化に向けた支持の動きがあった[249]。

（二）バーミンガム教会爆破（4人の少女の死）と、キング牧師の共産党疑惑

（a）1963年の9月15日、あの忌まわしい「教会爆破事件」が、起こされた。犯人はKKKである。教会の4人の少女の他、路上の2人が死亡、多数が怪我を負った[250]。

バーミンガムでは、その年の4月から5月にかけてのキャンペーンで1ヶ月以上も、黒人らによるマーチ、ボイコット、シット・インが続いていた。正確にいうと、それらの運動は「パチパチ！」と、弾けるように始まったり、「パッ！」と、大きく燃え上がったり、そうかと思うと、ローソクの火のように揺らめいて消えかかる、そういった状態が続いた。それがバーミンガム・キャンペーンである。そうした中で、商店街との妥協が成立していた（黒人らと、市長や商

248　彼女は後にはNAACPの会長になっている。なお、彼女がWilliam Petersとともに1967年に出版した伝記「For Us, the Living」は、1983年に映画化され、PBSでも放送されているし、入賞もしている。また大学や空港、高速道路などにMedgarの名前が付されたものがある。

249　中でも北部の白人でフリーダム・ライドに参加し、白人や当局に暴行、逮捕された人々の行動は、南部の黒人に強い感動を与え、この後の（選挙法の立法や学校制度改革のための）公民権運動に力を加えた。

250　1963年9月16日のワシントン・ポスト紙は、"Six Dead After Church Bombing"の見出しで伝えていた。

145

店街代表との間での初めての妥協であった）。

　9月15日の爆破事件は、明らかにバーミンガム・キャンペーンの成功に対する仕返し、意趣返しであった。さらに、キング牧師の「私には夢がある……」スピーチから18日後というタイミングもあった。

　その間も、地元での多くの集会は、この十六丁目の黒人教会で開かれ、そこから行進が始まっていた。人々が歩き始めると、そこには、獰猛な警察長として知られた公安委員長のEugine Connor以下がいた。キングらは、深南部で最も差別意識の強いこの街で、その警察に対決しようとしていた。コナーに対決しようとしていた。

　警察は、「行進許可を見せろ！」と叫ぶが、そんなものが与えられているわけがない。

　デモは、ある日には2500人もの黒人らによって行われた。彼らが、口々に讃美歌を歌いつつ、十六丁目教会から出てくる（マーチの参加者の中には、途中で、白人教会に立ち入って祈ろう、とする者もいたが、黒人らは入れてもらえない）。すると、警察車両が、次々に前に寄ってきて、20人、40人と、黒人の若者、子供らを、車両に詰め込んでいく。それでも、何しろ大人数である。

　警察線を突破して、黒人らが、バーミンガムの町にまで溢れ出す。中には、警察の暴力に対し、暴力で手向かう若者も出てくる。序でに商店に押し入り、「破壊した」、などのことも生じる。しかし、最後は、応援の警察などにより押し戻され、再び教会の中へと入って、入口のドアをピシャッと閉める。

　十六丁目教会は、かっては、第一黒人教会と呼ばれていた。キング牧師やAbernathy牧師、シャットルワース牧師など、SCLC、COREのリーダーが、公民権運動の絡みで、ちょくちょく利用していた（キング牧師も、お説教によく使っていた）教会であった（黒人らによるデモなども、多くがそこのポーチを出発点としていた）。その意味でも、KKKらの憎しみの的となっていた。

　教会爆破の前、白人がシボレー車から降りてきて、教会の石段に箱を置いたことが目撃されていた。爆発は、それから間もない午前10時22分に起きている（4人の少女の命を奪った今回の教会爆破事件は、バーミンガム市内でのこ

の8年間で、21件目の爆発事件となった[251]）。

　第1犯人に加え、2001年になって、2人目の犯人として62歳の、ダイナマイト・ボブの仇名の、やはり元クランズマンが、終身刑の判決を受けている。

　この教会爆破事件の7時間後にも、2人の黒人少年が銃殺され、3人目が負傷させられている（前注ワシントン・ポスト紙）。これらに対する黒人らの怒り、憤り、憎しみの炎も燃え上がった[252]。

　夜の帳が下りるとともに、あちらこちらで銃声が聞かれ、また白人が運転する車の窓には石が投げ込まれるなど、バーミンガムの町は暴動寸前の、騒然とした状態になっていた（警察は、その夜の間に黒人の事業所のある所で、少なくとも、4つの火事を確認している）。

　（b）爆破事件の時、アトランタにいたキング牧師は、ケネディ大統領に電報して、

　「すぐにバーミンガムに行き、黒人らが暴動を起こさないよう説得する」、旨を告げている。その夜バーミンガムに着いた彼は、直ちに、地元のシャットルワース牧師と打ち合せをしている[253]。

　教会近くには、ウォレス知事が移動させた州兵500人が待機しており、頬に涙の筋の跡のある市長ブートウェル（Albert Boutwell）が、州の応援を依頼した旨を、群衆に報告している一方[254]、市議会では、緊急集会を開いていた（そこでは、「戒厳令を発してはどうか」、の提案は否決された）。

　8年前に出されていたブラウン第2判決が命じていた「公立学校での人種統合命令」に対しては、ウォレス州知事が、州立大学への黒人学生入学などで抵

251　この爆破は、バーミンガムで1ヶ月の内での4つ目、9月4日に町が今の暴動に近い状態に陥ってから、10日余りで3つ目であった。

252　NAACPのRoy Wilkinsは、ケネディ大統領に電報を打ち、連邦政府が手をこまねいていたら、「現地の黒人は、生命の危険があると感じて絶望的になり、暴動が起きるだろう……」と告げていた。

253　彼はまた電報でウォレス知事を非難している。「お前の手に、今この幼い少女らの血が付いている。お前の無責任で誤った行動が、このバーミンガム、アラバマに、こうした暴動の雰囲気を生じさせ、暴行が盛んになり、そして今や殺人が行われた」。

254　大統領は、ロードアイランド沖のヨット上にいたが、無線で報告を聞いていた。弟のロバートは、公民権担当次官補を、25人のFBIの検事とともに、バーミンガムに急派した。

抗する中、この街でも、統合に対する白人による強い反感が続いていた。

　つい前週末にも、大統領が州兵を連邦軍化する命令を出すとともに、バーミンガム、モービル、タスケギーというアラバマ州の3ヶ所で、公立小学校での人種統合を何とか実現させられたばかりであった。

　加えて、5ヶ月前のバーミンガム・キャンペーンでは黒人らが、初勝利を収めていた（上記(ハ)(c)）。KKKやWCCなどの怒りと苛立ちがピークに達していたとしても不思議ではない。

　今、爆破された教会の前では、主任牧師のJohn H. Crossが、マイクを片手に、集った人々に呼びかけていた。

　「警察が必要な調査をすべてやってくれていますから、どうぞお帰りください。」そして、少し涙ぐみつつ「主はわれらの羊飼……乏しいものはなにもない……」と述べていた。たった1つのステンド・グラス（幼子らを連れたキリスト像）だけが窓枠から外れないで残っていたが、そのキリスト像の頭は吹き飛んで、なかった。

　5ヶ月前の状況を振り返ってみよう。バーミンガム市での人種差別意識の強さが、コナー（Bull Connor）の強猛さとともに広く有名になると、州や市が意図する企業誘致にも支障が生じ出した。

　白人の市民の中には、KKKやWCCなどの白人至上主義に染まった者がいる一方で、「もう少し、ましな扱いをすべきだ……」と、黒人らに同情する者も少なからずいた。

　前述のように、5月11日の夜にはKKKが、キング牧師の宿泊先と、その弟の自宅などに対して2回ダイナマイトを仕掛けていた。2回目の爆発の前にもキング牧師らは、退避していて無事だったが、事件を知った黒人らは、警官や白人に対し投石したり、ナイフで傷つけたりで、市内は、ちょっとした暴動状態になって行った。

　キング牧師が提案した市との和解条項が受け入れられた背景には、ある程度こうした暴動寸前の市の状況に対する懸念、ひいては企業誘致などが、完全にストップしてしまうことへの心配もあった。但し、こうした合意が、KKKや市

議会の中の分離派議員の手前、どこまで守られるか、それに対する答えはなかった[255]。5月8日の午前4時に、商店街のリーダーらは妥協したが、政治家らは納得したわけではなかった。

そのうえで、タイム誌は「最も不吉なのは、この間隙を縫って、マルコムXらの武闘派のブラック・パワーが、力を伸ばしてきたことだ」。

（ラスティンの起案とはいえ）子供を大勢デモに引っ張り出したことで、キング牧師も、あちらこちらから非難されていた。

「キング牧師の非暴力運動が、人種平等、人種統合を求め訴えているのとは反対に、彼らの、やっていることは、両者の分裂、敵対、黒人世界の優位を標榜するものだ」、とも批判されていた[256]。

ケネディ大統領も、記者会見で、「連邦政府は、出来ることはすべてやってきた」といっていた（「それなのに、あの惨事は何だ」式のコメント）。他方、NAACPのRoy Wilkinsは、「警官が女性の喉元を膝で押さえつけている姿を見た途端、すべての冷静さは窓の外へ飛んで行った……」といっていた。

（c）爆弾事件から34年後の1997年7月、連邦司法省とアラバマ州とが、この教会爆破事件の再調査開始を決定している（州の司法長官が交代し、この34年間に、相当な量の新証拠があることに司法省が気付いたのが、きっかけとされる）。

その前年（1996年）にも、連邦議会は、黒人教会を狙った爆弾（ダイナマイト）事件の多いことの対策として「人種的色彩の下で、教会施設を破壊する一般の行為を連邦犯罪とする」、旨の立法を行っていた[257]（犠牲となった教会は、犯罪者から取立てた資金から弁償を受けられる）。

公民権運動に関する史上最悪のこのバーミンガムでの教会爆破事件につき、

255　また、投獄されている者の処分は、「保釈の問題で、答えられない」とされたが、大統領からの言葉を受け、AFL-CIOと、その傘下の大手労組が、すべての人の保釈金（現在の価値で183万ドル）を集めて、処理された。タイム誌は、このバーミンガム事件での「勝者はいない」といっていた。

256　ハーバード大学ロースクール学長Erwin Griswald（合衆国公民権委員の1人）は、「……キング牧師が、その非暴力活動での持てる力を十分に使わなかった……」式のことをいっていた。

257　懲役20年までで、時効期間も7年とするなどのChurch Arson Prevention Act of 1996 (Pub.L. 104-155)は、クリントン大統領によってサインされた。

歴史家ガロウ（David J.Garrow）が、これを「爆弾事件だけの問題ではないのでは」、「連邦司法省にフーバー長官（J. Edgar Hoover)がいた、1960年代頃の南部の事件一般に、共通の問題ではないか？」とコメントしている。司法省では1981年に、フーバー長官がKKKに対する訴追を止めさせていたという。

　確かに、これ（彼の長官時代、南部での人種絡みの事件の調査に身が入っていなかったこと）を裏付けるかのような資料も挙げられている。エバーズ（Medgar Evers）殺害事件（1963年）での犯人について1994年になって、新たな証拠が示された。また人種絡みとは限らないが、ケネディ大統領事件（1963年）での犯人についても、大分後になって、手掛かりが発見されている。

　ガロウは、これらの遅れを当時、その地方を担当していた、KKKの悪名高かった支部Eastview Klavern 13の存在にも結びつけるとともに、フーバー長官個人のキング嫌いと結びつけている（その程度は、捜査機関の長が被疑者に対し普通抱く感情とは、ちょっとかけ離れて、「まるでライバルに対するもののようであった」と評している）[258]。

　このバーミンガム爆弾事件は、最大の犠牲者を出したが、その分、間違いなく公民権運動を勢いづかせた。

　検事は、事件の背景を陪審員に説明した中でいっていた。「被告人は、教会が人々の活動の拠点ともなっていたことと、当時の何ヶ月にも及ぶ公民権デモに反応したものだ……」[259]。連邦検事は、事件から34年後の最終弁論で陪審員に向かって述べていた。

　「正義（公正な裁判）にとって『遅すぎる』ということはありません」。検事はさらに、4人の少女の両親らが傍聴を終えて法廷を出る時、両親の1人を抱きしめた後、記者らに向って涙を抑えながら、「私達は、これら家族のために喜

258　彼は、フーバー長官がこの地方での犯人検挙にあまり乗り気ではなかった理由として、他に2つを挙げている。第1、フーバー長官は確実に有罪判決を得られそうな事件の検挙に力を入れた（本件などは、白人の陪審が、有罪判決を出しそうもなかった）。第2が、フーバー長官個人の情報源、法的に問題視されうる盗聴の実態を、捜査機関の前に曝け出す可能性に、抵抗があった。

259　白、黒のビデオスクリーンの上に当時の教会と、日曜日の服装をした少女らの姿を映し出しつつ、副検事が加えた。「被告人は、黒人なら誰でもよかった。殺しさえすれば、それでよかった……」。

んでいます。亡くなった少女らのために！」といっていた。

2001年になってバーミンガム教会爆破事件の第2の犯人が検挙されたことは述べたが、犯人Thomas Blanton, Jr.（62歳）は、陪審員の前に引き出される前に裁判官から、「今のうちに、何かいうことはあるか」と聞かれた時、「神様が、世の終わりの日に、きっとキチンとしてくださるでしょう」、と答えている（そのBlanton, Jr. は、今2016年、78歳で4つの無期刑に服し、保釈の申し立てをしたが、犠牲者の遺族らの反対により否定されていた[260]）。

（d）第1の犯人 "Dynamite bob" Chamblissを挙げるまでに、警察は兎に角14年かかっている。その後、2000年に第2と第3の犯人の起訴が行われた。BlantonとCherryである。

1993年になってFBIによる事件の再開のきっかけを作ったSCLC支部の牧師は、その時いっていた。「ここまでくるのに時間がかかり過ぎました」。「判決が正されても、あの4人の少女の小さな命は戻ってきませんが……正義が遂に果されたのです」と。

陪審員は、8人の白人（女）、3人の黒人（女）と1人の黒人（男）であって、全員無言のまま法廷を去って行った。これに対しBlantonの弁護人は、次のように述べていた。

「事件の性質と知名度から、陪審員がエモーショナルになり過ぎですよ。（別の場所での法廷に）再審を請求するつもりです。だって、このバーミンガムじゃ、公正な裁判は無理でしょう。公正な裁判を受ける彼の権利は損われたままです……」。

検事らによる起訴事実に反論して弁護人は、さらに問題点を指摘した。「検事は、Blantonが黒人を嫌っていて、その悪口をいっていたことまでは立証したが、爆弾による殺傷は証明していないし、Blantonを撮ったとされる不明瞭なテープは、FBIが違法に入手したもので、証拠能力が否定される……」。

---

260 NPRは、このバーミンガムの十六丁目教会が、今では名所の1つとなっているとし、その大きな写真とともに、遺族の言葉、「我々は、個人的恨みに留まることなく、この国での法の適正な執行を求め、彼が4つの無期刑に服するよう求める……」、を載せている（2016年8月3日、npr.org）。

151

FBIは、事件の翌1964年になって、Blantonのアパートに密かに隠しマイク を取りつけ、Blantonが、同じクランの別の男と会話しているのを録音してい た[261]。そのテープの1つで、Blantonが、「俺は捕まらないよ……」、といってい るのが聞こえた。また彼の家の台所での録音分では、妻に「爆弾計画………」、 などと喋っていた。

　この部分につき、弁護人は、その前の26分の部分のテープを、検事がプレイ しないから、「真空の中の会話だ……そんなのは、証拠として判断出来ない…」 と反対していた。

　第3の犯人チェリー（Bobby Frank Cherry）については、精神鑑定が必要か どうかで揉め、手続が遅れていた。第4の犯人キャッシュ（Herman Cash）は、 起訴されるまでに死んでいる[262]。

　FBIのフーバー長官が、キング牧師を嫌っていたことは述べたが、この捜査 に絡んでも、アメリカ合衆国の刑事司法の歴史に汚点の1つとなりうるような ことが、彼の依頼により命令されていた。彼の申出ていたキング牧師に対する 盗聴命令許可を、司法長官ロバートF.ケネディが、1963年10月10日に承認し ていたのだ。

　彼ロバート・ケネディは、アメリカ共産党の、ニューヨーク支部に関わって いたとされる弁護士Stanley David Levisonが、キング牧師になんらかの働きか けをしていると、疑っていることが知られていた。

　FBIによる別の2人のコンタクト（やはり元共産党のシンパだったJackと Morris Child兄弟）に対する秘かな捜査も続けられたが（チャイルド兄弟は、 1940年代から弁護士Levisonと直接のコンタクトがあった）、この捜査命令自 身も、捜査に関わる事柄も、キング牧師暗殺から少し後の1968年5月まで、全

261　その録音中でBlantonがいっていることを、副検事Robert Poseyは陪審員に向かって説明していた。「俺は、 なんでも徹底してやる男さ。釣りであれ、猟であれ、殺しであれ……」「女はもう卒業した……今は教会爆破 さ……」と。これに対しては、弁護人が、「こんなのは、2人の酔っ払いの大ぼら以外の何ものでもない……」、 と反応した。

262　第1犯人のBob Chamblissは、1977年に殺人の罪で判決を受け、1985年に獄中で死亡した。残りは、フーバー 長官が、ストップをかけていたことから、1997年まで進まなかったが、その年、FBIがテキサスのチェリーの 所に行き再開された。

152

く秘密にされてきた（関係書類も、ずっと極秘のままできた[263]）。

それらの書類によると、弁護士Levisonは、1956年に初めてキング牧師に会っている。まだ27歳のキング牧師だったが、モンゴメリ・バスボイコットゆえに、全国的知名度が急上昇した直後である。

それまでのLevisonとチャイルド兄弟とは、それぞれが、共産党の資金を集める2本のパイプ役であり、その点で1つに繋がっていた。それが、1956年後は切れていた。

弁護士Levisonによる突然の共産党との切断を、FBIは、「もしかしたら、策略では……」と考え、ケネディも「用心を怠るな……」、式のことを命じていた。それが上記のような、盗聴許可となったのであった。

（e）Levisonはその後、キング牧師が一番親しく何かと助言を求める白人となった。キング牧師は、報酬の支払を申し出ていたが、Levisonは受け取らなかった[264]。

一方、大統領と司法長官のケネディ兄弟を含め、政府高官らの疑問（キング牧師が共産党と関係していないか）は解消しないまま、ケネディ兄弟は相次いで暗殺された。その後を受けたリンドン・ジョンソン大統領は、同じように、その疑問だけを引き継いでいた。

キング牧師は1965年5月初めに、ベイヤード・ラスティンにいっていた。

「共産主義は、我々アメリカ人の思想・信条とは相容れない異国の哲学だよ……そのことを、声明に入れようとしたが、彼ら（SNCCの連中）は、受け入れないんだ……」これは、共同声明の内容を巡って、SCLCとSNCCとの間で一致が得られなかったことを指していた。

FBIは、このような会話のテープも入手していながら、それを、ケネディに対して上げていなかったと同じように、ジョンソン大統領にも、上げていなかった[265]。

263　歴史家ガロウが、連邦の情報公開法により、これらの書類を公開させ、以上のような事実を記事とした。

264　キング牧師が1961年12月のAFL-CIO年次大会で行ったスピーチのかなりの部分をLevisonが書いたという。その後、6月半ばに大統領と司法長官のケネディ兄弟が、それぞれキング牧師に会った時には、キング牧師に対し、Levisonなどニューヨークの元共産党分子には会わないように話していた。

265　ガロウは、この雑誌への寄稿文を次の文で締め括っている。「元共産党のチャイルド兄弟が、FBIの手先に

153

2.「私には夢がある」スピーチと、それから

(ホ) ワシントン大行進

（ａ）さて、バーミンガム・キャンペーンの3ヶ月後、ワシントン大行進（March on Washington）の時が来た（1963年8月28日）。計画には多くの黒人団体が絡んでいた。こうした団体間には無論、「同床異夢」の所も多少あったものの、彼らが一緒に（文字どおり一列に並んで）行進したことが素晴らしかった。キング牧師の主宰するSCLCが、広く公民権法の立法促進を目的としていたのに対し、ランドルフ（A. Philip Randolph）や、先述のキング牧師の先輩でもあるベイヤード・ラスティンらは、すぐ目前のゴール、「仕事と自由を求めて」をスローガンに掲げていた[266]。

この他COREやSNCCの各代表、NAACPのロイ・ウィルキンス、更には全国都市連盟（NUL）のグランジャー（Lester B. Granger）も、マーチに加わっていた（なお、ランドルフ、ウィルキンス、グランジャー、それにキングの4人は、これより5年前の1958年6月23日、アイゼンハワー大統領とホワイトハウスで会談している）。

このワシントン大行進に対する予めの世論の反応は、大方が、懸念と恐怖に支配されたものであったといってよい。

「武力衝突が起きはしないか」、

「アメリカの首都が滅茶苦茶にならないか」、

といった心配であった[267]。

実際、大統領ケネディは、この大行進に初め反対していた。それには、ベヴェ

なっていなかったら、もし彼らが、元の仲間Levisonとキング牧師との交流をFBIに報告していなければ、ケネディとジョンソン大統領のキング牧師や深南部黒人の公民権運動に対する見方も、もう少し暖かいものになっていたろう…」。

[266] ランドルフは、1925年に結成した初の黒人による労働組合、寝台車ポーター組合（BSCP）のリーダーで、この時期は、政治活動にも公民権運動にも、携わっていた。このワシントン大行進では最年長ということもあり、全体のヘッドとなっている。

[267] 「ライフ」誌は、「Bull Run（南北戦争での最初の戦いで、政府軍が敗走して、ワシントンに逃げ帰った）以来の最悪の侵入で、震えが来る」、などと書いていた。

154

ルが3ヶ月前に実行したアラバマ州バーミンガムでの公民権運動の行列のこと
があった。子供や少年らを参加させていたこと、対する取締りの警察の方も、
猛犬や放水銃まで使って、これを襲っていたことも、影響を与えていた。

　バーミンガム・キャンペーンの1ヶ月後の1963年6月、ケネディ大統領も、
ランドルフら、公民権運動のリーダーらと面談している。彼らが、「ワシント
ン大行進」計画を翻していないことを知ったケネディは、万全の警備対策を命
ずる一方で[268]、政府も協力姿勢であることを示すようにした[269]。

　以上のように、かなりの混成団体、大人数であったのにもかかわらず、この
大行進「仕事と自由を求めて」は粛々と行われ、大成功を収める。即ち、ケネディ
らが予想していた10万人を遙かに超える、25万人が参加したとされる[270]（この
ジョージ・ワシントン以下、4人のアメリカの偉人の像がある国有広場（モール）
は、その時までに記録された、最大の人出によって埋め尽くされた）。その一
方で、殆どトラブルが起きていない。

　（b）ワシントン大行進の花形はなんといっても、キング牧師による「私には
夢がある」スピーチである（ランドルフに比べ、半世紀近く後輩の彼は、一番
最後の16番目のスピーカーとなった）[271]。

　最後の演説だったが、雑誌「ガーディアン」によると、「アメリカの痛いとこ
ろを突いていた」。

　キングはしかし、人種分離に対する攻撃をする以外では、アメリカ人が大事
にしている建国の父祖らが掲げていた理念などを貶すことは、全くしていない。
自らが、それまで育まれてきたと同じ、アメリカ人一般の心情を大切にしてい

268　国防省ペンタゴンは、19000人の部隊を郊外に待機させた。しかし、25万人の参加者のうち、逮捕者は僅か4
　　人で、しかも、すべて白人であった。

269　この会談から1週間後、ケネディはドイツへ行き、そこで、ベルリンの壁問題でのソ連による抑圧政策を激し
　　く非難したが、ソ連は、アメリカ国内の（黒人の）人権問題を取り上げて、これに対し反論していた。

270　バス2000台、特別列車21、チャーター機10と、無数の自動車が動員され、夕方前にはすべて綺麗に元通りに
　　なったという。

271　この"I Have a Dream"は、単にアメリカの国内だけでなく、海外でも大きな反響を呼び起こした（例えば、何
　　世紀ものイギリスによる圧政に苦しめられてきたアイルランド人に、とりわけこの1960年代、北アイルラン
　　ドのカトリック住民や、また1970年代から80年代にかけては、南アフリカの黒人、さらにその後も、東
　　ヨーロッパのロマ（ジプシー）の人々に、大きな影響を与えたとされる）。

た。その点で、ソ連に対する意味でも体面を損わない演説であったといえる[272]。

　後半のDream部分は、原稿にはなかったことは確かだが、「即席」ではない。"Dream"についての話しを、彼はデトロイトでのそれを含め、何回かしていた。これは、彼の他の演説でも同じである。同じく雑誌ガーディアン2013年8月9日によれば、キングは前夜、人に原稿を見せて相談しており、その際の助言は、「前と同じことが出てくる……」、というものであった。中継のため、3大テレビが来て全国に放映されるという点では、キングにとってもSCLCにとっても、大事なチャンスであったから、今回は、「少し斬新なものを……」という気持ちはあった。

　とはいえ、この大広場（モール）でのDream演説には、特別なものがあった。彼の雄弁さを、25万人の前で、証明することになった（といっても、彼の演説が始まった頃には、暑さなどから、もう立ち去った人も、かなりいた）。

　彼のスピーチをテレビで見て感銘を受けたケネディ大統領は、妻のジャクリーンに、「凄い話し手！（incredible speaker）」だと伝えていた[273]（そのキング牧師を、ケネディ大統領がマーチの直後、ホワイト・ハウスに招いている）。

　讃辞は、ケネディ大統領だけではなかった。この演説が全国放送されたことにより、広く一般の白人の知識人の間にも、彼が雄弁家であることの認識が行き渡り、彼の名は鳴り響いた。

　キングの演説には、人に訴えかける、耳にジンと残る何物かがある。その1つが、1節ごとに合いの手を入れることである。もう1つが、キング自身が自らに問いかけ、自らが答える、問答形式を多用していることである。

　例えば、彼が死の8ヶ月前の1967年8月27日、シカゴ市内のピスガー山（Mt. Pisgah）伝道教会で行った演説「なぜイエスは、男を愚か者と呼んだか」があ

272　とはいえ、白人と黒人とでは、このDreamスピーチに対する反響は、かなり違ったものであった。「ガーディアン」が引用する「ニューズウィーク」誌によると、（こうした運動により）「黒人が早く進もうとしすぎる」、と答えた割合が、白人では74％もあったのに対し、黒人では3％でしかなかった。

273　キングは、周囲の色々な意見を聞いた上で、原稿を持って、「じゃ、部屋に行って仕上げるから」と、ウィラード・ホテルのロビーから引き揚げた。

156

る[274]。

　その中で彼は、自らの語りの殆ど1節ごとに、区切りとして、「イエス」とか、「アーメン」「ヤー」とか「オールライト」「我が主よ」とかの、合いの手を入れている。

　そして、もう1つが、わかり易い単語の繰り返しによる強調である。そこでは、各節の頭に同じ句、「100年前……（five scores ago…）」が、繰り返されていた。

　その日から100年経つが、「……未だに自由ではない……」などである（アメリカの黒人らが、「第2の独立宣言」だとする、リンカーン大統領によるあの開放宣言の日から）。

　これと同じことが、「私には夢がある」スピーチでもある。導入部を過ぎた辺りからは、自らが答える、「今こそ、その時だ！」の繰り返しになる。

　「今こそ、デモクラシーの約束をた果たす時だ！

　今こそ、人種分離による暗闇と絶望の谷間から陽光輝く、人種間の正義の道へと立ち上がる時だ！

　今こそ、我が国民を不正義な人種問題の砂走りから、兄弟のような硬い岩の上に持ち上げる時だ！

　今こそ、正義を、すべての神の子にとり、現実のものとすべき時だ！」といった風に進んでいく。

　そして、演説自体の呼名ともなった、"I Have a Dream"の句そのものもまた、繰り返しの言葉となっている。例えば「私には夢がある」、と掛けたうえで、「不正義の火で焼け、抑圧の熱で沸騰している、このミシシッピ州の野ですら、自由と正義のオアシスに変わる日が来ることの夢……」などが受け言葉となっている。

　この「夢がある」が、それぞれ異なるニュアンスと中味の受け言葉を伴って7回出てくる（7回出てくるうちの1つが、ジョージア州の赤土の丘の上で、かつての奴隷の息子らと、奴隷所有者の息子らとが、1つの兄弟のテーブルを囲

274　これは、ルカ伝12章13~34(20)節、山上の垂訓の言葉による。Leo Tolstoyによる1886年の、イワン（のバカ）の死、「人は、どれだけの土地を欲するか」などからもヒントを得ているとされる。

む日のことを夢見る』である）。そのほかの合間にも、繰り返しとしての、「私には夢がある」だけが、2回出てくる。

さらに、全体の締め括りには、勢いのよい発音の「自由よ鳴り響け！（Let freedom ring）」を頭に持った句が8回続き、最後に、"Let freedom ring" だけが1回、繰り返されて、結びの文に入る。

その結びの文では、「（そうだ）そうなれば、あらゆる村落から、またすべての州と市から、自由（の鐘）が鳴り響こう。そうなれば、我らは皆、黒人も白人も、ユダヤ人もその他も、プロテスタントもカトリックも、神の子として、手を携えて、声を合わせて、歌おう。あの古くからの黒人霊歌を、『ああ、神様、ありがとうございます。とうとう自由が、自由が、来ました。遂に自由になれました』、と歌うのだ」、と力強く終わる。

（ｃ）キング牧師の雄弁家ぶりは、以前からある程度の定評があった。しかし、このスピーチは、まさに彼を、「アメリカ史の中でも指折りの雄弁家」とした。

その中で彼はまず、「今、我々がその像の陰に立つその人」と、リンカーン大統領に言及した後、丁度100年前の1863年（1月1日）に何百万人もの黒人を、「自由人」と宣言した大統領が発した「大統領令（Emancipation Proclamation）」に言及し、「1世紀経ったが、まだ黒人は自由ではない」と述べている[275]。

この「私には夢がある」から後の彼の演説中には、「小切手を不渡りにしないでくれ。我々（黒人ら）は、この小切手を現金化するため、このワシントンにやってきた……」との意味の言葉が出てくるようになる（この小切手とは、黒人に万全な投票権を与えるための立法約束である）。その意味では、ワシントン大行進のスローガン「差別を止め、投票権を与えよ」、を別の表現にしたものともいえる。

しかし、「小切手を現金化」などの言葉が示すように、この辺りからキングの主張は少しトーンが変っている。経済的な分配と平等を求めるという、より

275　スピーチの後半の夢について語る部分は、元の原稿にはなく、近くにいたマハリヤ・ジャクソン（Mahalia Jackson）が、キングに"Tell them about the dream, Martin! "と叫んでから、急に話し出したことだともいう（なお、彼女は黒人のアルト歌手で、ゴスペルの女王と呼ばれ、ケネディ大統領のパーティーなどでも歌っている）。

現実的なことに重点が移ってくる（キングは、シャーマン将軍のいった40エーカーの土地などだけでは、「十分でない……」とし[276]、損害賠償の請求について述べたり、書いたりしていた[277]）。

それまでの非暴力運動を振り返る中から、非暴力の基本は動かさないものの、その主張を実現するために、「もう少し何か方法はないものか」と考えていたキング。

ワシントン大行進から4年後の1967年11月、そうした運動のスローガンとして、「貧者のキャンペーン（Poor People's Campaign）」を掲げた彼は、上記の賠償請求からさらに一歩進んだ構想を抱いていた[278]。

SCLCの勉強会でいっている。

「これは、一方の極の『暴動』と、他方の極の『正義のためのおずおずとした請願』との、中間的なものである……当局者との面会で、仕事、失業保険、最低賃金、教育費の補助……などを要求する……」。

キングは、この「貧者のキャンペーン」を、自らの公民権運動（真の平等獲得）の、投票権獲得に続く「第2章」、だと考えた。

この経済的平等に対する要求は、Dreamスピーチの後、彼がスピーチを重ねるごとに、次第により前面に出てくるテーマとなった。

共産党との関係を疑われていた彼が、こうした傾向を進め、もう1つ、政治的な意味が小さくないベトナム戦争反対運動に手を貸したことが、一部の政治家達の彼に対する支持が、次第に薄れていくことに、つながった。

（d）彼が新たに掲げた、「貧者のキャンペーン」は、翌年4月のキング暗殺の後の5月13日、「復活の都市（Resurrection City）」として、この地上に姿を現した。何十というテントや仮小屋が、ワシントンの広場（モール）上に出現

---

276 南北戦争時、南部を制圧した北軍のシャーマン将軍（William Sherman）は、戦後「今までの奴隷が被った被害に報いるため、40エーカーの農地と1頭の驢馬を供与する……」としていた（彼はそのために、サウスカロライナなどの海沿いの土地を収用して、分与を始めた）。

277 キングは、奴隷であったことによる被害の額は「計り知れない……」としつつ、賃金としての分だけでも、支払われるべきだとしていた。

278 その中味として、ジョンソン大統領と議会に対して「仕事と、健康保険と、マシな住居」を求めていた（2008年6月19日、npr.org）。

したのだ。内務省により撤去されるまでの1ヶ月余り、そこに踏み止まった。

　ワシントン大行進と、そこでのスピーチで、その年、キング牧師の名声は一段と高まった（翌1964年、ノーベル平和賞を与えられている）。スピーチ自体も、歴史家らによる1999年の研究では、20世紀最大のスピーチと位置付けられている[279]。

　バーミンガム・キャンペーンでの勝利（「1963年春の和解」という）に加え、1963年夏のワシントン大行進、そこでのDreamスピーチで、キング牧師やSCLCの意気は、この年、大いに上がった。教会でのお説教とは異なる。ところは、首都ワシントンの広場（モール）である。聴衆は、大半が黒人であり、しかも20万人規模である。その黒人らが、いかに貧しい生活をしているかは、キングが一番よく知っていた。そのような状況の中でこそ、彼が、「私には夢がある」の中で述べていた「厳しい挑戦」の意味が、正しく理解出来るのである[280]。

　だが、黒人らによる運動は、必ずしも一本にまとまっていたわけではない。その頃、イスラム教（ムスリム）牧師マルコムXらが、別の運動を始めていたことで、黒人による公民権運動は、力の分散が懸念された[281]。また先述のように、キング牧師自身が、社会主義的傾向を示すと受け止められ易い演説を始めたことから、何人かの政治家などからは、余計な反感を呼んだことがある。

　その1年前1962年9月12日、キング牧師のニューヨークのホテル（パーク・シェラトン）でのスピーチについては、その前半を前に紹介した。続く後半は、次である。

279　Univ. of Wisconsin-MadisonとTexas A&M Univ.が、公の演説について行った調査で、137人の研究者によりそのように評価された。

280　この演説から18日後の9月18日に、バーミンガム、アラバマの教会で、合唱用の衣装に着替えた日曜学校の女子生徒4人が、教会に仕掛けられていた爆弾で死亡した（(ニ)(a)）。実行犯とされた当時のKKKのRobert Chamblissは、ダイナマイトの不法所持の罪により、罰金刑のみで済まされていた。

281　キングより4つ年上のマルコムXは、一般に白人に対する関係で、キングやSCLCなどより遙かに激しい攻撃的言辞で知られ、11月に「草の根の人々へ」というスピーチをして、黒人による運動の一体化を呼びかけたが、その主張は、キングらの行き方を批判し、白と黒との分離を目指していた。キングらの運動や、またワシントン大行進とは反対の要素を有した。

「南部（黒人社会）には、悲劇的に小さく、グロテスクに歪められたミドル・クラスしか生まれず、黒人のバンカーも、工業家もゼロである。また、名のある黒人企業家も僅かで、圧倒的多数の黒人は、失業者か下積みの労働者である……」

ここでは、キングは明らかに、経済力の話をしている。アメリカ社会の中に存在してきて、今も存在する黒人に対する経済面での迫害、不正義に、黒人への不平等な扱いに、抗議している。

だが、それは反乱や暴動の呼び声ではない。その後の彼は、反抗の渦巻きの中で、「キリスト教の信仰に根ざして、魂の力をもって、平和的な方法により（抗議を）行うよう」、呼びかけている。

1929年生まれの彼が、僅か39歳で1968年にメンフィス、テネシーで殺害された。上記のI have a dreamスピーチをリンカーン記念ホールでしてから、僅か5年後のことである。

キング牧師殺害の実行犯は捕えられ、受刑者となったが、ケネディの場合と同様、そこには、政府が絡んだ有力な陰謀説が唱えられている。

そのキング牧師の石碑の記念像が、モールの一角（F.D.ルーズベルトとトーマス・ジェファーソンの記念像との中間辺り）に、また公民権法（1964）を記念するように、「独立大通りS.W.1964」の地点にも、立っている（モールでのDreamスピーチから1年後にノーベル平和賞を授けられたこともあり、彼の誕生日、1月の第3木曜日は、2月に祝われる初代大統領ワシントンの誕生日と並んで、国の祝日（休日）となっている）。

（ヘ）フリーダム・サマー

（a）さて、ワシントンでのマーチを終え、アトランタに戻ったキング牧師の行方に、何が待ち受けていたか。この頃になると、今や有名人となったキング牧師に対し、各地の公民権運動団体から、運動の効果を盛り上げたいと、応援依頼が以前よりさらに相次ぐようになっていた。1964年から1965年にかけて、師の活動範囲はジョージア州、アトランタに限られず、アラバマ州からミシシッ

ピ州をはじめとする深南部に広がっていた。多忙で多彩な生活が待っていた。

例えば、それまでキング牧師がいたアラバマ州都モンゴメリの西、約80キロ、ブラックベルトのど真ん中にある田園都市セルマから、ダラス郡投票人リーグ(DCVL)が、キング牧師の賛助出援を、SCLCに頼んできていた[282]。さらに北米随一の古さを誇る町、セント・オーガスティン、フロリダからも、公民権運動での応援要請が来ていた。

セルマでは、3年前からベヴェルなどが手掛けていた、いわゆるフリーダム・サマーの実施計画が始まろうとしていた。黒人の投票権回復のための運動計画「セルマ投票権キャンペーン」や、州都モンゴメリへのマーチなどである。広くアラバマ州内の一般有権者すべてを対象とした運動で（個別の都市とは結びついていない）、黒人らが実際に投票することを可能にし、アラバマ州内での政治的な人種差別をなくすことを志していた。

そのセルマからモンゴメリへのマーチには、当局による逮捕は勿論、場合によっては、KKKの武装グループが襲撃してくることも十分考えられ、生命の危険さえ伴っていた。

一方、投票権キャンペーンの方は、文字どおり、投票権登録のための教室を開こうという計画である（アメリカでは、修正ⅩⅤ成立（1870年）以来、（元奴隷の）黒人男子でも、憲法上は一応投票権が、不可奪の権利として認められているが、有権者が何もしなくても、投票権の「用紙が送られてくる」という、日本やイギリスとはわけが違う。自ら役所に手続きをして、登録を受け付けてもらわないと、有権＝投票者とはならない）。

小作人などが多い（元奴隷の）黒人らに手続きをさせるためには、まず投票権の大切さを、教え込む必要があった。「セルマ投票権キャンペーン」は、まさにそれをやろうとしていた。

フリーダムサマーを企画・推進したのはSNCCと、COREであった（「フリーダムサマー」の名は後からつけられたもので、当時は「ミシシッピサマー・プ

282　ダラス郡庁所在地のセルマは、公民権運動をテーマとしたハリウッド映画で初めて黒人の側から（FBIの側からではなく）見た、黒人を主演俳優とする映画「セルマ」となった（2014年12月25日封切）。

ロジェクト」と呼んでいた）。

　彼らは1964年の夏休み期間中に、北部から多くの白人を含む学生らの参加も得て、教室を開くべく計画した[283]。SNCCは、元来が個人のリーダーなしの集団としてきたが、SNCCのRobert Mosesが全体のまとめ役として選ばれていた。

　これら全体の背景には、ミシシッピ州での黒人による投票参加率が、6.7％と目立って低かったことが挙げられている。永年にわたるジム・クロウ法制の顕著な効果といえる。

　投票権登録に行かねばならないが、文盲者も結構いる黒人らを動機付けるには、彼らを色々と動機付ける一方で、夏休みのミシシッピ州内で、そのための教室を開いておく必要があった。多くの白人学生を含め、北部州からの支援を頼む必要があった（実際に2000人近くが、北部州から参加したとされる）。

　実はSNCCは、1963年にも1回、"Freedom vote"という模擬投票のための行事を、開いていた[284]。今回は、フリーダム・サマーのためのより具体的な準備が、1964年2月に始められた。

　（ｂ）ミシシッピ州のような閉鎖的な地縁社会に、このように大勢の「よそ者」が入ってくること自体、地元が強烈な反感を示すだろうことは、わかっていた（ミシシッピ州にはKKKとWCCの他、Sovereignty Councilという右翼団体もあった）。

　案の定、フリーダム・サマーの開始とともに、彼ら活動家たちへの攻撃（殺人、傷害など）は、熾烈を極めた（中でも、その第1日である6月21日に起きたKKKによる3人の運動家殺害事件、Mississippi Burning Trialとして有名になった）。

　これらのニュースは、テレビなどのメディアにより全国に流されるから、国民の注意を引かないわけには行かなかった。世論が高まりいく中で、7月2日

283　SNCCやCOREの計画者らは、北部の白人ボランティアが、KKKなどによる、立ち上がろうとする黒人らへの殺しなどを知ることにより、その目で南部の実状（黒人らの経済的、学習的逆境）を知り、そうして得た生の情報が、彼らが持つ有力な情報発信源へ流れることを計算していた（wixconsinhistory.org）。

284　ミシシッピ州で行われていた投票権登録の申し立て用紙（州憲法の285条に関する質問を中心に21項目からなるテストが大きな位置を占めている）に代わる、より簡単な申し立て用紙を使用して、各地の教会などを投票所とみなして開いた。

には、遂に画期的な公民権法案（1964）が連邦議会を通過していた。

　他にもSNCCやCORE、それにSCLCなどの団体が予測し、計算していたことがあった。「ミシシッピのような深南部州の、折紙つきの政府役人や議員らでは、どうしようもないが、連邦政府ならば、司法省や連邦議会ならば、動いてくれよう（何しろ修正ⅩⅤ,2が連邦議会に、そのための立法を命じているのだから、動かざるを得まい）」、連邦政府、連邦議会に対し、「物申そう」との考えである。

　そのためには、連邦政治の場での発言権を得ることが前提となる。連邦議会に出席する南部民主党の、出来ればそのミシシッピ州代表の中に、1人でも黒人の代表を入れることである。その前段階として、翌年（1965年）8月にアトランティック・シティで開かれる民主党全国大会（DNC）に、代表を出すことがあった。

　そのために、まず、今の白人しかいない民主党大会、1964年8月の民主党全国大会（DNC）に、先ず黒人が出られるようにすることが、第1歩であった。何よりも票が必要である。

　具体的な道筋として、「何の稼ぎにもならない」ばかりか、KKKなどから狙われやすくなることから、まったく気の進まない黒人（農民などの一般住民）らを集めて、投票権の意味について、公民権の意味などについて、教育する（フリーダム・スクールという教室を開く）ことがあった。一般の黒人農民のための模擬選挙（Freedom Election）を行うことが必要であった。

　SNCCやCOREなどが、もう1つ計算していたのが、注75のように北部州人を含む全国的な（白人らを主とした）応援団を、ボランティアとして、この運動に呼び込むことであった[285]。

　1962年には、SNCCやCOREの上に立ち、この2団体の他、NAACPやSCLCなど、すべての運動団体を一本にまとめる上部団体として、地域団体連合会＝Council of Federal Organization（COFO）が作られていた。

　そこには、SNCCやCOREを中心とする122人の公民権運動の指導者がいて、

285　ボランティアの総数は、1500人に上った。その多くが、北部州の大学の白人学生であった。他に、全国教会評議会をバックとした254人の牧師、169人の弁護士、50人の医療関係者が含まれている。

実際の計画と実施に当たっていた[286]（このCOFOの運営・維持のための人と費用の8割をSNCC、2割をCOREが出している）。

　さて、以上のようにして、闘争（1964年フリーダム・サマー）の盛り上げのための準備が整えられた。この闘争は、公民権（黒人の人権）にとって1870年の修正ⅩⅤ成立のための闘い以来の、いや修正ⅩⅤの成立にもかかわらず、その後失われていた投票権回復の、闘争であるといえた。

　この権利回復の闘争に対して一部の白人らは、朝野を挙げて叩き潰す構えを見せていた。州や郡、町などの当局が、まず反対していた（警察や役所の中にもWCCのメンバーがいて、工作に組織的に関わっていた）。ミシシッピ州を主とする各州議会上院と知事らも、ともに暴力行為を戒めた連邦の指導に、そっぽを向いていた。

　プロジェクトのことを知った各州警察は、人員を倍増させた。また郡、町などの警察幹部も、人と物の増強を図っていた。さらに、州議会は、ピケットを張ることや、チラシを配る行為を罰する州法を可決していた。郡、町などの当局は、「法の執行」の名の下で、1000人以上の運動家らを逮捕していたが、中には白人も含まれていた。

　一方、州や郡の商工会議所など、民間サイド、ビジネス界の動きにも、これに似たものがあった。彼らは、フリーダム・サマーに参加した黒人らを経済的に追い込むよう、それぞれの生活の場で、利目のある手段を講じていた。それでも利かない、なお抵抗する黒人らに対しては、KKKと結び、最後は暴力で黙らせる作戦に出た。

　その結果、KKKなどの準軍組織、実行部隊グループは、暴力行為などを募らせた[287]。秋までに37の黒人教会と30の黒人の住宅が、爆弾などにより焼かれていた。WCCなども、悪だくみを募らせていた。

286　その中の1人、Fannie Lou Hamer（1917〜1977）は、地元MFDPのリーダーとして、白人至上主義のDNCに出て行って、黒人のための議席を要求し、熱のこもった演説をした。それがテレビで全国に流され、フリーダム・サマーのアイデアを、全国にわからせるのに役立った。

287　1964年6月16日〜9月30日間の3ヶ月余りで、6人の殺人、29人の発砲、50の爆弾などの事件、60以上の殴打が記録されている。

（ｃ）そんな中で、ミシシッピ州では、SNCCの活動家、グヨー（Lawrence Guyot）（1939 ～ 2012）などが、自らの政治活動のため、黒人を党に入れさせない民主党に代わり、ミシシッピ・フリーダム民主党（MFDP）という新たな党派を結成していた。民主党全国大会(DNC)では、黒人らを受け付けなかったから、これしか、方法がなかった。

さらに、黒人らも、党内での候補者を絞る予備選挙に出られるようにするために、ミシシッピ・フリーダム民主党、MFDPの代表らは、8月にニュージャージー州アトランティック・シティで開かれたDNCに対し、「白人至上主義者だけが、州を民主的に代表することは出来ない……」との申し入れをした[288]。

この要求に対し民主党は、党内意見形成のため、委員会を設けて、参考人らからも参考意見を聞くことで妥協した。1964年8月22日、キング牧師も、この委員会に出席してMFDPのために意見を述べている[289]。

この民主党大会に出ていたジョンソン大統領としても、若い頃の（テキサスのNYA支部長としての）経験もあり、ケネディやルーズベルトがしたと同じように、黒人らのために片肌脱いだ姿を見せたい所だった[290]。その一方で、テキサスが地盤の彼は、そこの民主党票を失うことも恐れた。

そこで彼は、大会で「2人のMFDPの代表をDNCのメンバーとして着席させる代わりに、秋の大統領選挙では、民主党として州内が1つにまとまって、共和党のバリー・ゴールドウォーターに対抗して、ジョンソン氏を推す」、という妥協案を提案した。委員会は、それをベースに考えることになり、解決策を見出した（妥協案にはさらに、1968年選挙では「投票権登録の人種統合も実現するから……」、との約束も付されていた）。

288　8月にアトランティック・シティで開かれたDNCの大会には、ハーマー（Fannie Lou Hamer）以下、68人の代表が出席し、「8万人がMFDPの党員になった」と主張していた。

289　この時の証言で、キング牧師は、こんなことを述べている。「彼ら(MFDP)こそ、ジェファーソンやハミルトンの本当の後継者である」。また、MFDPの代表として出たハーマーも、大会会議場で、「この国の建国の精神の黒人らによる共有」のために発言し、熱烈に喋った。

290　テキサス州でも黒人の少ない丘陵地で育ったジョンソン大統領であるが、黒人に対しては、なんとなく共感を抱いていた（Robert A. Caro）。初め渋っていた彼が、National Youth Administration (NYA)テキサスに関わることを認めたのも、そうした絡みがあった。

しかしMFDPの面々は、この妥協案では、当面、何の効果も得られないと失望し、拒否した。

　一方、強烈に反対していた民主党右派も、「妥協しすぎだ」と、怒って党を飛び出して、共和党に鞍替えしたり、中には、ジョンソン氏の代わりに、人種分離主義の急先鋒のバリー・ゴールドウォーター支持に回ったりした者もいた。

　結局、この1964年妥協は、4年後の1968年選挙で、民主党のヒューバートH.ハンフリーが、共和党のリチャード・ニクソンに負けてしまうという結果だけで、MFDPにも、反対の民主党右派にも、何の効果ももたらさなかった。

　このようにMFDPの運動は、必ずしも選挙の結果には結びつかなかったが、人々を唸らせる結果を生じさせた。即ち、1962年には、黒人の僅か6.7％しか投票権登録が出来ていなかったのが、1964年の秋、大統領選挙などの本選挙の1週間前にMFDPなどが行った模擬選挙には、KKKなどによる脅迫などにもかかわらず、ミシシッピ州内で6万2000人もの黒人が登録していたからである。この参加数は、州の民主党員（白人）の数を上回るものであった。さらに、1966年末には、南部州全体での黒人の登録は、50％を超えるまでに上っていた。

　深南部でも、最も保守的とされたミシシッピ州。政治面ではソリッド・サウス（Solid South）とか、ディクシークラッツ（Dixiecrats）州とかいわれ、また州権党（States' Rights Party）の州とも呼ばれてきた固陋な社会であったが、そこでのMFDPの運動が、それを変える、それも政治構造の底辺から、"じわり"と変える、偉力を発揮した。

　これらは皆、フリーダム・サマー運動家たちの努力の賜物であった。その準備のため、州内20の郡で開いていた30のフリーダム・スクールの賜物であった。これらのスクールの場所としては、黒人教会の他、主には州内の黒人学校が当てられていたが[291]、そこで、北部州から来た白人の大学生らが、黒人の歴史や、公民権の意味や、公民権運動の意義を教えていた。中には、英語や算数を教える場面もあった。MFDPの175人の指導員の下で、北部からの2000人のボラン

291　これらの学校は貧しく（そこでの教科書は、いわゆる「お下がり」教科書で、黒人に対する差別（用語や挿絵）が、書いてあったり、画かれていたりした。

ティア学生らが手伝っていたことも付言しなければならない。

（ｄ）黒人らの参政にもかかわらず、州政治の面でのフリーダム・サマーの当座の実績は乏しかった。それだけではない。1年以上後の1965年1月5日になっても、連邦議会下院はMFDPの要求を否決し、ミシシッピ州代表や各州代表が座る席に、民主党議員らを、白人ばかりを座らせた。

1964年の運動が終わった後での、この連邦レベルの受け止めには、幻滅を感じたMFDPらの運動家らも、少なくなかった。彼らの中には、運動が、白人の準軍組織による暴力で妨げられた面があったことを指摘し、「非暴力運動の失敗」をいう者も現れた。

南部州でのそうした白人暴力の前に、合衆国自身が、法律の厳正な運用を避け、躊躇っていたことを指摘して、（「法の支配」を基本とした筈の）「アメリカの政治の現状は、公民権を守るには、力不足だ」、と非難する者も現れた。

確かに、連邦政府の姿勢が消極的に過ぎた面はある（公民権委員会の出していた報告書で、大統領府は、中間選挙のある1970年度の報告書の内容が、低調なものでしかないことを予め知って、公表を選挙後にズレさせるよう交渉して、発表を抑えていたのが、その一例である）。

こうした状況の中からは、「黒豹（Black Panthers）」などの過激な団体も生れてきた。それを見るや否やメディアは、「黒い力運動（Black Power Movement）」という言葉を、新たに作り出していた[292]。

その際、黒人らの意識に浮かんでいたのが、マルコムXやStokely Carmichaelなどの人物であった。彼ら2人が訴えていたのは、「公民権を守るには、非暴力では駄目で、逆に、あらゆる利用可能な手段を用いる必要がある」とういものであった。今の状況下では、その言葉が再度、黒人らの注目を集めていた。

しかし、フリーダム・サマー運動は、こうした幻滅を与えた面だけではなかっ

292　フリーダム・サマー運動内での不協和音も、生じていた。そこでも差別が一役買っていた。人種が違うことからする偏見の他に、性別の問題である。つまり、黒人の指導員らの白人指導員に対する、「奴らは、初めから優越感を持って見ている……同じ指導員でも、自分らの方が上だと思っている……」式の文句に加え、女の指導員の中からは、黒人、白人ともに、女性に対する性的嫌がらせに対する文句が上がっていた。

168

た。何よりも、南部の一般の黒人らの意識を目覚めさせたのである。いや、単に「目覚めさせた」だけではない。彼らが、「実際行動とはどういうものか」「それが、どんな意味を持つのか」、等を学ぶ機会を提供した。政治問題で団結し、組織の力で動くことの意味、その学習である。そのうえで、選挙に立候補し、役職に就くという、政治のプロセスに参加することの学習である。

　実際、フリーダム・サマー運動に参加していた黒人らの中から、その後、かなりの人数が、南部での公職に就いていた。例えば、SNCCを率いていたジョン・ルイスは、その後、連邦下院議員となっていたし、同じくSNCCで働いていたメイ・キング女史は、カーター大統領の下で、アメリカの開発途上国など海外での援助に当たるボランティア団体で、140ヶ国で実績がある平和部隊（VISTA）のリーダーに任命されていた[293]。

（ト）ミシシッピ燃ゆと、公民権法の成立、ノーベル平和賞

　（a）1963年秋から計画され、1964年夏に大々的に行われたフリーダムサマー。「今まで声がなかった黒人らも、白人と同じように政治に参加出来る世の中にしよう！」「ミシシッピの政治を変えよう」、これが、黒人らの「合言葉」であった。

　ミシシッピなんぞで、こんな声を今時上げたらどうなうなるか！ 黒人らは十二分に知っていた。知っていたから、誰も声を上げなかったのである。

　それが、4年前（1960年）に結成されたSNCCやCOREなどの団体が動きの中心となって始めたこのプログラム。南部州の役人ら、警察当局、白人らの商工会によって、また彼らの別働隊KCCやWCCなどの実効部隊によって、弾圧を受けるだろうことは必至と決まっていたから、必死の覚悟が必要なことはいうまでもなかった。

　現に、フリーダム・サマーの開かれた1964年秋までに、多くの爆弾攻撃が

293　平和部隊とは、ジョンソン大統領がEconomic Opportunity Act of 1964の下で作った貧困撲滅運動VISTAに、海外版のVistaが加わったもの。元の国内版Vistaは、1961年3月にケネディ大統領の大統領令10924により発足していた（同年9月に、議会によりPeace Corps Actが立法された）。

行われていたことは、(ヘ)(b)に記したとおりである。さらに、象徴的なのが、映画の題にもなった3人の公民権運動家の殺害事件 Mississippi Burning Trial である[294]。全国的に有名になった。

事件は、CORE が中心として進めていたフリーダム・サマー運動初日の1964年6月21日に起こった。3人（うち2人は、北部ニューヨーク州の学生で白人）の若い犠牲者らの襲われ方は、手の込んだものだった。

彼らは、「フリーダム・スクールが行われていた教会が爆破された」、と聞き、まずは「事件の調査を」と、遥々とオハイオ州からミシシッピまで来ていた。その帰りに、些細な交通規則違反を理由に、彼らは警察に捕えられていた（しかも、その情報は、暴漢らに伝えられていた）。

数時間後に釈放されて警察署から出てくると、暴漢らが後をつけて3人を襲った。2人の白人は、心臓への銃弾の直撃により、黒人は殴打により、殺されていた（死体は埋められていたが、1月半後の8月4日の死体発見後の検死によって明らかになる）。警察幹部2人が加担していた。

このように、黒人らの運動に対する白人らによる反撃でも、ミシシッピ州が一番激しかった。地元では当局や、法の執行機関の中にも、折り紙つきの白人至上主義の連中がいた。自らKKKなどの準軍組織の一員となっていた上、それらの団体による殺生行為を唆していた。その結果、この1964年も、秋までに37の黒人教会と、30の黒人の住居が、爆弾などにより焼かれていたことは上記のとおりである。

こんなミシシッピ州の中心市ジャクソンに、1947年に25歳の新米記者として配属されてきたのが、マイナー氏（Wilson "Bill" Minor）である[295]。以来半世紀を軽く超えて70年にわたり、メディアの目となり頭、心となり、同地の主要な出来事、つまり黒人らによる公民権運動をカバーしてきた（着任した頃は、

294　Mississippi Burningは、ノンフィクション映画、1988年公開で、アカデミー撮影賞受賞作品となった。
295　彼は、この3月近く、94歳で亡くなっている。50歳を過ぎた頃からは、自らの新聞のために書いていた。
　　Tulane大学ジャーナリズム科を出て、当時のニューオリンズTimes-Picayuneに入り、ジャクソン市ただ一人のジャーナリストとしてやってきた。以下の記事は、NPRが伝える彼の目を通した、この半世紀強の実話のまとめとなる（2017年3月28日、npr.org）。

170

社会、政治などの記事を書くつもりで、そのため役所などに出入りしていた）。

　まず、彼のミシシッピ州に対する要約があり、それなりの重みを持っている。

　「随分以前からこのミシシッピ州について得た結論がある。要は、とても変哲な社会で、未だに南北戦争当時の南軍（Confederacy）の大義にとらわれている。その一方で、なんとも驚くのが、生硬なフロンティア意識も失われていない……。正直いって自分には、このミシシッピ州人の心は計り難い」。

　彼は続ける。

　「その自分だって、ミシシッピ州との州境からたった50マイル南（ルイジアナ州）の街の生まれだが……えらく違いを感じる。違いを感じるのは、自分が黒人らの運動になんとなく同情していたり、この圧倒的にバプティストばかりの中に1人カトリックであったり、リベラルな民主党シンパであったり、ということもあろうが……それにしても徹底している……」。

　その彼は、赴任前に描いていたものとはまるで違う世界に目を奪われ、記者魂を発揮し始めた。つまり、初め思っていたような、知事や議員相手の取材ではなく、別の所に取材の焦点が定まった。「オール・ミス」の愛称で白人学生しか入れてこなかった州立ミシシッピ大学での騒乱や、メッガー（Medgar Evers）の暗殺、さらにはエメット・ティル事件での法廷の取材などである（それらの記事を、彼の欄、「ミシシッピを見る（Eyes on Mississippi）」に載せていた）。「もう1つのアメリカ」で今まさに生起しつつある、この革命と呼んでも、おかしくない出来事の記録と伝達に己を捧げていた。

　しかし、ミシシッピ州のような地で、このような活動をすることは、一面で名前を響かせるとともに、数多くの脅迫の的ともなる。そのため、彼も警察の見回り対象とされていたくらいであった。NPRは、彼の住居が焼かれかかり、窓も壊されたことを伝えている（無論、広告主の白人らが、皆広告をストップし、彼の新聞業にもマイナスが少なくなかった）。

　（ｂ）こんな状況下で1964年公民権法案が上程されてきた。黒人らの運動が活発化する中で、また南部州からの議員による抵抗が増大する中で（議会上院では民主党議員らが、前代未聞の54日間という審議拒否（filibuster）を行って

いた）、さらにKKKなどによる残虐な行為が繰り返される中で、ジョンソン大統領は、法律を成立させていた。

　こうして1964年には、フリーダム・サマーと、公民権法の成立とが、同時に生じていただけではない。さらにキング牧師のノーベル平和賞の受賞までがあった。

　そのジョンソン大統領は、翌1965年にはさらに、初めての連邦の投票権法を議会に送って成立させている。さらに実際に、投票権登録が支障なく行なわれるよう、中央から地方の各役所に職員を送って監視するための措置も取っている。

　実は、連邦政府には、これより先の1957年にアイゼンハワー大統領の下で、公民権の名を付した独立行政委員会、公民権委員会が出来ていた。トルーマン大統領も、1946年に大統領令（EO）9808を発して、公民権に係る委員会を設けていたが、それはPresidental Committee on Civil Rightsと呼ばれ、大統領の私的な委員会で、対象も、一般人ではなく、合衆国軍の軍人と定めていた。

　その点で、1957年法の下での上記の委員会は、その地位が強化され、格上げされた上、学校、住宅、雇用という、人の社会生活全体をカバーする基礎的で幅広い内容のものであった（それらをTitle Vの下でさらに強化された公民権委員会が、その衝に当たる形になっていた）。（TitleVIIでは、さらに雇用面での平等、無差別を推進するため、専門の大統領委員会(EEOC)も、別に設けていた）。[296]。

　上記の法律が成立する直前の1964年春には、セント・オーガスティン、フロリダで問題が起きていた。この北米大陸で最も早く入植が始まった深南部の町は、その年、入植400年祭を祝うべく、準備を進めていた。「古い町にふさわしく」、セント・オーガスティンは、人種分離が酷かった。またKKKなどの白人グループによる暴力の酷さの点でも、南部の他の都市に引けを取らなかった。

　そんなところでも、1963年夏には、NAACPに係っていた地元の歯科医

296　但し、この委員会(EEOC)は、その期限も委員の任期の長さも、法定されていないことがあった（大統領の交代の都度、一旦は辞表を提出する慣わしが半ば出来ていたが、ニクソン大統領の就任時には、提出しない委員が、6人のうち4人出た）。

Robert B. Haylingが中心になって、商店街の人種分離などに対し、デモやシット・インを行っていた。1963年秋にKKKなどが、このデモやシット・インを襲い、Haylingらが怪我を負い、KKKのメンバーなどが、逮捕されるなどのことがあった[297]。

　1963年秋の事件（前注）の後、NAACPの応援を受けられなくなった地元の活動家らは、SCLCに声を掛けてきた。1964年の復活祭の週には、SCLCのメンバーと、SCLCが声を掛けて集まった数百人の北部の学生らが、人種分離の撤廃を、最終的には投票権の獲得を訴えて、デモやシット・インを行って、逮捕された。

　このセント・オーガスティン・プロテストが行われたのは、1964年春、同年7月の公民権法の議会通過の直前である。キング牧師は、5月18日にセント・オーガスティンを初めて訪れた後、再び同地に戻って、6月中はSCLCとともに、昔の奴隷市場「オールド・スレイヴ・マーケット」へ向けたデモを行った[298]。

　デモには、マサチューセッツ州のピーボディ知事の母や、同州エピスコパル教会の司教夫人など、北部の白人有力者も応援のため参加していて、逮捕、拘留されていた。

　その間、セント・オーガスティンでの公民権運動を巡る法廷闘争で、SCLCは、まあまあ良好な成績を収めていた[299]。しかし市側は、不利な判決が出されても従わず、強硬に人種分離の線を崩さなかった。同じように、市の商店街も頑強で、キング牧師らは、不満を残したまま、7月1日に市を去るしかなかった。

　（ｃ）こうした中で生まれてきた、この公民権法（Civil Rights Act of 1964）は、それまでの公民権法と名の付く法律は勿論、その後に立法された公民権法と名の付く法律を越えていた。注1でも述べたとおり、公民権運動は主として黒人

297　その際、大陪審は、Haylingらが人種分離に反対して問題を起こしたことをも、非難していた。Haylingは、NAACPのセント・オーガスティン支部長だったため、NAACPは、大陪審の要請を受けて、Haylingを職から外している。

298　その間の5月29日に、キング牧師の借りた下宿がKKKにより爆撃され、また6月11日には、人種分離レストランに入り、Abernathyなどと席に座ったところ、条例違反を理由に警察に逮捕されている。

299　1960年代、セント・オーガスティンを担当する南地区の連邦判事には、John Mi:ton B. Simpsonがいた。彼は南部で、他の連邦判事らが、地元の人種分離の動きに迎向した判決を下し、ブラウン判決などにそっぽを向いて抵抗している中で、1人敢然として、黒人らの公民権を擁護する判決を、下していた。

173

の公民権擁護を目的としていたが、出来上がった法文は、それよりも遙かに広い。包括的な言葉遣いになっており、女性、マイノリティ、そのほかの社会的弱者も、その恩恵を受けられることになった。

「公民権法」と名の付いた法律は、約1世紀も前から制定されていた。だが、ジョンソン大統領が、「1957年法とか、1875年法とかの、法律柔らかいとは違う……」と述べていたように、この1964年法は、特別である。同じ「公民権委員会」をとっても、司法長官による違反者の訴追などの歯を持つ、グッと強化された機関になっていた[300]。

議会で可決され、署名したのはジョンソン（LBJ）氏であったが、法案を提出したのは、ケネディ大統領であった。彼は1963年6月11日に国民へのラジオとテレビの演説で、「……人種の如何にかかわりなく、すべての国民が自由でなければ、誰が何といおうと、我が国は完全に自由とはいえない……」と述べていた。

法案は、大統領により6月19日に議会へ送られた。バーミンガム教会爆破事件の9ヶ月後のことである。前年1963年のバーミンガム・キャンペーンに係るこれらの犠牲に加え、A. Philip Randolphらが、ワシントンへの大規模デモ行進を予告して脅していたことも利いた。それらの運動すべての行方を、ハラハラしながら見守っていたのが、大統領と弟の司法長官とであった。

それから半年後の11月22日、そのケネディ大統領暗殺を受けて、ジョンソン大統領は、議会上、下両院の合同会議で演説している（11月27日）。

「ケネディ大統領が、成立に努力したこの法案を、可及的速やかに通すことのほうが、どんな雄弁な弔辞よりも、大統領をよりよく偲ぶことになる……」。

ジョンソン大統領が、このように意欲的に動いたのにもかかわらず、南部民主党が勢力を誇る議会での審議、中でも上院でのそれには、大きな障害があっ

300　1957年法は、司法省内に担当次官を1人増やした他、新たに公民権の侵害などの事件を調査する独立の公民権委員会を設けていた。トルーマン大統領時代のような大統領令によるものではなく、連邦法による正式なものである。但し、1964年法の下での様な、違反した州当局に対する訴追権などを司法省に与えてはいなかった（原案にはあったが、議会上院が審議する中で、LBJなどの南部民主党議員により削られていた）。

た。問題は、上院での最長期間にわたる審議拒否だけではなかった[301]。下院の司法委員会のセラー委員長（Emmanuel Celler）、ニューヨーク州からの民主党員は、法案の成立に積極的であったが、次に法案が廻付される規則委員会の、ヴァージニア州からのスミス（Howard W. Smith）委員長は、民主党でも指折りの人種差別論者であった。

　問題を強行突破するため、セラー氏は、議会が近年では2回しか使ったことのない手法（218名の議員の賛成が必要な「付議終了申請（discharge petition）」によった。

　一方、1964年初めの上院の審議でも、ハードルがあった。イーストランド司法委員長（James O. Eastland）が、法案に反対していた。ミシシッピ州からのこの民主党員は、「永久に引き延ばしてみせる……」、と見栄を切っていた。

　そのうえ院では、あのHarry Byrd, Sr.氏が、案の定75時間という演説を行い、記録的な議事妨害が続いた。

　しかし、上院はジョンソン大統領の古巣で、彼も元々南部民主党の一員で、しかも「上院のマスター」と呼ばれていたほどの実力者であったこともあり、かつ上院には、与党民主党の大御所マイク・マンスフィールドがいるという利点もあったので、結局、マンスフィールド氏のとった3分の2の多数による討議終結決議（cloture）により、全部で57日間という引き延ばし作戦を克服した。

　この後なお、上院の修正文を盛込んだ法案につき下院が再び可決して、その数時間後にジョンソン大統領が、これにサインしている。

　この法律は上記のように、単に黒人らだけでなく、広く社会的弱者の地位を引き上げるという意味を発揮しただけではない。さらなる同旨の立法の成立を促すという効用も持っていた[302]。

301　この期間中に演説したジョージア州からの民主党議員Richard Russellのいうように、反対理由は、深い人種差別に根差している。「こうした動きは、互いに混血して人種が混じり合うこと、それによる社会的平等をもたらす傾向がある……(故に、最後の最後まで反対する)」といっている（その半世紀後の新聞、2014年6月28日、latimes.com）。

302　例えば、身体障碍者法（Americans with Disabilities Act of 1990）や、妊娠女性保護法（Pregnancy Discrimination Act of 1978）などがある。

（ｄ）南北戦争後のセルマの白人ら、中でも多くの奴隷を所有していた大農場主ら。今や荒廃し閑散としてしまった戦前の綿の集積市場の前で、茫然自失状態であった。昨日までの自分の奴隷が、目の前を通るのを、選挙に行くのを、憎悪しつつも、どうしてよいかわからぬまま、眺めていた。

しかし、1870年代半ばには、前述のように民主党が再び力を盛り返してきた。1877年には、公式的にも再建期に終止符が打たれた。

そうして復権した民主党がしたことの第一が、ジム・クロウ法により、再び社会の隅々までを、人種分離の壁で仕切ることであった。

これが、南部によるいわゆる取り戻し期（Redemption Era）である。アラバマ州議会は、1901年には新憲法を成立させ、黒人らから投票権と陪審権を再び奪い取って行った。

それから半世紀、今や学校をはじめ、すべての場所で、人種分離が励行されていた。ダラス郡とともに、セルマ市でも市条例により、市警察の強化を図っていた。そうして迎えた翌1965年春、前年の公民権法の成立に引き続いて、セルマからモンゴメリまでのマーチが、本番の3月中だけで3回行われた。こうした運動が、第2の公民権法（投票権法）の成立を導いたともいえる[303]。

前年1964年には、公民権運動家らを勇気づける大きな出来事が、いくつか生起していた。まず、数十年もの間、叫ばれていて、実現しなかった憲法改正（修正ⅩⅩⅣ）の成立がある。

久しぶりに実質的な、しかも長年、投票権の要件となっていた「人頭税（3ドル、今の約9000円）」を支払えない黒人らと、最下層の白人とを狙った要件を外した、民主的な色彩の濃い改正である。しかも、それらの運動の中心人物、キング牧師にノーベル平和賞が与えられた。

公民権運動家らのこの数年の努力の結晶、公民権法（1964）も成立していた。同じく Civil Rights Act の名の1957年成立の法律に比べ、とても広汎な内容の、人間の社会生活上のあらゆる面で差別をゼロにしようとした、正に公民権基本

---

[303] 1965年投票権法の成立は、このマーチによって示された1960年代の公民権運動の棹尾を飾る成果といえる。なお、セルマから州都モンゴメリまでは54マイル（87㎞）ある。

法とも呼べる法律であった。1860年代からの黒人らの悲願の法律であった。

　これらのことが、変化の兆しが、永かった白人らによる南部の取り戻し期にも、やっと終わりが訪れていることを告げていた。それだけに、そのために努力してきた公民権運動家らに最大の喜びを与えた立法といえる。キング牧師は、ノーベル平和賞受賞後の1964年12月、ジョンソン大統領と面会している。その時、ジョンソン大統領がキング牧師にいったのは、「1965年は凄い年になるよ……貧困をなくすのさ[304]。投票権法じゃないよ、それもやるが、1965年には無理だ……」。

（チ）セルマからモンゴメリへのマーチ（セルマの血の日曜日）

　（a）セルマでは、1963年夏にも、黒人らによる投票権の模擬登録が行われていた。フリーダム・サマーである。指導していたのが、ダラス郡投票人リーグ（DCVL）とSNCCであることは、前に述べた（（ヘ）(a)）。

　それにしても、今日のセルマは、最早「南部の名所」である。アラバマ州きっての観光地である[305]。大勢の観光客が押し掛ける。そのセルマの「血の日曜日」は、フリーダム・サマーの2年後、1965年に起きた。

　2015年1月17日のNPRは、当時15歳の少女だったLynda Blackmon Loweryが、1965年3月7日のセルマからモンゴメリへのマーチに参加して、Edmund Pettus Bridge上で騎馬警察隊（Sheriff Jim Clark, his deputies and his posse）によって催涙ガスなどにより攻撃されたうえ暴行され、右目の上と後頭部に、それぞれ7針と28針縫う手術を受けた話を載せている。

　その「血の日曜日」の50周年記念（jubilee）の会、2015年3月7日。には、地元の運動家や、そのゆかりの人々は無論のこと、オバマ大統領、100人を超す連邦議会議員、ブッシュ元大統領、その他のお歴々が、郡境の橋（Edmund

---

304　これは、彼の掲げたスローガン"Great Society"に沿った発言であった。

305　アラバマ川の堤防の上に位置するセルマは、"King Cotton"のメッカのような地であり、King Cottonの言葉が流行った時代、そこには綿花売買の中心的市場があった。また南北戦争当時は、南軍の軍需工場地帯ともなり、Battle of Selmaが戦われた地でもある。

177

Pettus Bridge）の上に参集した[306]。

　セルマは、モンゴメリへのマーチの起点となり、上述のように血の日曜日の惨劇の地ともなった。前年1964年に公民権法が成立した後も、白人らは相変わらず、登録所での黒人らによる登録を事実上、妨害し続けていた。

　その様を見た彼ら黒人らは、1965年1月にも、ノーベル賞のキング牧師とSCLCの活動家らを地元に招致した。白人至上主義の最も強いこの場所でのマーチは、ある意味で、一連の運動の時間的、場所的ピークを象徴した。

　そのキングらの運動目標は、公民権法の成立を受けて、いよいよ投票権法を実現することに絞られていた。色々打ち合わせなどを経て、約90キロという長い行程のこのマーチが決まり、さらに最初のマーチが、3月7日に行われることも決まった。

　その結果が、有名な"血の日曜日"の名で知られるようになった上記の事件である。州兵や郡の騎馬警察と15歳の少女を含む活動家らが、郡境の橋の上で衝突したのである（このセルマへのマーチは、2014年に映画にもなっている）。

　第1回マーチが、活動家らにより3月7日に企画されたのには、その1週間余り前に、アラバマ州マリオンで平和で穏やかなマーチをしていた教会執事ジャクソン（Jimme Lee Jackson）が、州兵のファウラー（James B. Fowler）によって、銃で殺害されたことが、直接のきっかけとなっていた[307]。

　2月26日のこのジャクソンの虐殺に対して、悲しみと怒りの渦が巻き起こる中で、日曜日の朝、セルマのブラウン教会（Brown Chapel AME Church）には600人が集まった。SCLCの地区役員であるセルマ投票権運動（SVRM）のベヴェルが、この思い切り長大な、数日にわたるマーチを計画し、1965年3月7日、実際にそれを指揮した。投票権法成立への目標を成し遂げようとするまさに第一歩となるマーチであった。

　セルマからモンゴメリ。キングらが1965年運動の原点にしようと考えたこ

306　オバマ氏は、ジョージア州からのベテランの運動家で、永年の連邦議会議員、John Lewisをマイ・ヒーローと讃えて演説を始め、彼と腕を組んで、行列の第一列で郡境の橋を渡った。

307　26歳のジャクソンは、母を助けようとしていたところを殺された。この州兵ファウラーが犯人として特定されて起訴されたのは、なんと事件から41年後の2007年である。

の「セルマから州都まで」、の87キロの道のりは、彼らの意思を広く公に示す舞台として、不足のない長大さだった。

　中心になって動いたのは、セルマ投票権運動（SVRM）と、セルマの地元、ダラス郡の運動家らで作る、ダラス郡投票人リーグ（DCVL）であった。

　彼らが、キング牧師やSCLCの活動家らの応援を、「是非に」と求めていたのは、予想される当局による弾圧に抵抗して士気を保つためには、それが、強い支えになると考えたからであった（キング牧師も、3月9日(火)の2回目にはセルマへ行って、参加することにしていた）。

　運動は、1月から始まっていて、2月末までに、逮捕者の累計は、3000人にも上っていた。

　キング牧師の重み、役割はしかし、マーチの応援を勇気づけるだけに留まらなかった。当時、ジョンソン大統領の頭は、専らベトナム戦争に行っていたはずであるが、国内問題では、キング牧師のマーチの件を、まず気にかけていた。投票権法の扱いについて、ホワイトハウス・スタッフ（Joseph A. Califano, Jr.）を通して、キング牧師と連絡をとっていた（1月15日にキング牧師と電話で話した時に、大統領は、セルマが運動の地となる予定であると聞いていた）。

　3月7日の第1回マーチが出発して、ダラス郡境の橋に差し掛かり、橋の上に達すると間もなく、州兵や民兵らが棍棒を持ち、催涙ガス管を投げつけて、襲い掛かった。ニューヨークタイムズなどの大新聞の一面や、映画のシーンで有名となった場面である[308]。

　彼らは、ベヴェルとの共同リーダー、ボイントン（Amelia Boynton）を棍棒で殴って、人事不省にした。先頭のルイス（John Lewis）議員も、攻撃され負傷した。彼は、ジョンソン大統領に対する罵声を上げている。「ベトナムやアフリカのコンゴには、兵隊を送っているくせに、なぜ、セルマに兵隊をよこし、我々を守ろうとしないのだ……」

308　Edmund Pettus橋の上で腕を組んで歩いていたJohn Lewisらリーダーらが、警察隊らによって襲いかかられた。その時のシンパで、カメラマンとして参加していたBob Adelmanの訃報が、昨年出ている（2016年3月20日npr.org）。

（b）2日後の3月9日には、3月7日の血の日曜日の惨事を悼んで、NAACPの
ロイ・ウィルキンスを含む広い範囲の人々が参加して、全国80の都市でデモ
行進が行われた。

　実は、3月9日のセルマからのマーチについて、キング牧師やSCLCのリーダー
らは、これをやるべきか（やるにしても、すぐにか、どのような措置を取って
やるべきか。警察の過剰な介入を禁ずる裁判所の命令を得るなどの、安全措置
を取ってからにすべきか）悩んでいた。何しろ2日前の惨事（血の日曜日）のこ
とがあったが、それ以外にも考慮すべき点があった。

　連邦地裁判事フランクM.ジョンソンJr.も、運動の代理人グレイ弁護士（Fred
Gray）に伝えてきていた。「少なくとも、3月11日までの間は、マーチの差し止
めを命令するつもりである」と[309]。

　ジョンソン大統領もまた、連邦地裁の決定が出るまでは、マーチを見合わせ
るようキング牧師に強く迫っていた（この他、連邦議会の何人かの議員らは、
キング牧師に電話してきて、「デモを止めるよう」要求していた）。キング牧師
は、夜遅くから翌朝早くにかけて、支持者らと相談し、また司法省公民権局の
ドア（John Doar）とも相談していた[310]。

　一方、SNCCの方は、連邦議会のいうことなぞには、「聞く耳持たない」式の
態度で、強硬に実行を主張していた。結局、キング牧師は、悩んだまま3月9日
の朝を迎えた。そして今、彼はマーチが橋の上（3月7日の血の日曜日の惨劇の
あった辺り）まできたところで、行列を止めさせた。

　そこに跪いて祈ったうえ、人々にセルマ方面へ戻るよう呼びかけた（3月9日
のマーチは、キング牧師が全国の教会関係者に声を掛けていたことから、参加
者も、地元の人たちだけではなく、全国各地から、数百人規模の牧師や修道女

309　ロースクールで判事とクラスメートのジョージ・ウォルス知事は、判事を南北戦争後に南部人が北部人を
　　呼んだ蔑称、「scalawag, carpetbaggerのウソつき」などと呼んで、不快を表していたが、当の連邦地裁判事
　　フランクM.ジョンソンJr.は、唯一人、この運動に理解を示していたので、SCLCは、この差し止め命令が、いず
　　れ解除されると、読んでいた。

310　ジョンソン大統領の意を受け、Doar司法長官補とフロリダ州知事Le Roy Collinsがセルマに来ていて、キン
　　グらとも会っていた。この3月9日のマーチは、後に「引き返しの火曜日（Turnaround Tuesday）」と呼ばれる
　　が、それは、キングがCollinsの助言を受け入れたから、そうなった。

らを含む、2000人強が参加していた。しかも、白人も全体の3分の1を占めていた）。彼らの多くが、このキング牧師の後戻りの呼びかけにわけがわからないまま疑問や不満を表明した[311]。

こうして、3月9日のデモは、州兵や郡の騎馬警察らによる、激しい攻撃を起こさず、血の日曜日の惨事を繰り返すことにはならなかった。一方、大統領は、キングの行動を支持する声明を出すとともに、アラバマ州当局の、黒人らに対する扱いを非難した。また、投票権法を早期に議会に提出することを約束していた。

しかし夜になると、白人の暴力団やグループが、繰り出してきて、暴力行為を繰り返した（4人のKKKメンバーにより3人の牧師らが襲われる事件も、その中で起きた）。

その1人、ボストンから応援に来ていたボストン統一派教会のJames Reebは、その場で滅多打ちにされ、2日後の3月11日に病院で死亡する結果となった[312]。

（ｃ）一方、3月7日の血の日曜日の様子や、3月9日のJames Reeb滅多打ちの様子がテレビで放映されると、全国各地からアラバマ州政府と連邦政府に対して、非難の声が轟々と湧き上がってきた。これには、今まで無関心だった人々（その多くは白人）の声が混じっていた。

人々は、白人暴力団を非難するとともに、声を上げていた。

「セルマでの行進を、地元警察や白人の暴力団などの暴力から守れ」、「黒人らにも投票権を与えよ」。

キング牧師らは、白人のJames Reeb牧師が、KKKにより攻撃された後、3月11日に死亡したことに抗議し、第3回目の、もっと大きなマーチを計画した。

---

311 この引き返しの火曜日のマーチでは、キングが、ドアやCollinsら（そしてClark警部）と、いわば密約を交わしていたことと受け止められたことで、キングは、SNCCや急進派の不信を買うことになった。

312 ボストンから応援に来ていたJames Reebは、同市で、黒人らの住宅状況改善に取り組んでいたAmerican Friends Service Committee（AFSC）のための活動もしていた。James Reebの名は、投票権法のサインの時に、ジョンソン大統領によって引用されることになる。

そのための裁判所の許可を申し立てると同時に[313]、ジョンソン大統領のホワイト・ハウスと接触していた。安全の確保のための措置を依頼するためである。

　この間もSNCCは、フォアマン（James Forman）などに率いられる形で、SCLCとは別行動をとり、3月11日、3月15、16日と、モンゴメリの州議事堂に向けて、独自のマーチを行っていた。

　このような事態を受け、ジョンソン大統領は、（少し前から政府内で作業が始まっていた）、投票権法案を完成させる動きを早めさせた。そのうえで3月15日に議会の上、下両院の合同会議に出席し、法案の成立に向け、その「理解と協力」を呼びかけた。

　ジョンソン大統領はまた、その前の13日にもアラバマ州のウォレス知事と会い、知事が、地元警察のやり放題を放置したことを非難した。さらに、その1週間後には、アラバマ州の予備隊を連邦軍に編入して、セルマでのマーチの護衛を命じている。

　しかし人種分離派で、頑迷ともいえるアラバマ州のウォレス知事（George Wallace）は、こうした大統領の意向だけでなく、全国各地からの非難の声にも、頑として耳を貸そうとしなかった。それどころか、連邦地裁に対し、キング牧師らに対するマーチ許可決定を出さないよう、申し立てをしていた[314]。

　一方、連邦地裁判事フランクM.ジョンソンJr.は、3月19日になって、SCLCなどが3月8日に申立てていたマーチと集会を容認する決定を出している[315]。これを受けて、（申し立てたとおり）期日の3月21日に、第3回マーチが行われた。

　この3月21日のマーチこそは、メディア効果の点から壮観であったというだ

313　CBSテレビで放映された血の日曜日を見た地区担当のジョンソン連邦判事は、「このマーチ（表現の自由）のため国道80号を解放することの意義のほうが、それが、公道の通行に多少の妨げとなることのマイナスより、遙かに大切である」、と好意的な決定を出していた。

314　ウォレス知事側は、キングらの申し立てた事件で3月18日に追加の答弁書を出して、仮に、マーチなどを認める判決が下された場合、州は、「（白人）暴徒らが、マーチの参加者に危害を加えることになっても、それを防げないから」との理由により、連邦裁判所がマーチを認める決定を出すことに反対を申し立てていた（これに対し、判決は「連邦軍の応援も頼めるのだし、反対する意味がない」と退けている）。

315　決定でジョンソン・ジュニア判事は、ウォレス知事やダラス郡警察のクラークなどの警察当局に対し、逆に、マーチを妨害することの禁止と、行進参加者らに対する他者からの暴行に対し、保護を与えることを命じていた。

けではない。「もう1つのアメリカ史」の栄光を記すものとなった。というのは、大統領の指示を受けて、この南部黒人主体のデモは、合衆国軍兵士2000と、連邦の指揮下に入った州の予備隊1900人、さらにFBIや連邦の保安官らの護衛の下で、行われたからである。

　連邦判事の命令により、出発時300名に制限されていた参加者であるが、次第に人数が増えて行った。夜はサポーターの地所の上にテントを張るなどして寝て、1日に16キロずつのスピードで、ハイウェイを行進した[316]。

　3月24日には、州都モンゴメリに到着し、3月25日に投票権法の制定を訴える大会のため、人々が州議会建物前に到着する頃には、司法省の役人らも含め、25000人の大群集になっていた[317]。

　キング牧師らの一行は、州議会前の広場に作られた臨時のステージ上で、ハイランダー・フォーク・スクールで覚えた歌 "We shall Overcome" を合唱した（彼らは、そこで州知事ジョージ・ウォレスに請願書を渡すつもりだったが、拒否された）。

　この "We shall Overcome" は、3月15日の議会演説でジョンソン大統領が、「貧困、鞭、疾病」の3つを「アメリカの敵」とし、それらに打ち勝つとして、述べていた言葉でもあった（それを聞くキング牧師の眼に、「涙が光った」と、44年後にルイス議員がNPRの記者に語っている）。

3．公民権運動の成し遂げたもの

（リ）投票権（選挙）法を成立させたフリーダム・デイ（Freedom Day）からセルマ・キャンペーンまで

　（a）ジョンソン大統領が、キング牧師に語り掛けていたとおり（前（ト）(d)）、

316　この54マイル（90キロ弱）の道程は、現在は、南軍の大統領になったJefferson Davisの名をとって一般に「ジェファーソン・デイビス・ハイウェイ」と呼ばれている、国道80号の一部である。このマーチを祈念して、合衆国史跡に指定されている。

317　司法省から来ている役人には、John Doar長官補、元長官代理Burke Marshallなどがいた。また有名人として、ハリー・ベラフォンテやLena Horneが来ていた。

183

前年12月の時点では、投票権法が成立するのは、まだかなり先のことだと思われていた。何しろ、5ヶ月前に公民権法が成立したばかりであった。

　ジョンソンのような老練な南部民主党のボスをもってしても、その翌月早々の1月2日に、キング牧師のブラウン教会での話をきっかけに始まった運動が、5ヶ月後に議会を動かして同法成立にまで到るとは予測できなかった。

　一方、キング牧師、南部キリスト者リーダー会合（SCLC）、ダラス郡投票人リーグ（DCVL）などの運動団体の側は、また別の見方をしていた。即ち、セント・オーガスティン・プロテストが、1964年公民権法の成立を後押しし、それを呼び込んだように、セルマ・マーチなど、セルマで始まった運動を、「投票権法成立への導火線」にしたいと考えていた。

　ダラス郡地元の活動家らは、1963年にダラス郡投票人リーグ(DCVL)を結成、SNCCによる参加も得ながら、地元の黒人らの足を登録所に向けさせる運動を行っていた[318]。結果として見ると、このキング牧師やSCLC、DCVLなどの運動家側の希望、予測の方が当たっていた。

　1965年1月、セルマ以外の地の人々（多くは黒人）も、このセルマの地に集まってきた。ダラス郡に元からある投票人リーグのDCVLよりは、ずっと裾野の広くなった、キング牧師を中心とするセルマ投票権運動（SVRM）。この団体が、1965年1月2日に正式にも発足し、キングが、そのための演説を、市内のブラウン教会での集会でしていた。

　他の教会の司祭がすべて、キングが自分達の教会に来て話をすることを断っていたから、このブラウン教会での集会となった。主催者は、参加者の少ないことを心配していたが、約700人が来て、教会の内、外に溢れる参加者となっていた（警察も、この集会に「何人が集まるか」、をチェックしに来ていたものである）。

　SVRMもDCVLも、その他の団体も、この運動を通しての逮捕、投獄のリスクは、計算づくであったから、無策ではなかった。集会を1月2日にしたのも、ダ

318　これに対し1964年7月9日、州のヘア判事が、SNCC、SCLCおよびDCVLに対し、3人以上で集まることを禁ずる命令を出していた。

ラス郡警察のジム・クラークが、その日、オレンジボール観戦のためマイアミに行っていて、州と郡の取り締まり、執行はないと読んだからであった（もう一方の、セルマ市警察のウィルソン・ベーカーの方は、「州のヘア判事の禁止命令自体、違憲であるから執行しない」、と公言していた）。

（ｂ）その１月２日のブラウン教会でのSVRMの集会。キング牧師の演説の中心は、短く力強いもので、前年にノーベル平和賞を受けていたこともあり、それなりに説得力があった。演説の全文を載せるとなると長くなるが、重要部分は、短く次の①〜③のようにわけられよう。

その①は、キング牧師がよく口にする句で、彼の行動の出発点となる信念を述べたものである。

「どこかで、何らかの不正義が放置されると、すべてのところで、正義が脅かされる」。

これに続く、次の言葉が残されている。「我々（の住んでいるの）は、１つの共通の運命の衣の中、逃れようもない相互性の網の目の中である。そこでは、誰か１人が忍ぶことは、全員が忍ぶ（忍ばねばならない）ことにつながる」

次の②も、「のんびり構えているような余裕はない……運動は急がねばならない」という、やはり彼の慣用句のような言葉である。

③は、グッと身近な辺に下って来て、南部社会で白人が、黒人をどう扱っているかを踏まえた、「白人社会に対する弾劾状」のようなものである。（ジョン・ロルフの1619年の日誌をベースに数えて）340年もの間に染み付いた、黒人への差別意識に対する弾劾状である。

「田舎の方へドライブしてみなさい。来る日も、来る日も、どこに行こうと、至る所で「白人用」「黒人用」と、別々の入口のサインを見せられる……夜になって、窮屈な車の中で眠るのは嫌だからと、モーテルを訪れてごらん。黒人には部屋を貸してくれない……」。

以上が、1965年早々に、来るべき投票権獲得闘争に備えて、キングが話したことの骨格である。次に登録所が開かれるのが、２週間以上先の１月18日であったので、その間SCLCとSNCCは、登録について人々に勉強させる必要がある、

努力することの必要性を人々に納得させる必要があるとして、セルマ市の5区分された選挙区を、手分けして回った。まず、皆が説明会に出てくるよう説得しなければならない。前年1964年夏のフリーダム・サマーのおさらいである。

　登録のため1月18日に実際に役所に行くことには、強く渋る黒人農夫が多かった。警察が出てきて、見張っていること自体に加え、白人らに暴行される恐れが濃いからである。

　キング牧師らは、その日を第1回の「フリーダム・ディ」「自由の日」と呼んでいて、その間の1月15日には、ジョンソン大統領と投票権法案の提出に向けて、電話で会話をしていた。

　（ｃ）以上の経緯を経て、1965年投票権法（Voting Rigts Act of 1965）が遂に成立した。いかなる理由であれ、人の投票権を妨げるような、州などのすべての行為を禁止していた。即ち、連邦法の力により、深南部州内での黒人らの投票権が、遂に実効化されたことを意味する。

　永い間、事実上ゼロになっていた黒人らによる投票権の行使とそのための事前登録。それが改められた。19世紀末近くから1世紀近くも深南部で確立してきたジム・クロウ法制、それが、公民権運動の力により、今改められた。

　そもそも、選挙人の資格や要件を定めるのは、建国の由来からしても、州法の仕事である。そればかりか、州内各選挙区の大きさ、区割、選挙の方法（投票方法、投票場所など）を決めるのも、すべて各州、各州法であって、連邦法や連邦政府ではない。それなのに、なぜ深南部のアラバマ州セルマやミシシッピ州ジャクソンなどで、連邦投票法の立法を求めて、マーチやデモが繰り返されたのか（しかも、命の危険を冒してまで）。

　その理由として、1890年のミシシッピ州に倣い、20世紀初め（1901年）に人種差別的な憲法（1901）を制定するなど[319]、アラバマ州が、深南部11州での中でも、ミシシッピ州と並び、最大の人種差別を行っていたことがある。アラバ

319　この憲法（1901）の批准につき、大幅なインチキが罷り通っていたとする（特に、人口の4分の3が黒人のブラック・ベルトで、批准賛成票が大きい集計結果が出され、それにより、州全体として、批准が成立したとする。不正の内容としては、ブラック・ベルト内の白人大地主と、"Big Mules"と呼ばれる、銀行、鉄道、林業主などの2大利権グループが、自らの利権のために数字を作ったとする。

マ州では特に、上記1901年の州憲法が定めていたように、黒人に対する「投票権の否定、差別」が酷かった[320]。この矯正、是正は、連邦法によってするしかない。

このように、深南部で差別が特に酷く、その是正のため連邦法が必要だったことを裏付ける証拠として、実際に1965年に出来上がってきた連邦投票権法（後出）そのものがある。それを見ると、50州全体に係る部分と、深南部州だけに特化した部分と、2つの部分にわけて作られていることがわかる。後者の定めのほうが、ずっと細かく厳しくなっていることがわかる。

連邦投票権法が出来て半世紀が経つ今日では、先述のアラバマ州憲法（1901）も、その後、連邦投票権法に沿うべく、数十回の改正を経ている。深南部州のアラバマでも最近まで、白人も黒人も、単に登録用紙に氏名、住所を記入しただけで、登録が出来たが（日本と違って、少なくとも、この用紙による登録行為は必要であるが）、それが最近、そうはいかなくなった。

南部州ではアラバマのように、投票権を運転免許証（DMV）と連動させている。つまり、このDMVは、Voting-ID lawとの連動で発行される。投票権は、州内各地にある運転免許証（DMV）事務所で登録される仕組みになっている。

ところがアラバマ州では、州共和党による2011年の法律改正により、31ものDMV事務所を大幅にカットした。それも75%は、黒人らが主に住んでいる周辺地区に集中している。その法律が、2014年には発効したから、同州黒人らの投票権は実質的に奪われたに等しい。

（d）連邦投票法が出来る前の時代の州法と、その下での実務を一見してみよう。黒人が登録出来るまでには、大変に面倒で、嫌がらせ的なハードルを越えねばならなかった（それが、専ら黒人の登録を妨げるためであったことは、いうまでもない）。

まず登録所は、その郡の役所の建物内にあり、隔週月曜日とか（それも午前だけ、午後だけとか）にしか開いていない（そのため、その間、仕事場の畑など

---

320 poll tax（194条）、識字テストなど、黒人と、貧しい下層白人の投票権を否定する条文を定めていた。また、郡以下の自治体の自治権を大幅に縮小した、いわゆる"ホーム・ルールの否定"、も定めていた。それにより教育予算などを抑える一方で、大地主に土地税などを安くしていた。

を離れねばならない）。

　仕事に縛り付けられている黒人が、仮に、何とか登録所に行けたとしても、まず、白人らの作っている知的な暴力団ともいえるWCC（前出）の目が光っている。

　さらに、その頃合いを狙って、郡の役人と警察が、役所の周りをウロウロしていて、「南部のこの町のどの黒人が、大胆不敵にも登録申請のために、やってきたか」、後で嫌がらせなどをするために、見張っている。

　仮に黒人が自らを励まして、彼らの監視の目にもかかわらず、中に入ったとしても、登録官や役所の連中からは、白い眼で見られ、厳しい対応をされることは、必至であった。

　それでも、黒人が登録申請を渡してもらい、挙句の果てに、必要とされる多くのことを登録書（A4で4ページ）に記入出来たとして、この4ページ目の末尾にある、「偽証罪に当らない」旨の言葉の下に、サインもしなければならない。

　さらに、本人がサインすれば足りるというわけではなかった。登録するのに問題がない（資格がある）ことを、誰か（その郡に登録されている第三者）に証明（vouch for）してもらわねばならない（ⅠからⅥまで分れている、そのⅥが、その「別人による検査」となっていて、「本人は○○に住んでいて、自分は○年○ヶ月の間、彼を知っている。アラバマ州に少なくとも1年、○○郡に少なくとも6ヶ月以上になる……」などと書かれたそこに、別人が宣誓のうえサインしなければならないようになっている）。

　最後は、登録官によるテストが待っていた。その主観的な判断に身を委ねることになる。

　いわゆる識字テストの例として、パートA～Cからなる紙の、パートBとパートCのテストを見ると、それぞれ4問から成っている。こうしたテストに合格出来るよう、黒人を準備させるため、前述のSCLCなどが推進していたフリーダム・サマーの運動では、市民学校教室を開いていたが、これに対して当局のほうも、2年間（1964～1965）に4回といった頻繁さで、テストの中味の変更を行っていた。

またPart Aでは、アラバマ州憲法の条文を朗読させられたうえ、その一部を書くよう求められる（その間、誤った発音があれば、それもマークされる）。ここでの登録官は、いわば一種の試験官であるが、相手が誰か（白人か黒人か）によって、どの問題を出すかを、例えば、黒人には第260条（15行くらい）を与え、白人には第20条（1行のもの）を与えるように、極めて自由に決められるだけではない。採点基準も何もない（白人登録官の恣意といってよい）。

何よりも致命的なのは、誰も、その決定を争えない点がある。このような識字テストの里、深南部社会の実情を矯正しうるのは、連邦法であり、連邦政府以外にはありえなかった。

障害は、それだけではない。登録にきた黒人が、小作人、借家人、労働者のいずれかであったとしよう。登録所の役人（白人しかいなかった）は自ら、またはWCCなどを通して、それぞれの地主、大家、雇主などに連絡する。その黒人を、今の状況にいたたまれないようにするためである。

（e）3階建ての建物（ビル）のような形をしたアラバマ州、西隣にあるのが、ミシシッピ河沿いに南北に延びたミシシッピ州である。東隣にはジョージア州、さらにその南にフロリダ州がある。

アラバマ州の南3分の1から下に、南北に縦長の18の郡が東西に連なる。いずれも、黒人の人口が圧倒的に多い、アメリカでも一番貧しい地域に入る、"アラバマ州のブラック・ベルト"と呼ばれる部分である[321]。

そのベルトの中央辺の、左右に分かれた2つの郡。それぞれの中心都市としてあるのが、セルマとモンゴメリである。いずれも、公民権運動で記念される土地になった（史蹟といってもよい）。東のモンゴメリは州都であり、早くから公民権運動で実績があったし、キング牧師が来てからは、投票権問題での活動の中心地ともなりつつあった。

その54マイル西のダラス郡の中央にあるのが、（映画の題名ともなった）セルマである（映画「セルマ」は、50年前のセルマからモンゴメリへのマーチを

321　1961年でダラス郡の人口の57%が黒人（成人15000人）で、130人（1%弱）が登録できていた。それら黒人の大半は、貧困レベル以下の生活で、小作人、手伝い、門番、日雇いなどをしていた。

主題とした映画で、2014年12月25日封切りされた）。

　同月27日のアメリカの公共放送NPRは、評している。

　「これまで、公民権運動に係る映画は、他にもあったが、多くは、白人の目のプリズムを通したもので、その点、今回の映画は違う」。

　映画セルマが映し出すのは、キング牧師ら、黒人運動家を中心とする人々による、公民権運動での「非暴力直接行動」の光景である。彼らが、州の警察隊などに攻撃され、暴行される、その一部始終である[322]。

　（ｆ）映画セルマが映し出したように、マーチは遂に投票権法の成立を導いた。セルマからのマーチ、法の成立から数年後の世の中の変化に移ろう。

　変化の1つ、バスィング（busing）は、1970年代初めから全米規模で、ことに南部州で起きてきた動きである。ブラウン判決（1954年）後も白、黒の共学に徹底して抵抗してきた南部州も、この十数年後の世の推移、中でも、度重なる公民権法（1957、1964，1965年）の相次ぐ成立、南部州を中心とする全国的な公民権運動などにより、遂に公立学校での人種統合の勢いに屈した。そこでの生徒らの白、黒の共学のための手取り早い解決策が、バスィングであった。

　南部州などではことにそうだが、1つの学校区が、かなり広い。人口密度の高い都市部と、郊外の田園地方とを含んでいる。人口密度の高い都市部のアパートには黒人らが多く住み、住宅の単価が高い郊外の田園地方には中流以上の白人家庭と、その生徒らが住んでいる。南部州では、このバスィングが、色々と問題と苦情を抱えながらも、1980年代、90年代を通して、ずっと維持されてきた。

　苦情の第1は、都市部の黒人らの多くが強いられてきた片道、半時間から1時間のバス通学の苦痛である。公的な支出も馬鹿に出来ない（1人当たり年間5000ドル、55万円はかかる）。この公的な負担問題もあり、ニクソン大統領は、このバスィングを潰そうとした（1つには、大統領候補として出てきそうな、アラバマ州のウォレス知事に対する懐柔策との見方もあった）。

322　黒人女性の監督Ava DuVernayは、この作品についていっている。「今までのキング牧師に関する映画とは違って、彼の人間性を捉えることに焦点を当てた。彼自身よりずっと大きなあるもの（運命的な？）の一部として描いた」。評論家Wesley Morrisは、この映画について、監督は「1人の男」をではなく、「全アメリカ史を貫く契機」を描こうとしいている。その点が、これまでの黒人監督による黒人映画とは違う、という。

第2に、「学校区＝近隣地区」との特色、それが持つ「長所」が失われるとの反対である。また、「社会工学的に理に適っていない」などの反対もあった。

（g）これらのことから、バスィングの勢いが止まるとともに、公立学校での人種統合も、90年代中に止まった。もう1つ、最高裁の判旨の影響も上げないわけにはいかない[323]。

最高裁は、注記の1974年のケース以来、人種問題が学校区の線引きのために、従ってバスィングの正当化のために、使われることにずっと反対の立場を示してきた。つまり白、黒の差別化を是正しようと意図した線引きは問題であるが、元からある市区町村などに沿った線引きであれば、問題ないというものである。

このMilliken v. Bradleyは、最高裁で2回も争われたが、Millken IIでは、仮に行政区画が白、黒の分離につながっていて、その是正のために線引きの見直しを求めるようなケースであっても、統合を強要する目的で学校区の線引きを命じる代わりに、黒人らの多い中心区の学校への補助金を増やすなどの措置を命ずるようになった。

しかし、バスィングには、人種統合による、よりよい方向での結果が、1970年代の終わりまでに確認されていている。即ち、それの実施地区で、13~17歳の黒人らの読み書き能力が明らかな向上を示し、白人との学力の開きが、過去20年の間に50%埋められ、黒人らとラティノの点数が、総じて予定値より3分の2も上回ったという。

もっと最近では、高校から大学への進学率でも変化が現れ、25歳以上の黒人らの大学卒業率が17%（高校で79%）になってきたという（それでも白人の場合は、それぞれ28%と88%と、まだ差が開いているが）。

黒人らに真の意味での教育の平等を与えようとしたら、単に黒人らと白人との人種統合（同じ学校に入れる）だけでは十分ではない。そもそもの基礎、出発点の英語力に差があるからである。黒人らが採る点数には、多少色をつけてやるくらいの、いわゆるアファーマティブ・アクション（Affirmative Action）が必要ともいえる。

323　Milliken v. Bradley, 418 U.S. 717 (1974)

これはラティノについてもいえることであるところ、この点を突いて、人種統合区の学校に対し、すべて「二か国語教育（bilingual education）」を命じた裁判官が出てきた[324]。確かに、ラティノの学力は、高校、大学卒業の割合などで、黒人らに比べても劣る中で、二か国語教育などの特別の措置が望ましいことに、間違いはない。但し、予算が削られる一方の状況下で、この実行は、なかなか大変なことであろう。

(ヌ) キング牧師の信仰、奮闘と死

（ａ）今から振り返ってみれば、セルマからのマーチは、復興期（Reconstruction Era）の終りから1950年代まで、80年近く続いた「ジム・クロウ・システム」という名の、南部白人らによる社会的不正義に対する、見事な回答であった。さらに、南部州での黒人に対する抑圧が、州などの自治体による、立法上の統治行為に留まらず、しばしば、南部民主党の準軍組織、クー・クラックス・クランなどによる暴力行為を通して行われていたことに対する点でも、見事な回答であった。

それらの暴力行為により、1950年代に一旦息絶えかかったかに見えていた公民権運動が、1960年代に復活してきた。そうした視点にヒントを与えてくれる。

マーチの出発地、ダラス郡都セルマ市では、1963年頃から黒人らの投票権登録のため、地元のセルマ投票権運動SVRMとダラス郡投票人リーグDCVLとが、活発な活動を繰広げていた（(リ)(b)）。

前年の1964年7月2日に、大統領が公民権法を成立させていたことを受けてセルマでは、これから先の投票権活動をどう進めていくかの協議の場が、持たれていた。その協議にはモンゴメリから、キング牧師が呼ばれていた。

DCVLは、1950年代中頃からずっと登録を増やすことに尽力してきたが、こ

---

324 U.S. v. Texas, 342 F. Supp. 24 (E.D. Tex. 1971)。この件では、SanFelipe Del Rioにある人種統合学校の生徒（ラティノを含む）には、「二か国語教育こそが、憲法修正XIVと公民権法の定める、真に平等な教育の機会を、与えることになる」、と命じた。

の10月中の、当局が登録所を開いている日の1つ、10月7日には、300人以上を登録に動員した。これには、応援のため全国的な有名人も、参加していた。但し、当局の対応は酷いものであった[325]。

DCVLによるこうした努力は、当局や、WCC及びKKKによる「嫌がらせ」と、「暴力」により妨げられてきた。1963年秋に、32人の黒人教師が投票権を登録したところ、白人ばかりからなる学校当局（school board）により、直ちに全員解雇されている。

ダラス郡とセルマ市には、それぞれの警察組織があり、それぞれの長、ジム・クラークとウィルソン・ベーカーは、互いに張り合っていた。管轄範囲を巡って、互いに相手といがみ合っていた。セルマ市警察は30人の組織で、署長のウィルソン・ベーカーが、「公民権運動へ対処するには、強い弾圧はかえって逆効果だ」、と考えていた。これに対し、200人の警備隊を抱えるダラス郡警察のクラークは、ジム・クロウ・システムを徹底させるべく、力の行使を第1に掲げることで、その名を響かせていた[326]。

キング牧師が「同じ逮捕されるなら、逮捕されてもよい」と思っていたのは、市警察のベーカーのほうであった。

人種平等を再確認した1964年公民権法の成立を受けても、地元の警察当局の黒人らへの対応は改まらなかった。7月6日にルイス（John Lewis）らが、50人余りを率いて登録所に向かったが、ダラス郡警察、ジム・クラークは、全員を逮捕した。しかも、ダラス郡裁判所のジェームズ・ヘア判事は、向こう6ヶ月間にわたり、すべての3人以上の集会につき、広く集会禁止命令を発していた[327]。

---

325 行列に入って半日並んだ挙句、当局が登録用紙を渡したのは、その中の10数人で、しかも、記入して提出された多くの登録用紙も、何らかの理由をつけて、受付を拒まれた。中央政府からFBIや司法省の法務官らが来て見ていたが、なんら口出し、手出しはしなかった。

326 キングは、ジョン・ルイスに問うていた「このベーカーって男は、バーミンガム警察のコナーみたいな奴か、それとも（当たりの柔らかい、戦術の巧みな、オルバニ市の）プリチェット氏みたいか……？」。なお、この後（1966年）の選挙では、ダラス郡の警察長にベーカーが当選し、クラークは落選してしまう。

327 州の判事ジェームズ・ヘアが、半年前の1964年夏から出していた命令は、「これが法治国か？」と思わせるような、本文のとおり大網を広げたものであった。

これはさらに、（ⅰ）SNCC、SCLCまたはDCVLがスポンサーであるか、（ⅱ）公民権運動家41人のリストを掲げ、リスト中の誰か1人を含んでいれば、禁止に該当するというものであった。

　セルマのDCVLからの支援要請を受けて、SCLCは、近隣のSNCCの活動家にも声をかけた。SCLCが、メディアを通して全国的にアピール出来る形の運動を志していたのに対し、SNCCの運動方針は、地域住人や学生などによる地元での運動で底辺を固めることで、登録、投票に向けた地盤を作ることにあった[328]。

　SCLCとSNCCの2つの団体は、このように別行動をとる面もあったが、SNCC会長ルイス（SCLCの理事でもあった）は、活動全体の規模が大きくなることに意味を認めていて、メンバーに双方への参加を促していた。

　（b）さて、フリーダム・デイ当日（1月18日）、キング牧師とルイスに率いられた300人が、投票権登録のために役所に向けて出発したが、郡警察は、クラーク以下、不思議なくらいに手出しをしなかった。むしろ問題は、白人の暴力集団であった。

　「キングを町から追い出せ！」と叫ぶアメリカ・ナチ党のロックウェル（George Lincoln Rockwell）らと、「州権党」の面々とが、キング牧師に襲いかかろうとすると、逆にクラーク警察長以下によって取り押さえられた。

　ところで当の1月18日は、注117のように、酷い状態であった（300人が1日中、寒空の下で役所裏路で待たされた挙句、登録用紙を渡されたのは、その中の30人だけで、さらに、記入した登録用紙を提出し、役所内での事実上の試験にパスして登録が認められた黒人は「ゼロ」）。

　1月20日には、ワシントンで、前年秋の選挙に勝利したジョンソン大統領の就任式が、華やかに行われていた。そこには、黒人の歌手なども多数出席して、アメリカ（の自由と権利の尊重）を讃える歌などを歌っていた（キング牧師は、招待されていたが、欠席している）。

328　両者の対立は、1964年、アトランタでの民主党大会内でのミシシッピ・フリーダム民主党（MFDP）内での代表排除の動きに絡んで鋭くなった（一方のSCLCは、MFDPの排除に消極的であった）。

194

南部の司法が、すべて白人至上主義的というわけではなかった。1965年1月
25日、公民権運動家らにとって味方となる決定も下されていた。モービルにあ
る、アラバマ州南地区連邦裁判所のトーマス（Daniel Thomas）判事によるも
ので、「100人以内のグループなら、登録のため役所に赴いても、逮捕されない」
との決定である。

　その決定の3日前の1月22日、（それまでの公民権運動家としての歴戦の実
績と、前年にノーベル平和賞を受けたことにより、大統領にも直接電話で話が
出来る地位を築いていた）キング牧師が、参加者らを率いて役所に向かうと、
その警護を担当するジム・クラーク以下の警察隊が、100人を超える余分な参
加者らを逮捕した[329]（それまでの運動の参加者が殆ど、黒人の小作人やブルー
カラーと学生であったのに対し、このマーチでは、DCVL会長で、黒人の校長先
生Frederick Reeseが、同僚の先生ら多数を誘って参加していた）。

　参加者の中には、前注のようにクラークと格闘したことで、マスコミの目を
引いた53歳のベテラン看護師のクーパー（Annie Lee Cooper）が含まれてい
た（この日のメディア、例えばニュー・ヨーク・タイムズの一面を賑わしたのは、
投票権運動という、本質的なことではなかった。前注のジム・クラークとクー
パーとの対決であった）。しかし結果的には、「メディアを通して全国的注意を
集める」、という運動の目的は達せられた。

　キング牧師は、セルマ市警察長のベーカーとの間では、州のヘア判事の命令
を弾力的に解釈することで、了解が出来ていた。3人以上でも、少人数のグルー
プに分けて行進する限り[330]、「行進全体が100人であっても、黙認する」。とい
うものである。しかし、キング牧師は、自らも逮捕されることを決心していた。
2月1日からはあえて、「セルマ市警察のベーカーらによって逮捕されよう」、
そして、「メディアによる宣伝効果を上げよう」という決心である。

　1965年2月を迎えて、キング牧師は、十分に考えたうえ、アラバマ州の役所

329　その過程で、53歳のベテラン看護師のクーパー（1963年からのセルマでの公民権運動の1人）は、抵抗して逮
　　捕されている（ジム・クラークが彼女の腕をねじ上げようとした時、逆にジム・クラークを殴り倒したため、
　　4,5人の警官が寄ってきて、彼女を抑えた）。
330　ヘア州判事の命令により、3人以上で集まることは、禁止されていた。

195

そのものの警備に当たっているダラス郡警察のジム・クラークではなく、役所に向かう途中のセルマ市街の警備に当たっているセルマ市警察隊のベーカーに逮捕され、市の留置場のほうに入る方針を固めていた。

　こうして2月1日、州域にわたる大規模なデモが拡がった。ダラス郡の外のPerry郡でも、SCLCとSNCCが組織したデモが行なわれ、地元の人を中心に、700人の大人と学生が逮捕された。キングは、セルマ市警察長のベーカーとの暗黙の了解にわざと反し、小さなグループに分かれることなく、全員が1つの集団行列になって進んだ。するとたちまち、キング牧師とAbernathy牧師とが、逮捕された。彼らは、留置場に入れられたが、保釈金を積むことも拒んだ。さらにこの日は、他でも多くのデモが行われ、黒人らのための職業学校、タスケギー校の学生らが、逮捕されていた。

　ニューヨークやシカゴでもSNCCの支部が、連邦政府の建物への座り込みを行って支援していた。また夜には、ホワイト・ハウスの周りにも、デモ隊のピケができた。

　（ c ）2月4日にもさらに、デモや公民権運動のための講演会が行われたが、その日にはジョンソン大統領も、初めてセルマ・キャンペーン（Selma Campaign）に言及し、それを支持することを公に明らかにした。その日はまた、連邦のトーマス判事も、司法省のヒントもあって、次のような命令を決定していた。

　「(i) アラバマ州選挙法の定める識字テストの中止、(ii) セルマ選挙区では1回の登録日に少なくとも100人の登録を受理すること。(iii)6月1日までに受容れた登録申請は、月内に登録を完了させること」である。

　トーマス連邦判事が示した公民権運動に有利な決定を受け、「もうデモを中止しようか」、との動きもあったが、キング牧師とベヴェルは、続行を支持した。その後も500人が逮捕される中、2月5日にキング牧師は、自らとAbernathyのために保釈金を積んで、自由の身になった。

　2月6日、ホワイト・ハウスは声明を出した。今議会の会期中に、投票権法を通すよう議会に対し促すこと、来週、キング牧師と副大統領及び司法長官と

の会談をセットすること、などを明らかにしていた。

　前述の血の日曜日が起きたのは、その1ヶ月後の1965年3月7日のことである（2(チ)）。そして、その2日後、3月9日の引き返しの火曜日のマーチでは、参加者も、地元の人達だけではなかった。全国から数百人規模の活動家、牧師や修道女らが来て、膨れ上がっていた（しかも白人も、全体の3分の1を占めていた）。

　キング牧師らは、ボストンの教会から参加していた白人のJames Reeb牧師が、3月9日のKKKによる暴行が元sで3月11日夜、死亡したことを受けて、第3回目の、もっと大きなマーチのため、州裁判所ではなく、連邦裁判所の許可を申し立てると同時に[331]、ジョンソン大統領の大統領府と接触し、マーチの安全確保のため必要な措置を依頼した。こうして、3月25日には、セルマからモンゴメリへのマーチを成し遂げ、州議会建物前で、前述のような投票権法立法化のためのアピールが行えた。

　（d）そのキング牧師。Dexter Avenue Baptist Churchでは着任以来、そして1959年にアトランタのEdenezer Baptist Churchに移ってからもずっと、自宅や事務所への爆弾投棄など、普段に自らの生命を脅威と危険に晒してきた。

　さらにその間、何十回となく逮捕、拘束されてきた彼が、その公民権運動について、1957年にニューオリンズでのSCLC大会で、こう発言している。

　「神の前では、我々には他に選択肢はありません。ただ、この戦いを少しでも深く、より深く掘ることです……それを非暴力に立脚して行い続けることしかありません。より一層の一体化、協調、分かち合いの上に、そしてキリスト教的理解の上に、それを行い続けることです…」

　これは一面で、牧師が宣教に専念するよう批判する他の宣教者らへのキングからの反論ともとれる。彼はまた、別の説教でいっている[332]。

　「公民権運動家である前に、私は、聖書の宣教者でありました……私の初め

331　地区の連邦判事Frank Minis Johnson, Jr.は、マーチのために好意的な決定を出していたが、判事の母の家には爆弾が投げ込まれ、その芝生では十字架が燃やされた。その反面、彼はABA（前出）のマーシャル賞を、また合衆国政府からは、Presidential Medal of Freedomを与えられている。
332　1967年8月27日、シカゴのMount Pisgah Missionary Baptist Churchにて。

ての職業、今でも最も深く心を傾けている職業が、それであります……公民権運動も、その他も、すべては、宣教活動の一部にすぎません……この運動で、皆さんとともにいるのも、宣教者は、常に全人（whole man）を頭に置いて生きねばならない、との私の考えに基づいております……」。キング牧師が、牧師としての活動に加え、公民権運動で弛みない活動を続けたことは、人々が一致して指摘する点である（彼の批判者からすれば、公民権運動ゆえに、宣教活動が、「おろそかになりかねない」、との非難である[333]）。確かに、それなりの深い（強い）信仰心によって支えられなければ、このように双方ともを続けることは、難しい。一体、彼の信仰とは、どんなものであったのか。

　今日、よく知られている彼の信仰を表わす言葉。それは、「相互愛の社会（beloved community）」である。これはまさに、労働運動などによく使われる兄弟愛、"brotherhood"とも共通する考え、信仰である。このように、彼の信仰は、とても社会的、人間関係的である。行動的宗教心、行動的信仰心といってもよい。これを端的に示すのが、彼が1963年12月18日にWestern Michigan Univ.で行ったスピーチ、特に次の一節である。

　「すべての命は、互いにつながっている……丁度1つの運命の衣……逃れることの出来ない相互性のネットワークに結ばれた衣、を纏っている……」。

　"All life is interrelated, that somehow we're caught in an inescapable network of mutuality tied in a single garment of destiny. Whatever affects one directly affects all indirectly."[334]。

　彼のは、キリスト教の中でも、またバプティストの中でも、かなり「行動的な教義である」、と強調してもよかろう。実際、彼の信仰は、伝統的なキリスト教の教えとは、やや異なる神学に基づいていることを示していた[335]。その最大

333　確かに、1950年代後半には特に、彼は、超多忙の状態に追い込まれていた。1959年に彼が、アトランタのEbenezer教会へと移ったことの中には、この多忙さへの回答の意味も、込められていたともいえる。

334　"Social Justice and the Emerging New Age"の題であった。このスピーチに対しては、「（Fox TVなどで保守系のコメンテーターをしていた）Glenn Beckなら、話の初めで席を蹴って、立ち上がって出て行っただろう」、と評されている（hollowverse.com）。

335　アメリカ人と信仰、宗教との関係について広く（3万5000人超という多くのサンプルに当たって）調査した結果が、Pew Research Centerから発表された（NPR、2015年5月12日、npr.org）。結論は、老若男女を問わず、

のものは、「キリストは、現神として生まれたというよりは、その生き方の中で神になった」、とする見方である。そこから流れ出るとも考えられるのが、キリストの肉体的（有体的）復活の否定である。次のように述べている。

「現代のクリスチャンは、『キリストの再臨』などということは、頭から否定すべきであって実際、我々はイエスに向かって心を開く時には、いつも『第2の降臨』を祝っている…」。

"It is obvious that most twentieth century Christians must frankly and flatly reject any view of a physical return of Christ… Actually we are celebrating the Second Advent every time we open our hearts to Jesus."

また、聖書についても、「文理的解釈には問題があり（……literal Biblical interpretation……inherently flawed……）、比喩的に理解することで、その深い真理に気が付く（……read as metaphor, ……many profound truth……）」といっている[336]。

（e）もう1つだけ、キングの信仰、宗教についてのコメントを紹介しよう[337]。まず、神学校に入る前の若い（子供の頃の）キングは、合理主義者で、宗教のような主張とは、無縁とも思われた（父のキング, Sr.による感情的なお説教に、違和感すら抱いていたとされる）。

彼が、それまでとは違って、幾分か、内面的なもの目を向け出したのは、15歳でMorehouseに入学してからである。そこでの入門的口座や、聖書教室での思惟を通して、キングは、後に彼がいう「聖書の持つ比喩的な意味」（metaphorical meaning）を、彼なりに理解するようになって行った。

さらに、Crozer神学校に入るに及んで、いよいよ彼は彼なりの、自由神学的な宗教観を抱き始める。クラスで1番の成績で卒業する中、彼はその頃までに、

また人種を問わず、「信仰がある」、と答えた人の割合は、下がっている。具体的には、キリスト教の信仰、宗教との関係について、2007年には78.4％が「クリスチャン」と答えていたのに対し、7年後の今回は、70.6％であった。逆に、自らを無宗教に近い（agnostic）ないし無神論者（atheist）と答えた人の割合は、16.1％から22.8％に上がった。

336　King's God: Unknown Faith of Dr. Martin Luther King, Jr. (Tikkun Magazine: tikkun.org)

337　ベイ・エリアのBerkeleyの牧師Robert J. Scofieldによるキング評で、やはり宗教を、人種統合と社会正義とに結びつけている（tikkun.org）。

己の天職が何かを自らに発見していた（その後、さらに1839年設立のBoston大学神学部で、神学のPh. D.をとったのは、モンゴメリのデキスタ教会赴任の僅か6ヶ月前であった）。

　そのキング独自の神の姿とは、前述のように、伝統的（orthodox）な神の姿とは、同じではない。次のようにいえよう。

　「キリストの神性は、それが、人とは違った存在であることではなく、すべての人の子と同じで、神の意思と心に身を捧げようとするすべての者と同じである」。

　それ（信仰）は、そのように努力することへの約束の中にある。そうした人の外見は、「誰よりも神的かつ人的（more divine and more human）で、同時に神と人とに最も近く、かつ人間としての最も見事で希望的事象を表わす（is most significant and hopeful event……）」、としている。

　このような神の捉え方は、伝統的キリスト教の教義とは、根本から異なる。この違いが、最も端的に現れるのが、キリストの復活である。キングの見方は、キリストの肉体的復活ではない。

　そこから、彼のこうした説明が出る。「人は皆、自らの内なる、より高いものに向き合う時に、第2の復活（Second Advent）を祝っている……」。つまり、イエスの持続的復帰である。

　最後の審判の場面について、キングはいう。

　「よく見慣れた、あの玉座から始まって、諸々のものに満たされた天上天下の光景は、脇に置いて、まず、自らを反省してみよ……そうしたら、最後の審判は、もう経験されているのだ」

　キングのこの最後の審判に対するコペルニクス的（Copernican world）見方には、いわゆる「天国と地獄」の存在を入れる余地はない。天国も地獄もないのなら、「なぜ神様なのか」「なぜ宗教なのか？」。この質問に対する彼の答えは、こうだ。

　「神の国は、この世にある。我々が、人々と信頼、愛、慈悲などの社会関係で結ばれるところ……、神の国はそこにある……」

以上のようなキング神学の中では、聖書は、今から20世紀近くも昔に、その時代の科学知識に基づいた言葉を用いて書かれたもので、現代科学の目で、それを見る時には、比喩的に解釈しなければ、理解出来ないことも出てくる。要するに、キリストの教えは、社会的・人間的なもので、「教義で高血圧な一方、行為で貧血といった生き方は、キリストの行き方ではない。大切なのは、我々が、人をいかに愛し、（人種問題を含め）正義をいかに貫くかだ」

　キング神学を、このように解釈するScofield（前注129）は、最後に要約していう。

　「キング神学からすれば、彼は、バプティスト教会ではなく、むしろ、すべての神学を包摂する統一派Unitarian教会に属すべきであったろう（ボストンでは、実際に彼も、Coretta Scottも、Unitarian Churchへ通っていた）。しかし、Unitarianにいたのでは、公民権運動での彼の、あのような活躍は、無理であったろう」として、次のように続ける。

　「そのことを知っていたキング牧師は、現実的な選択として、（あまりハクの付いていない）Dexter Avenue Baptist Church牧師の地位を受け入れていたのではないか。そして、社会正義の実現を目指すことが、現代でのクリスチャンのなすべきこと、とする進歩的キリスト教者（Progressive Christians）の途を歩んだのではないか」。

　それにしても、キング牧師という人間も、また彼の思惟・行動的宗教心も、どこか別の世界の存在ではない。現代アメリカの存在、Crozer神学校からボストン大学神学部での年限を経て生まれてきた人のもの、その点で、現代アメリカ史の一部であり、南部黒人社会特有の「もう１つのアメリカ史」の光の中にある。

（ｆ）キング牧師は、39年というその短い人生で、ノーベル平和賞の他にも、アメリカ国内でも、数々の賞に輝いている。彼は、その死の前夜1968年４月３日、メンフィスのMason Temple教会でのお説教で、死を予感したのかどうか、自らの短い人生について、寿命について、聴衆に語っている。「長く生きたいが、……それは寿命というもの（longevity has its place）」と。

彼が、お説教の中で自らの死について話すことは、それまでなかった。Mason Temple教会でのお説教のテーマは、「メンフィス市の清掃局員（略全員が黒人）に対し、当局が加えていた不当労働行為」、であったが、キング牧師は、いつの間にか主題から離れて、「死（それも己の）と寿命」、について語り出していた。

　不思議なことに、キング牧師は、丁度10年前の1958年にも、殺されかかっていた。ニューヨーク、ハーレムのデパート内でのことである。自らの本のサイン会の最中であった。精神異常の黒人女（deranged woman）が近づき、突然、キングの首の下を刺したのだ。あと1センチ深かったら大動脈に達し、彼の「命はなかったろう」、といわれた（医師は、「暫く、くしゃみは抑えて下さい」、と忠告していた）。

　これは単なる偶然の一致だろうか[338]。しかも、その夜、Mason Temple教会でのキング牧師は、お説教の中で、死について「サラッ！」と触れたというのではなかった。「自分は恐れない。何事も、何人も！」と特に力を込めて聴衆にいっていた。「なぜなら、私は山頂に登った（I've been to the mountaintop）」「神が登ることを許してくださった……この目で主が来られる、その輝きを見られた……」「そこで、辺りを見渡すこと出来、天国を見られた（I've looked over, and I've seen the Promised Land）」と語っている。これらが、彼の最後の言葉となった[339]。

　キング牧師の傍らで、彼のこのお説教をずっと聞いていたメンフィスのMason Temple教会の牧師S. B. Kylesはいう。

　「キング牧師は感じていたに違いない（死の近いことを）」、

　「特にこのところ（これまた、丁度1年前の1967年4月4日、ニューヨークマンハッタンのRiverside Churchでのベトナム反戦演説以来）、彼の命に対する

338　彼は今、10年前の刺殺事件にも触れ、彼の傷が癒えた頃、ある少女から、"I'm so glad you didn't sneeze"と手紙をもらったことも話し、もし、あの時くしゃみをしていたら、傷が破裂し、1960年代初めの「"lunch counter"での"sit-ins"も、"freedom rides"も、"Selma"での"march"もなかったろう」と話していた。

339　彼が銃撃されたのは、テネシー州メンフィスのLorraine Motelの2nd floorの部屋のバルコニーにおいてであった。また、その前夜は、Bishop Charles Mason Templeで、もう1つの有名な本文の説教を行っている。

脅迫が絶えることがなかったから、…頻繁になっていたから、それにしても、師が死について、あれほど（長く）語ったお説教は、これまでなかった……」[340]。

　ハーレムのデパートでの事件は、10年前の話だが、もっと近い、彼がメンフィスのモーテルで銃撃される丁度1年前という、運命的なその日、1967年4月4日にも、彼の上記Riverside Churchでの著名なお説教がある。その日、彼はマンハッタンの西側126丁目にあるRiverside Churchで、夕方から集った聴衆に向かっていた。その夕べとは、「ベトナムを憂う司祭と信者らの集まり（Clergy and Laymen Concerned About Vietnam）」というタイトルであった。

　この演説に注目する理由は、まず、それがI Have a Dreamスピーチなどと違って、彼の数少ない具体的な国家政策に関するものだからである。公民権運動といった、もっと日常性のあるものとも違う。それも、国の政策、施策に賛成、協和して、声を上げたのではない。反対のため、上げたのである。

　彼自ら、「これ（政府に反対すること）は、人にとって易しいことではない（　……men do not easily assume the task of opposing their government's policy……）」、といっている（反対の声を挙げることの重荷をこう語って、内省的な分析もしている）。

　「自らの中に、元々ある融和心を敵に回すことが避けられない、それには、大きな困難を克服しなければならない……（Nor……human spirit move without great difficulty against……apathy of conformist thought within one's own bosom……）」（g）では、そのキング牧師殺害前後の事情をもう少し見てみよう。

　彼は、4月3日（水）からメンフィスに来ていた。その日は、上述のお説教をし、次の月曜日に行われるメンフィス市清掃局労働者のデモに参加して、帰る予定であった。4日（木）の夕方、前夜お説教をしたMason Templeの牧師Kyles氏宅での夕食に出かける直前の午後6:05、彼はLorraine Motel、306号室のバルコニーに出て、下の駐車場に来ている、迎えのSCLCの車に向って話しかけようとしていた。

340　MLK's Prophetic "Mountaintop Speech"（npr.org　2008年4月3日）。

一発の銃声が響いたのは、その時である。弾丸は、Lorraine Motel前の South Main Streetを隔てた、向かい側の下宿屋（boarding house）の方角から飛んできて、彼の顎の右下部を貫いていた[341]。SCLCの人々が駆け寄った。Ralph Abernathy牧師は、キングの頭を自らの腕の中に寝かせた。救急車は市内のSt. Joseph's Hospitalへと走ったが、医師らは午後7:05、死亡を告げていた。

　ジョンソン大統領は、キング牧師死亡のニュースから3日後の4月7日を、全国民の喪に服する日（a day of mourning）とした。その翌日は、全国の公共施設のすべてが、休校・休館となった。キング牧師の葬儀は、4月9日にアトランタのEbenezer Baptist Churchで行われた。ジャクリーン・ケネディ、副大統領Hubert Humphery、ラルフ・バンチなどを含めた、多数の政界そのほかの名士、公民権運動家などが参列した。2匹の驢馬に牽かれたその棺は、10万人を超える弔問者の列を伴ってアトランタの街を進んだ（さらに、出身校のMorehouse Collegeではまた、別の日に葬儀が行われた）。

　キング牧師暗殺のニュースは、アメリカ全土から世界を駆け巡った。全国100を超える都市で暴動が発生し、40人以上の死をもたらし、それによる破壊を、多大の財産上の損害を、生じさせた。

　キング牧師の「死の予感」について寸言したが、不思議なことに、彼が死の予感について語ったのは、その死の前夜だけではなかった。丁度2ヶ月前、1968年2月4日にも語っていたのだ。所は、彼が生まれ育ったアトランタのEbenezer Baptist Churchである。その故か、彼の当夜のお説教は、所々に、いつもと同じ、「合いの手」YeahとかYesとかの他に、"Amen" "Glory to God"とかの、祈りや賛美の言葉が入っている。

---

341 地元警察は、この南メイン・ストリート沿いの下宿屋の部屋から30.06レミントン銃を押収していたが、FBI始まって以来の大規模な捜査が行われた結果、暫くしてから、Atlantaのアパートを住居としていた犯人（James E. Ray）が特定された（アパート内での指紋が、レミントン銃のそれと一致した。そのRayは、3ヶ月後の7月に、イギリスから国外追放の形で、合衆国に送還された）。犯行当日の彼は、先の下宿屋にチェックインしていたが、そこの2階の共同便所の窓が、Lorraine Motelのバルコニーに向き合っていた。Rayが自白したため、州検察庁は、死刑を求刑することを止め、99年の懲役刑に処せられている（mlk-kpp01.stanford.edu）。

204

その夜の彼の演題は、"Drum Major Instinct" であった[342]。お説教の終わり近く、彼は次のようにいい出す。

　「皆さんも、時々その日、その時のことを考えるでしょう。命の最後の共通項のことを考えるでしょう（every now and then……we all think..about that day……lifes's final common demominator……)」「私も、時折り（every now and then) 自らの死 (my own death) のことを考えます。自身の葬儀のことを。その時、人々が自分にいってほしい言葉のことを……。そこで私は、今その言葉を皆さんにお伝えします……長い葬儀は必要ありません。もし「弔辞を！」、という人がいたら、「短いのを！」といってください。「ノーベル平和賞……」、なんていう必要ありません。「他にも3、400の賞をもらった……なんていうこともありません。そんなのは、大切じゃないのです」。

　こう述べたうえで、彼は、再び繰り返し（anaphora）を使っている。それは、毎回「こういって欲しい！（I want you to say)」の同じ句で始まる、14ばかりの、「短く力強い文章」の繰り返しであった。第1が、「彼は自分を、他に人に仕えるために与えようとした（tried to give his life serving others)」である。また、こうもいっている。「誰かが『drum majorだった』というのなら、『正義のためのdrum majorだった』といってください」と[343]。

（ル）公民権運動の変質と広がり（ワッツ暴動とシカゴでのSCLC）

　（a）これらの出来事の少し前の1962年9月、合衆国軍隊帰りの黒人メレディス（James Meredith）は、ミシシッピ州での人種差別の牙城、ミシシッピ州立大学（"Ole Miss" と渾名されていた）に入学した[344]。彼はしかし、ミシシッピ州

342　この題は、白人のMethodist派牧師、J. Wallace Hamiltonが、1952年にも使っていた。"Drum Major"とは、アメリカでは広く使われる言葉で、「目に付くリーダー」、みたいな意味である（軍楽隊の先頭の派手な指揮者）。

343　drum majorは、長い羽根飾りつき円筒形の帽子を被って、指揮棒を持って、軍楽隊の先頭に立って、それを指揮しつつマーチを導く。

344　少し前の1954年に、やはり合衆国軍隊帰りの黒人で、ミシシッピ州の活動家Medger Eversも入学しようとしたが、その時に、彼が果たせなかったそのミシシッピ州立大学への入学が実現した。その間のNAACPの支

立大学に物理的にすんなり入れたわけではなかった。一旦出された入学許可は、黒人だとわかった途端、撤回された。

そこで、彼は裁判所に入学命令を申し立て、連邦裁判所は、Ole Miss に対しメレディスの入学を許可するよう命じた。

しかし9月20日に、彼がいざ手続きをしようとしたら、今度は、ミシシッピ州のバーネット知事（Ross Barnett）が、州兵を出して妨害した（知事は9月28日、法廷侮辱罪に当たるとされ、2日後、メレディスは、合衆国保安官に守られてキャンパスに入ったが、2人の白人男性学生が死亡するという大騒動となった）。

これら軍隊帰りの黒人の中には、今までの黒人とは違って、KKKなど白人からの暴力に対するのに、「やられたら、やり返せ！」式の行動に出る者もいた。こうした対抗心をもった黒人らに対する新鮮な呼称として、1917年にランドルフは、ニュー・ニグロ（New Negro）という言葉を作っている。

北部州では、このNew Negroによる運動は、1920年代には国際的なスケールの思考と結びつき、やがてあちらこちらでユニバーサル・ニグロ（汎黒人）向上団体（UNIA）が結成され、大きく成長することになる。

例えばラスティンらは、UNIAの「国際救助委員会」の副会長となり、イスラエルの他、中央アメリカやアフリカの諸国での援助と、自由選挙のために助力していた。つまり、公民権運動の志士達は、「もう1つのアメリカ史」を紡いだだけではなかった。

このように、公民権運動の歴史には、数多くの才能もあり、情熱もある黒人らの姿が散りばめられている。その中のA.フィリップ・ランドルフで（Ⅰ（ハ）(a)）指摘すべきなのは、彼やクェーカー教徒であったベイヤード・ラスティンらが、1940年という早くに、第1回ワシントン大行進の運動を主導していたことである。

1940年の運動で、彼らは「軍需産業での人種差別撤廃」の主張を掲げていた。そのことが、F.D.ルーズベルト大統領を動かし、（マーチを中止する代わりに）

援を受けてのMedgarによる闘争が、メレディスのために道を開いたとされる（Ⅳ(ハ)(a)）。

1941年の「軍需産業内での人種差別撤廃のための大統領令8802」になったと
されている。

　さらに、この大統領令が、ハリー S. トルーマン大統領による軍隊内での人種
差別撤廃を命じた1948年の大統領令9981につながった。

　（b）さて、軍隊帰りの黒人メレディスは、単身、「恐怖と戦う行進」を始め
たことで知られる。実はメレディスは、その行進を始めた次の日、1966年6月
5日に、当のKKKにより銃で撃たれてしまう。しかし、彼が負傷して入院すると、
キング牧師など大勢が、彼の計画の実行を引き継ごうと、メンフィス、テネシー
からジャクソン、ミシシッピまでの行進を続けた。

　ミシシッピ州の北部、ミシシッピ河から少し内陸（東）部に入ったところに、
その辺りでも最も保守的な（ジム・クロウ法制の色濃く残る）土地柄のグレナ
ダ（Grenada）郡がある。

　公民権法が成立して2年になるというのに、その田舎では、19世紀末以来の
人種差別が、そのまま守られていた。キング牧師などの恐怖と戦う行進が、6
月15日にその田舎を通りかかると、人種差別をなくそうとする、この公民権運
動を初めて見た黒人ら（人口の47％位を占める）は、この光景にいたく刺激さ
れ、感激した。たちまち1300人が集まり、投票権の登録をした。

　その田舎町でも7、8月には、SCLCの支部が出来るようになったが、一方で、
地元のクランズ（KKK）により駆り集められた白人の群衆が、非暴力の団体
SCLCの支部を襲っていた。それでも、SCLCと地元のグレナダ郡フリーダム運
動はめげずに、9月になると、450人の黒人の子供を、白人の学校へ入学させた。

　しかし、これに対する白人社会（学校当局側）の抵抗は、ブラウン対教育委
員会判決から11年も経つというのに、今もなお、凄まじかった[345]。

　子供らの登録を取り下げないと、「親の職業や商売に影響させるぞ……」、な

345　アイゼンハウアー時代に正式に法制化された合衆国公民権委員会は、レーガン大統領により、そのメン
　　バーを、保守派委員へすげ替えるなどのことが行われたが、その間の1966年報告でも、学校での人種統合が
　　進んでいないこと、また1969年報告では、非協力な州などに対する連邦政府の公金の不配分の定めが、連邦
　　政府により適切に実施されていないこと、を指摘していた（ことに、ミシシッピ、サウス・カロライナ、アラ
　　バマの各州で）。

207

どと脅したため、子供らの登録は、100人減り200人減りで、最後は250人に減ったうえ、学期初めの登校日には、KKKが集めた群衆が子供らを襲い、何人かが骨折するなどの怪我をして、入院する羽目になった（その間、州のミリシアと警察は、なんらの手出しもしなかった）。

　最終的に、黒人の生徒数は150人にまで減ったが、それでも、ミシシッピ州内の学校としては、最大の統合例となった。

　その7月9日、アラバマ州では、ヘア地裁判事が、SCLC、SNCC、DCVLに対し、3人以上の集会を禁止する先述の差し止め命令を発令していた。

　（c）前(ヘ)(a)のフリーダム・サマーでは、1964年6月からミシシッピ州内の各地にフリーダム・スクールやフリーダム・ハウス、集会所などが設けられていた。この頃になると、かつて、ゼロ近くまで減らされていた黒人による投票権登録が、ほんの少し戻ってきていた（といっても、1964年のフリーダム・サマーの運動後でも、ミシシッピ州全体で1600人という低さであるが）。

　SCLCを中心とした、諸々の団体によるこうした様々な努力の甲斐があって成就した1964年公民権法であるが、実は、丁度1世紀前の南北戦争の後に、奴隷制度は、憲法上で既に抹殺されていたし、黒人の人権も、しっかりと謳われていた。議会の立法によってではない。憲法条文そのものによってである（修正ⅩⅢ〜修正ⅩⅤ）。

　しかし、これらの修正憲法条文が、実効を上げることが出来なかった。なぜか？　その間の政治状況と、それに対する黒人らの反応につき、一言してみよう。

　南部社会では、黒人らの多くは伝統的に、「リンカーンの党」といわれた共和党に属してきた（ブラック・レパブリカンと呼んだ）。しかし、その共和党も、19世紀末から20世紀前半にかけての期間に、南部社会では殆んど姿を消してしまい、1965年までの南部社会は、民主党が、事実上一党支配する世界となっていた。

　半世紀前のマディソン大統領の時代にもそうであったように、南部州のすべての選挙区では、民主党内の指名選挙、プライマリに勝てば、州議会選挙や、市議会選挙での勝利を意味した。それが、19世紀の90年頃から以降ずっと続

いてきた。結局、共和党、民主党も、自ら（白人）のことに構うのに忙しくて、黒人の問題は放置されたままできた。それが南部社会の史実、「もう1つのアメリカ史」を語らねばならない理由である。

（d）20世紀前半が終わってみると、黒人の問題が、最早、南部だけの問題ではないことが、すべてのアメリカ人の目に、はっきりしてきた。その間に大移動もあった。1919年や1930年代などに、大都市を中心に都市暴動の問題も起きていた。

前Ⅰ（ロ）や（ニ）で見たのは、都市暴動のうちのデトロイト、やハーレム、ニューヨーク、シカゴなどの北部州でのそれであった（その多くが、白人らによる黒人に対する攻撃を特徴とする）。

これら都市への黒人の流入の歴史は古いが、10万人単位での大規模なものは、その第1期（初期）（1910 ～ 1930年）に生じていた（Ⅰ（ロ）(a),(b)）。トータルで、約160万人に上るとされる。

第一次大戦（W.W.Ⅰ）前後から1940にかけての北部、中西部への大移動は、1920年代の南部農業社会の困窮ぶりを見れば、理解出来る。しかし、第二次大戦（W.W.Ⅱ）からその後にかけても、再び、黒人による大移動が起きている（第2期大移動）。北部、中西部への大移動に加え、今度は、太平洋岸への大移動も生じていた。

いずれも、南部社会におけるKKKなどの白人による人種差別、暴力から逃れる一方、仕事を求めての大移動であった。

その点で、W.W.Ⅱという戦時下での労働力の逼迫は、黒人らにも追い風となった。仕事や生活上で多大なチャンスをもたらしてくれた。北部、中西部でも、白人による黒人らに対する人種差別や、白眼視、敵意は、無論、存在したが、南部とは違い、そこでは黒人らは、有効に行使出来る投票権を持っていた。

ワッツ暴動（Watts riot）は、ジョンソン大統領が、黒人らによる投票権の実効を確保するための投票権法Voting Rights Act of 1965をサインした、その5日後に起こった。圧倒的に黒人が多い地区で、34人が殺害され、何億ドルもの家財が焼失した。

ここでの物語、ワッツ暴動の舞台のロサンゼルス・ワッツ地区など、西部や中部都市への移動は、上記の第2期移動に当たる1940〜1960年代に生じ、約500万人が移動したといわれる。黒人が脱出したのは、主としていわゆる南部11州からで、中でも（本書の中で多く舞台を提供してきた）アラバマ州、ミシシッピ州からが多かった。

　この大移動が、アメリカの、特に黒人の、人口分布と人口構成に与えた影響は甚大である。南部11州での風景を、殆ど「一変させた」といってよい。

　かつての奴隷時代、綿花畑の従属物のような存在であった黒人らの姿。それが消えていた。代わって、大移動後は、都市生活者に占める割合が上がっていた。

　このような大移動の動機として、北が、黒人らによって「自由の地」「約束の地」と、受け止められていたことがある。この大移動の流れは、大恐慌期（1930年代初め）に、一旦スローダウンするが、前述のようにW.W. Ⅱとともに、再び勢いを取り戻した。こうして、ロサンゼルス市における黒人人口は、W.W. Ⅱ前の1940年の53,700人から、1965年の35万人にまで膨れ上がっていた。

　ワッツ暴動は、1965年8月11日〜17日に起きた。デトロイトやシカゴで見たとおり、ここでも、W.W. Ⅱの間に防衛産業が多くの黒人労働者を吸い寄せていた。一方、住宅（不動産）の売買契約中の制限約款を武器に、黒人の住まいを、白人らの住宅街から切り離すことが、1920年代から行われていた[346]。

　ワッツ暴動が起こったのは、その1965年8月11日であった。発端は、警察官が、ワッツ地区近くで21歳のMaruette Fryeを逮捕したことにある。飲酒運転の疑いである。この逮捕が、34人の死者と、1000人以上の負傷者を出した、6日にわたるワッツ暴動につながった（逮捕者約4000人、物損4000万ドルとしている）。そのワッツに、まだ暴動の余燼が立ち燻っている間に、キング牧師が行っていた。

　（ｅ）キング牧師とSCLCとが、1966年早々にシカゴ・フリーダム運動の計画を公表したのには、ワッツ暴動などのトラブルの根っこには、大都市での住宅

346　それらの黒人は、市内のワッツ地区など、南や東の方にのみ、住宅を取得出来る状態であった。彼らは、1945年から後は、仕事を見つけることに困難を感じていた。

問題がある、住まいに発した人種分離と、黒人らの貧困がある、との認識が働いていた。

　実はカリフォルニア州でも、ロサンゼルスのこうした都市住宅での行き過ぎた人種分離と、それを支えている一要素、住宅の売買契約中の制限約款を正そうとする動きは、以前にもあった。1963年にラムフォード公正住宅法（Rumford Fair Housing Act）を成立させていた。

　しかし、黒人の州議会議員（ラムフォード）が、この法律を成立させるや否や、カリフォルニア州不動産業界は、直ちにそれを覆すべく総力を挙げて動いた。彼らが1964年に、州民の一般投票（いわゆるProposition）14を成立させたのである[347]。このほかにも、カリフォルニア州には、黒人らにとっての問題、Bloody Christmas of 1951で知られるような、ロサンゼルス警察の体質と歴史があった[348]。ワッツ訪問の時に、これらの事実を承知していたキング牧師は、シカゴの件で考えたに違いない。

　「（フリーダム・ライドやシット・インなど）南部での運動は、それなりの成果があった（公民権法の成立の他、バーミンガムの役所が、バスの座席その他で統合に向け一歩を踏み出し、商店街も、統合ランチ・カウンターへ変えさせるなどの反応があった）。

　しかし、大都市での黒人の住いは、いわゆるゲットー（貧民屈）に分離され、住居と住居地域そのものが、人種間の誤解と対立の温床となっている…これを何とかしなければ……」「大都市の黒人らを、ゲットーの劣悪な生活状態の中に閉じ込め、植民地化しようとする悪のシステムを糾すには、SCLCの非暴力運動の哲学、それがもつ道徳の力が、やはり助けになる……」（f）シカゴについても、キング牧師はいっていた。

　「我々南部州では、人種分離問題という、はっきりとした運動の対象があっ

347　このProposition 14に対し、州内の右翼グループJohn Birch Societyの他、やはり右派のグループCalifornia Republican Assemblyも後押しし、街頭などで48万人の署名を集め、一般投票においても、65％の賛成を得ていた。

348　このBloody Christmas of 1951事件は、LA Confidentialの名の小説となり（1990）、さらに、同名の映画にもされている（1997）。

たが、"ゲットーの黒人"の問題は、永らく目立たないまま、最近になって暴力沙汰になり出した」、「（前年の）ワッツ暴動の後では、我々の非暴力運動の哲学が、シカゴでも、問題の解決に役立つのではないか……」。

シカゴの活動家には、Albert Rabyがおり、また団体としては既に、非暴力運動の哲学を実践している地域団体連絡評議会（CCCO）があった。それらが、公正住宅運動に的を絞り、SCLCに対して応援を要請してきた。

人々は、住宅問題の他に、ジェシー・ジャクソンが進めていた雇用面での人種分離是正も、目的に掲げていた。実は、シカゴ市の公民権グループは、1965年夏にも独自にデモを企画していた。同市内の学校、住宅、雇用で、事実上進んできた人種分離に対抗するためである。

今回、そこにキング牧師を招き、更さらに盛り上げることを計画した。キングは、この招きに応じ、自らが暗殺される2年前の1965年、それまで彼が永年、生活と活動の本拠地としてきた南部州を離れ、1年間をシカゴのゲットーで過ごす決心をした。

こうした経緯の上でSCLCは、シカゴでの、「生活権運動（Operation Breadbasket）」運動を始めた（この運動は、SCLCが1962年にもアトランタでやっていた）。6ヶ月ほどの間、主にゲットーなどの近辺でデモをしていたが、効果が見られなかったので、白人住宅街へも出て行った。

このデモの間の1966年7月、偶然にも、市のサウスウェストサイドで人種暴動が起き、メディアの注目が一段と、シカゴのデモに集まることになる。それは、1966年8月5日の、とても蒸し暑い日であった。キング牧師は、サウスサイド最大のMarquette公園で車から降りて、700人ほどの人々とともに歩き出した。

間髪を置かず、白人らが1000人以上も集まって来て、野次ったり、嘲ったりしつつ、取り囲んだ。1つのプラカードには、「キングは、背中にナイフが刺さっていた方が、格好がいいぞ！」、などと書かれていた。白人労働者らはさらに、瓶や石を投げるなどで、黒人らによるこのOperation Breadbasketデモに対し、激しく反応した。白人労働者らは彼らなりに、雇用や住宅の面で、新たな脅威に直面していた。キング牧師も、その石に当たって、思わず跪いた。怪我をし

212

ている。

「南部州で、随分多くのデモを経験してきたが、石をぶつけられたことなど一度もなかった……こんな形で、敵意と憎悪を示されたのは、見たことがない……」といっている[349]。

シカゴというと、南部州での運動とは違い、非暴力主義とは反対の、マルコムXとか黒豹とかを思い浮かべるのが、普通と考えられている。そこでキング牧師が、一番力を入れていたのが、広い市内のあちらこちらの地区に居る黒人らのグループすべてに、一様に非暴力運動の哲学を徹底させることであった。

シカゴにはまた、「ボスダリ」の仇名のついた市長 Richard J. Daley（その父 Richard M. Daley もシカゴ市長。本人は6回当選し、22年間市長を務めた）がいた。彼は、8月の下旬に入ると、「もうそろそろ、デモを止めさせたい……」と考えていた。8月26日には彼の呼びかけで、キング牧師と、市の住宅局トップなどとの会合が開かれた（民間の不動産業者や金融機関の協会も入っていた）。

その席で両者は、注145のように住まいの問題を主とする10条の合意締結を目指して交渉した。その結果、10ヶ条の合意をベースとして、人種差別をなくすことの約束が交わされた（キング牧師は、これは「僅かな一歩に過ぎない…」といっている[350]）。

（g）投票権法が成立した1965年は、またアメリカ合衆国の移民法が、175年ぶりに大改正された年である。それまでは、途中で色々と細かい手直しはされてきたものの、大筋の、「合衆国の移民法は、白人のみを対象にした帰化法である」という点だけは、ずっと不変で来ていた。

それは、アメリカ最初の移民法、第1代大統領ワシントンの時の1790年移民法中に "white freeman" の言葉が書かれていたことに由来する。しかし、1965年移民法は、この言葉を削除し、肌の色を不問としていた。

シカゴについて語る時、この移民法の大改正に触れないわけにはいかない。

---

349 数秒経って彼が立ち上がると、ボディーガードらが周りを取り囲んで、飛んでくる石や瓶、花火などから防いだ。30人が負傷し、40人が逮捕された（chicagotribune.com）。

350 事実この約束は、その後キチンと守られていないことが判明し、キング牧師も、3月24日に記者会見で、そのことを明らかにした。

それまでの白人だけの、ないしは白人を中心とした各国、各民族別の割当てではなく、（ⅰ）既にアメリカに居る人との親族的繋がり、身内であるかどうか、（ⅱ）アメリカにとり、有益な技能の持主であるかどうか、の2点により認可する政策へと変更されたからである。

シカゴは間違いなく、そうした身内が、親族的つながりを見つけやすかった大都市の1つだったからである。建国以来の考え方、専らヨーロッパだけを考えていた1790年帰化法中の、白人主義を意味する言葉white freemanは、上記のように抹消された。この1965年移民法による変更は、その後の合衆国全体の人口構成に、立法者の考えていなかったような大きな影響を与えた（ベトナム、中国、インドなど、アジア系と、中南米からのいわゆる「ラティノ」（Latino）が大きく伸びた）。ということは、アメリカそのものが、その社会、政治、経済、文化が、人々が、かつて知っていた20世紀前半までのアメリカから、大きく変わることを意味する。

キング牧師が、大都市暴動の解決には、ゲットーの駆除が1つの鍵になると考えたことは記した。暴動の余燼が燻っているロサンゼルスのワッツ地区を訪れて、彼は、そのことを一段と強く感じていたに違いない。彼とSCLCの面々がシカゴに行ったのも、市の人口の4分の1がそこに住むという、このゲットー改良への思いが念頭にあったからである[351]。

そしてもう1つ、それまで、南部州で実践してきた公民権運動での非暴力主義を、北部州にも広めたいとの想いがあった[352]。その成果が、シカゴ市当局との間の前述の10ヶ条の合意事項であったが、折角のキングの努力にもかかわらず、この10か条からは、なんらの実のある成果が得られなかった。つまり「守られなかった……」ということである。キングも、シカゴの人種問題は、依然として、「人種問題として残っている」、としている。

自らも家族とともに、そうしたゲットーの一室に移り住んだキング牧師。1

351　市の都市計画に対する批判として、「そこ（地区）から、最後の1人の白人が出て行くや否や、市当局も地主らも、一切そこに余計な金は掛けないようになった……」、とするものがある。

352　シカゴでの運動では、この面で特にAmerican Friends Service Committee（AFSC）の働きにも注目すべきものがあった。SCLCも、そこからの働きかけに応じて、キングのシカゴ行きを推進していた。

214

年に及ぶ運動の中で、彼は、1966年7月10日にソールジャー・フィールドで、35000人の聴衆を集めた市内での初めての演説をした。それとともに、市役所の入口に、この10項目を張り出した。この「公民権運動が、何を目指しているか」、「どんな交渉（合意）があったか」、を市民らにも知らせるためである。そして何よりも、当局者らに圧力をかけるためである。それらの条文・項目は、いずれも住宅に関する、当局による人種間の公正な扱いを求め、それを確保するための具体的な措置を並べていた[353]。

　前年の1965年9月、ジョンソン大統領は、いわゆるアファーマティヴ・アクション（affirmative action）に係る大統領令11246を発していた（Ⅰ,(ル)。連邦政府による下請契約などの実務的な面で、黒人らの雇用の機会を増やし、黒人らの平等を、より実質的に保障しようとする（アファーマティヴ・アクションの言葉は、前述のようにケネディ大統領が、4年前の1961年に使い、実行し始めていた）。

　この保障を裏付けるための連邦の機構として、ジョンソン大統領は、大統領令11246により、労働省内に連邦契約適合局Office of Federal Contract Compliance Programsを設け、具体的なプログラムを編み出すように指示していた。ジョンソン大統領が、アファーマティヴ・アクションを採用したのには、注記のような理由があった[354]。

（ヲ）20世紀が終って（黒人らの生活は、総体的に上がったか）

　（a）公民権運動は、一連の公民権法の成立とともに、終わってしまったのか。キング牧師がメンフィスで暗殺されたことで、終わってしまったのか。確かに、公民権運動が華々しかったのは、1960年代であった。キング牧師自らも1966

353　すべての住宅情報を人種に関わりmなく公開することから始まって、すべての市営住宅の入居者の人種別の内訳表の公表や、当局が市営住宅として購入した住宅についての、人種別の内訳、それらを販売した各不動産会社の名前の公表、それらの不動産会社の役員の人種別の内訳と、人種差別で経歴のある会社からの、今後の購入の差し止め……などであり、また要求先も多岐にわたっていた。

354　1965年には、黒人らの割合は、学部生の5％、ロースクールの1％、医学校の2％を占めるのみであった。この率は、その後かなり改善を見ている。2007年で、高卒ですぐ学部に進んだ率は、白人70％に対し、黒人56％、ヒスパニック61％、となっている。

年には、南部でのその成果、（人種）非分離（desegregation）を引っ下げて、シカゴ市のゲットーへ行っている。そこでも、白と黒の非分離を実現することで、北と南の統合、一体性を実現しようとした。

確かに、公民権運動を10年ほどの期間、ブラウン対教育委員会事件（1954年）から、キング牧師の死（1968年）まで、または、その前の公民権法の成立（Civil Rights Act of 1964）までに閉じ込めるかのような見方がある[355]。

一方、1965年以後に生じた主な事件を挙げる人もいる。曰く、「メンフィス清掃労働者ストライキ(1968年)」、曰く、「オレンジバーグ大虐殺(1968年)」、曰く、「アッティカ刑務所反乱」1971年)」などである。

但し、それらが公民権運動の機関とどう関連するのか、詳らではない。

それにしても、フリーダム・ライド（1961年）以降の、フリーダム・デイや、バーミンガム・キャンペーンなどの運動の密度や集中度に比べると、1965年以後は、公民権法成立以降は、違う。公平に見て、迫力に欠ける気がする。

無論、「都市暴動」などというカテゴリで見ると、いつの世にも、衝突はふんだんに存在してきたし、している。しかし公民権運動の焦点を、白と黒の問題、人種問題に当て、その中で黒人の地位向上運動に絞ると、確かにこの10年ほどの期間を、ピーク期と捉えてもおかしくない。

その後の期間、20世紀末の20〜30年間も、相変わらず全米各地で警察や軍の出動を必要とした都市暴動などの事態が多く発生している。しかしそれらは、キング牧師と彼の指導していたSCLCを中心とした非暴力のマーチや、デモとは最早同じではない。白人、黒人ともが治安部隊と衝突する中で、多くが、商店や住宅そのほかの破壊行為へと向かっていた。

周囲の客観的状況が、このように暴力、破壊行為により、警察や軍などの治安部隊との衝突という事態になると、そこにはキングが説いたような非暴力で耐える対応は失われる。消失する（しかし、1995年にも黒人らによる「百万人

355　アメリカの歴史の教科書の多くがそうだとする。そこでは、公民権法の成立を投票権法Voting Rights Act of 1965までとしている（2016年6月15日、huffingpost.com）。

216

行進（Billion Man March））が行われている[356]。

　公民権運動の時代に活躍した1人、ストークレィ・カーマイケル。キング牧師より12歳下で、背が高く、肌の色も漆黒ではない、少し浅黒い褐色であった。1966年にスローガン、"Black Power"を使ったが、そのほかにも、「黒は美しい」などの台詞で有名になった。

　彼も以前は、多くの非暴力のマーチやデモで、キング牧師の傍らに並んで歩いた。そのカーマイケルが、1964年のリンチ事件を境に、非暴力への信仰を否定した。キング牧師の考えと反対の立場、白人に対して実力で立ち向かう姿勢に、180度転換した。

　1964年の事件とは、あの映画「ミシシッピ燃ゆ」にもなった公民権運動の活動家3人の殺害である（Ⅱ,(ト)(a)。殺害された活動家3人のその残酷・非情さに心を破られた彼は、それを「非暴力の限界」と悟ったのであろうか、キング牧師に別れを告げた。警察とKKKとがタッグを組んで黒人に襲い掛かる野蛮な暴力に対し、抵抗もしない「非暴力の直接行動」に、別れを告げた[357]。

　上記に「1965年以後に生じた主な事件」として挙げたのは、次である。「メンフィス清掃労働者ストライキ」とは、キング牧師がまさに、そのために赴いたメンフィスで彼の終焉の地、そこでの問題であった。南部でも一段と人種差別の激しい所で、ゴミ収集人は、略全員が黒人で、労働条件は、何から何までが最低、スト権なども与えられていなかった。

　そんな中で、キング牧師暗殺年になり、やっと市の白人支配に対し立上ろうとする動きが、ここでも出てきた（キング牧師は、同年の首都ワシントンを中心にした「貧者のキャンペーン＝Poor People's Campaign」の一貫として、これに参加することを決めていた）。

356　ワシントンの広場（Mall）に10月16日に85万人の、主に黒人らが集まったとされる（参加人数の算定には、かなりの開きがある）。この種の活動家ファラカン（Louis Farrakhan）が呼び掛け、NAACPの支部のいくつかも参加した。

357　Stokely Carmichaelはいっている。「キング牧師は、多くの正しいことをいい、行ってきた。しかし1点、間違っている。無抵抗、非暴力が意味を持つのは、『相手に良心というものがある限り……』だ。合衆国には、良心なんぞありやしない……」（2014年3月10日、npr.org）。

首都ワシントンと1つ共通していたのは、ここでも貧者のキャンペーンと同じ形の運動、マーチを行ったことであったが、若いゴミ収集人らは、キング牧師の平和的な抗議の表現に飽き足らず、地元警察とぶつかり合う結果となった。しかし、ともかくゴミ収集人らは、かなりの譲歩を市当局から勝ち取ることができた（この件は、映画「At the River I Stand」になっている）。

　メンフィスのごみ収集人ストは、このように黒人らによる初めての反抗運動により、一定の経済的利益を獲得したが、より大きなテネシー州全体に広がった、そこでの政府に雇われている黒人らにまで裨益したということではなかった。

　第2のオレンジバーグ大虐殺（Orangeberg Massacre）は、その町のサウスカロライナ州立大学の黒人学生らに係る事件である。このオレンジバーグも、典型的な南部の田舎町で、黒、白の分離が強く、例えばボウリング場などでも、2つの別々の施設からなっていた。2つの黒人大学があり、住人の大半は黒人でありながら、町の政治的実権は、完全に白人の手に握られていた。事件の発端も、そのボウリング場で起きた。ベトナム戦争帰りのベテランの黒人が、その施設の使用を制限されたことで、これに抗議する学生ら300人が集まったところへ、警察が介入したために、それまで平和裏に意思表示をしていた学生らは怒って、白人商店主の店などに乱暴を働いたうえ、大学の広場に集まった。

　1968年2月8日の夕方、そこへ装甲車と100人の武装警察が現れ、周囲を立ち入り禁止にし、さらに大学の外に450人が待機した。その後、州のハイウェイ・パトロール兵らによる発砲があり、黒人学生3人が死亡、28人が怪我を負うという惨事になった他、多くの黒人が逮捕された。

　逮捕された1人、セラーズ（Cleveland Sellers、現在はやはり、黒人の大学であるHBCUの1つVoohees Collegeの学長をしている）は、学生らが「セラーズはデモと何ら関わりがない……」と主張したが、それにもかかわらず、起訴され、1年の禁錮刑に処せられ、実際に監獄生活を経験している。彼は当時23歳で、オレンジバーグの学生ではなかったが、テネシー州でSNCCの役員として公民権絡みの活動をしていて、SNCCの会長カーマイケルとも親しかったことから、警察により余計に警戒され、外部からの扇動者として捕えられていた。

サウスカロライナ州の歴史の中で、この事件は殆ど記録されることすらなく、小さな地方大学の中に閉じ込められきたが、そのような事実があったことに間違いはない。

　これもメンフィスの事件と同じで、アメリカの歴史はおろか、サウスカロライナ州の歴史としても、（白人らのいう）正史としては語られず、黒人らだけの歴史に止まっている。

　（ｂ）権力者、官公人による黒人に対するこれだけの不正な暴力の行使（リンチング）が行われながら、アメリカでは連邦上院が、反リンチ法を遂に成立させられなかった。

　二元国家アメリカで、南部州当局が自州内での黒人に対する白人によるリンチを止められなかったのはわかるにしても、連邦が防止立法を成立させられなかったというのは、あまり名誉な話ではない。その連邦の反リンチ法の最初の試みは、しかし1918年という早くに案が提出された[358]。

　1920年代、30年代、40年代と繰り返し、法案は上程されたにもかかわらず、さらに下院が可決していたにもかかわらず、常に上院でストップしていた。

　アメリカでは上院の構成と、その議事規則上、南部州議員らが、その気になば、様々な引き延し作戦（filibuster）が取れた。法案を「没」に出来る仕組みになっている。

　この時期の南部州議員らによる妨害行為につき、連邦上院は、10年余り前の2005年になって、遂にリンチ防止法を上院が反対して、成立させられなかったことに対するお詫び（インディアンに対するお詫びの決議、また、W.W.II時の日系人の拘禁に対するお詫びの決議に並び、それらに似る）の決議をしている[359]。

　前注のダイヤー法案のような法案が提出されただけで、南部は反応していた。アレルギー反応のように、かえって悪質なリンチ件数を増やす一方で、2，3の

358　ミズーリ州からのダイヤー（Leonidas Dyer）下院議員によるもので、1922年に下院は通った。警察などによるいわゆる「合法形犯罪」も対象としていた。

359　Anti-Lynching Law in U.S. History、2005年6月13日、npr.org。

南部州は、むしろ州法で処理しようと。自ら立法に動いた。

　20世紀が、進歩主義（Progressivism）の時代で始まったことを見てきた。それと同時に、20世紀初頭が、黒人らにとって「全くいいことのない時代」、進歩主義という言葉とは無関係の、完全に「無視され」「通り過された」時代、であったことも見てきた（（イ）(a)）。

　一方、先行した19世紀は、とりわけ黒人らにとり、「飛び切り大変大切な、記念すべき時代だった」といってよかった（たとえ、憲法の言葉の上だけにせよ、奴隷制が廃止され、禁止されたのである）。

　では、20世紀が終わってみて（20世紀世紀初めの20年間だけではない）、世紀全般を通して見て、どうであったか。

　1世紀を通して見ると結論として、黒人の地位向上が、認められる。ここでの地位向上の意味を、端的に年収に置き換えて見てみよう。黒人の年収が、絶対額で上がったのみならず、白人との相対的比率で、大幅に差を縮めていた。

　こうした経済的地位向上に直接関係する、もう1つの指数。それが教育指数であるが、この指数でも、白人との相対的比率で、やはり大幅に差を縮めている。

　問題は、改善のプロセスにある。「1世紀間を通して地道に少しずつ、継続的に上がってきた」というのではない。改善と停滞とが、交互に混ざり合う縞模様になっている。

　改善が目立つのは、アメリカ社会が大きく変動を強いられた時――その最たるものが、第一次と第二次の世界大戦である。大戦中に大きくジャンプし、前進している。その他に、大移動の時期、公民権運動の時期がある（この2つの運動期や時期には、外部現象に加え、外部現象に促され、連邦政府がとった措置なども、改善方向にプラスに働いたことがあろう）。

　（ｃ）とはいえ、収入面での改善が見られたからといって、永い間の蓄積が物をいう「資産や、無形の資産である健康、さらに知的資産の厚みなどからくる、目に見えないもの」、の違いが消失したわけではない。いわゆるインテリ度の他、例えば高齢期の健康度の違いなどの問題がある[360]（心臓病などになる率も、黒

360　老年期にアルツハイマーなどの痴呆になる率が、黒人の場合、白人の2倍あり、かつその原因は、先天性とい

人の場合、少なくない）。幼児の生存率も、白人の方が相対的に低く、平均寿命では、さらに大きな落差が現存する[361]。

　資産と収入という経済的指数とは違うが、目に見えないが、さらに物をいうものが他にもある。社会学や社会心理学の対象となる分野である。その分野で、人の（黒人の）心を一番に打つのが、ちょっとした微妙な眼差しから始まる白人の、彼らに対する、ほかの白人らに対するのとは違う態度である。

　社会心理学的な現象で、典型的なのの１つが、警察官の黒人に対する態度差がある。アメリカでは、これを感じさせるケースが多い。黒人らは、そこでも差別を感じてしまう。ともに混ざり合うにしても、２通りある。１つは、「統合（integration）」であり、その団体の中では最早、真の意味で差別はなくなる。ここでいう非分離（desegregation）は、それとは違う。

　２つの違いは、人の深層心理に根差しており、「黒を白ということは出来ない」式の致し方ない面がある。しかし、「人間生活の基本」に関わることでは、差別をなくすことが出来る。それが非分離である。公民権運動の次の世代、次の時代に入り、近時の運動としてまとまりを見せているのが、「黒い命も命だ！」式のBlack Lives Matter運動である[362]。Black Lives Matter運動は、2014年までにはなかった。2015年になって生じてきた。ミズーリ州、ファーガソンの事件（黒人青年マイケル・ブラウンが警察官に射殺される）以来の現象である。

　「黒い命も命だ！」式の運動家らにとっては、以上の年収の格差が縮まった程度の、「黒人の経済的地位向上が認められる」といったことだけでは、不満が癒されないに違いない[363]。もっと微妙で目に見えないが、黒人の心を打つ、実質的なものが変わらない限り、野良犬狩りの一隊のような、警察官の黒人に対

うよりは、黒人らが平均して白人より困難な人生（貧困そのほか、ストレスの多い逆境）を送ることによるとするKaiser Permanente研究所の研究があるという（2017年7月16日、npr.org）。

361　以上の記述の基礎として（ユタ大学人権センターでの研究）、Thomas N. Maloney, African American in the 20th Centuryがある。

362　2015年12月27日のNPRはいう。全国的に燃え上がり、今や各地にその登記された支部まで出来ている。政治家も無視出来ない（npr.org）。

363　大統領選挙（2016年）を前に、彼らが頼らざるを得なかった民主党であったが、「人種（黒人）問題が蔑ろにされている」と感じた黒人は多い。NPR Steve Inskeep. 2015年11月13日、Race Discussion（npr.org）。

する態度が改まらない限り、不満が癒されないに違いない。

　もう1つ、20世紀の末近くまで、不満の種となっていたのが、黒人に対し「ガタピシしている」統治制度である。その一例として、南部州の司法の問題があった。南部州での欠陥を何とかカバーしようと、連邦司法の働きに、ことにその最高裁判決に、黒人らの期待が集まっていることを見てきた。

　小、中学校での人種の非分離（desegregation）、あるいは公共交通機関としてのバス、電車などでのマナー、雇用、選挙制度。これらは、いずれも目に見えて、白、黒の間の差別、分離が是正されてきた機構、制度の例である。最早、人種間の統合（integration）の域といってもよい。20世紀後半の南部州での話である。

　1950年代の南部州（例えば、アラバマ州、モンゴメリ市内）でのバス車内の状況と、今とを比べれば、その差は、とてつもなく大きい。多くの変化が、社会に生じてきている。これは、ほんの一例に過ぎないが、変化は一目瞭然といえる。

　また、公立学校での白、黒の統合。ブラウン判決（1954年）にもかかわらず、南部州での改善は10年以上もの間、遅々として進まなかったことを記した。しかしその後は、少しずつ変わってきた。連邦政府が、州への交付金の額に学区ごとの達成状況を反映させるなど、財政面での措置を行ってきたことの効果と相まって、南部州の人種統合は、1970年代に入るまでに、全米の平均を上回るまでになっていた[364]。

　それらの変化を生じさせた最大の力。それは、連邦政府（行政）による上記のような圧力に加え、司法、ことに連邦司法の力が大きかった。「裁判所の判決が物をいった」、といってよい。

　NPRは、こうした改革は、南部州での白、黒の市民による自己努力によるものがすべてでもないとする。連邦政府の役人らの意欲によるものよりもさらに大きく、裁判所（ことに連邦裁判所）によって、その判決の強制力によっても

364　1976年をとると、南部州の黒人の45.1％が、白人が多数の学校に通っていた。これに対し、北東部州では、その比率は27.5％、また中西部で29.7％であったという（civilrights.org）。

たらされたものも大きい、としている[365]。

365　そこでは、退任した連邦簡易裁判殺判事、黒人のVanzetta McPersonが記者に答えて、"……compelled by the (federal) courts"といっている（2016年10月13日、npr.org）。

著者プロフィール

國生一彦 （こくしょう　かずひこ）

1954年　東京大学法学部卒業
1981年　弁護士登録（東京弁護士会）
1982年　ワシントン大学ロースクール修士号
1982年　ニューヨーク、デイヴィス・ポーク＆ウォードウェル法律事務所客員弁護士
1985年　國生法律事務所設立
2004年〜2007年　東洋大学法科大学院教授

著書

1.「アメリカの不動産取引法」………………………………………… 社団法人商事法務研究会
2.「判例アメリカの不動産トラブル」………………………………… 社団法人商事法務研究会
3.「国際金融法務読本」…………………………………………………… 東京布井出版株式会社
4.「現代イギリス不動産法」…………………………………………… 社団法人商事法務研究会
5.「パートナーシップの法律」………………………………………… 社団法人商事法務研究会
6.「e-の法律」サイバー世界の法秩序」（共著）…………………… 東京布井出版株式会社
7.「改正米国動産担保法」……………………………………………… 社団法人商事法務研究会
8.「米国の電子情報取引法（UCITAの解説）」……………………… 社団法人商事法務研究会
9.「アメリカの誕生と英雄達の生涯」……………………………………………………… 碧天舎
10.「インターネットの法的論点と実務対応 東京弁護士会」（第9章のみ分担）……… 株式会社ぎょうせい
11.「国際取引法―その実務法・比較法・統一法的考察―」……………………… 株式会社有斐閣
12.「国際取引紛争に備える-アメリカ、EU、イギリスなどでの法務リスク（トラブル管理から訴訟まで）-」
…………………………………………………………………………………… 八千代出版株式会社
13.「コモンローによる最新国際金融法務読本」……………………………… 株式会社商事法務
14.「アメリカの法廷で闘うとしたら―日本とどれほど違うか―」…………… 八千代出版株式会社
15.「アメリカの憲法成立史―法令索引、判例索引、事項索引による憲政史―」……… 八千代出版株式会社
16.「アメリカの本当のはじまり」………………………………………… 八千代出版株式会社

もう1つのアメリカ史
キング牧師と、公民権運動の志士たち

2019年12月24日　初版第1刷発行

著　者　國生 一彦
発行者　鎌田 順雄
発　行　知道出版
〒101-0051 東京都千代田区神田神保町1-7-3三光堂ビル4階
TEL：03-5282-3185　FAX：03-5282-3186

©Kazuhiko kokusho　Printed in Japan　ISBN978-4-88664-326-1